西方经济学导论

（第四版）

梁小民　编著

INTRODUCTION TO ECONOMICS
4th Edition

图书在版编目(CIP)数据

西方经济学导论/梁小民编著. —4 版. —北京:北京大学出版社,2014.7
ISBN 978-7-301-24371-8

Ⅰ.①西… Ⅱ.①梁… Ⅲ.①西方经济学-高等学校-教材 Ⅳ.①F091.3

中国版本图书馆 CIP 数据核字(2014)第 124832 号

书　　　　名：	西方经济学导论(第四版)
著作责任者：	梁小民　编著
责任编辑：	周　玮
标准书号：	ISBN 978-7-301-24371-8/F·3964
出版发行：	北京大学出版社
地　　　址：	北京市海淀区成府路 205 号　100871
网　　　址：	http://www.pup.cn
电子信箱：	编辑部 em@pup.cn　总编室 zpup@pup.cn
新浪微博：	@北京大学出版社　@北京大学出版社经管图书
电　　　话：	邮购部 62752015　发行部 62750672　编辑部 62752926　出版部 62754962
印　刷　者：	河北滦县鑫华书刊印刷厂
经　销　者：	新华书店
	787 毫米×1092 毫米　16 开本　16.25 印张　326 千字
	1984 年 7 月第 1 版
	1993 年 7 月第 2 版
	2003 年 7 月第 3 版
	2014 年 7 月第 4 版　2023 年 8 月第 12 次印刷
印　　　数：	78001—84000 册
定　　　价：	45.00 元

未经许可,不得以任何方式复制或抄袭本书之部分或全部内容。
版权所有,侵权必究
举报电话:010-62752024　电子信箱:fd@pup.cn

目录

- 1 第一章 导言
  - 3 第一节 西方经济学的研究对象
    - 3 一、经济学的产生
    - 3 二、经济学的定义
  - 5 第二节 微观经济学与宏观经济学
    - 5 一、微观经济学
    - 6 二、宏观经济学
  - 7 第三节 实证经济学与规范经济学
    - 7 一、实证经济学与规范经济学
    - 8 二、实证经济学的研究方法

- 9 第二章 需求、供给和均衡价格
  - 11 第一节 需求与供给
    - 11 一、需求的基本理论
    - 13 二、供给的基本理论
  - 15 第二节 均衡价格的决定与变动
    - 15 一、均衡价格的决定
    - 18 二、需求与供给的变动对均衡的影响
    - 19 三、均衡价格理论的运用：支持价格与限制价格
  - 21 第三节 弹性理论
    - 21 一、需求弹性
    - 26 二、供给弹性
    - 27 三、弹性理论的运用：蛛网理论

第三章 消费者行为理论 ... 29

第一节 边际效用分析 ... 31
一、欲望与效用 ... 31
二、边际效用理论 ... 32
三、消费者均衡 ... 34

第二节 无差异曲线分析 ... 35
一、无差异曲线 ... 35
二、消费者均衡 ... 37

第四章 生产理论 ... 41

第一节 生产与生产的基本规律 ... 43
一、生产函数 ... 43
二、边际收益递减规律与生产要素的合理投入 ... 44
三、规模经济 ... 47

第二节 成本与收益分析 ... 48
一、成本 ... 48
二、收益 ... 53
三、利润最大化原则 ... 54

第三节 生产要素的最适组合 ... 56
一、生产要素最适组合的原则 ... 56
二、等产量线与生产要素最适组合的确定 ... 56

第四节 生产可能性曲线与机会成本 ... 61
一、生产可能性曲线 ... 61
二、机会成本 ... 62

第五章 厂商均衡理论 ... 63

第一节 完全竞争下的厂商均衡 ... 65
一、完全竞争的条件 ... 65
二、完全竞争下的收益规律 ... 66
三、完全竞争下的厂商均衡 ... 67

69	第二节　完全垄断下的厂商均衡
69	一、完全垄断的含义
69	二、完全垄断下的收益规律
70	三、完全垄断下的厂商均衡
71	第三节　垄断竞争下的厂商均衡
71	一、垄断竞争的条件
72	二、垄断竞争下的厂商均衡
74	第四节　寡头垄断下的厂商均衡
74	一、寡头垄断的含义
74	二、寡头理论

77　第六章　分配理论

79	第一节　以边际生产力理论为基础的分配理论
79	一、边际生产力
79	二、边际生产力决定工资与利息
81	第二节　以均衡价格理论为基础的分配理论
81	一、生产要素的需求与供给
82	二、工资理论
84	三、利息理论
85	四、地租理论
85	五、利润理论
86	第三节　洛伦斯曲线和基尼系数
86	一、洛伦斯曲线
87	二、洛伦斯曲线的运用
88	三、基尼系数

89　第七章　国民收入核算理论

91	第一节　国内生产总值
91	一、国内生产总值的含义
92	二、国内生产总值的计算方法
94	三、国民收入核算中五个总量之间的关系

94	四、其他国内生产总值
95	五、国内生产总值计算中的缺陷
95	第二节 物价指数与失业率
96	一、物价指数
96	二、失业率

99 第八章 国民收入的决定

101	第一节 总需求
101	一、总需求的构成
104	二、总需求曲线
106	三、总需求曲线的移动
106	第二节 总供给
107	一、长期总供给曲线
108	二、短期总供给曲线
109	第三节 总需求—总供给模型
110	一、基本模型
110	二、国民收入均衡的不同状况
111	三、总需求对国民收入均衡的影响
114	四、总供给对国民收入均衡的影响

115 第九章 失业与通货膨胀

117	第一节 失业
117	一、自然失业
118	二、周期性失业
119	三、失业的影响
119	第二节 通货膨胀
120	一、金融体系
120	二、货币的基本知识
121	三、通货膨胀的基本知识
124	第三节 失业与通货膨胀的关系：菲利普斯曲线

129　第十章　经济周期理论

- 131　第一节　经济周期理论概况
  - 131　一、经济周期的含义
  - 132　二、经济周期的分类
  - 133　三、对经济周期原因的解释
- 135　第二节　乘数与加速原理相结合的理论
  - 135　一、加速原理
  - 137　二、乘数与加速原理相结合的理论

139　第十一章　经济增长理论

- 141　第一节　经济增长理论的概况
  - 141　一、经济增长的含义
  - 141　二、经济增长理论的主要内容
- 144　第二节　哈罗德—多马模型
  - 145　一、哈罗德—多马模型的基本公式
  - 146　二、经济稳定增长的条件
  - 146　三、经济中短期波动的原因
  - 147　四、经济中长期波动的原因
- 147　第三节　对经济增长因素的分析
  - 147　一、肯德里克对全部要素生产率的分析
  - 148　二、丹尼森对经济增长因素的分析
- 150　第四节　零经济增长理论
  - 150　一、增长极限论
  - 152　二、增长价值怀疑论

153　第十二章　宏观经济政策

- 155　第一节　宏观经济政策概论
  - 155　一、宏观经济政策目标
  - 156　二、宏观经济政策工具
  - 157　三、宏观经济政策决策机制

157	第二节　财政政策
157	一、财政政策的内容与运用
158	二、财政政策的内在稳定器作用
160	三、赤字财政的运用
161	四、在运用财政政策中的困难
162	第三节　货币政策
162	一、货币政策的机制
163	二、货币政策的运用
163	三、其他货币政策

165　第十三章　当代西方经济学流派的概况

167	第一节　如何划分西方经济学流派
167	一、划分西方经济学流派的标准
167	二、在划分西方经济学流派上的分歧
170	第二节　当代西方经济学的主要流派
170	一、凯恩斯主义的产生、发展与分化
171	二、凯恩斯主义的反对派之一：新自由主义各流派
173	三、凯恩斯主义的反对派之二：新制度学派
174	四、一个独立的流派：瑞典学派
174	第三节　西方经济学各流派的发展趋势
175	一、当今凯恩斯主义的正宗——新古典综合派将仍然处于正统经济学的地位
176	二、新自由主义各流派、新制度学派会有进一步的发展，但并不能成为正统经济学
176	三、西方经济学各流派——特别是新古典综合派与现代货币主义——在一定程度上有合流的趋势

179　第十四章　新古典综合派

181	第一节　新古典综合派的形成
182	一、认为当代资本主义经济是"混合经济"
183	二、新古典综合是为混合经济服务的经济理论
184	三、新古典综合的含义
184	四、新古典综合派在西方经济学中的地位

第二节 新古典综合派的基本理论 — 185

- 一、IS-LM 分析是新古典综合派的理论基础 — 185
- 二、对滞胀问题的解释 — 186
- 三、新古典综合派的经济增长理论 — 187
- 四、新古典综合派对微观政策目标协调问题的探讨 — 191

第三节 新古典综合派的政策主张 — 192

- 一、20世纪50年代的政策主张：补偿性财政与货币政策 — 192
- 二、20世纪60年代的政策主张：充分就业的经济政策 — 193
- 三、20世纪70年代的政策主张：多种政策的综合运用 — 195

第十五章 新剑桥学派 — 197

第一节 新剑桥学派对新古典综合派的批评 — 199

- 一、新古典综合派用均衡观念代替了凯恩斯主义的历史时间观念 — 199
- 二、新古典综合派恢复了被凯恩斯革命所否定的、新古典经济学的充分就业的假设 — 200
- 三、新古典综合派抛弃了凯恩斯主义的"投资支配储蓄"的观点，恢复了新古典经济学"储蓄支配投资"的观点 — 201
- 四、新古典综合派背叛了凯恩斯关于资本主义社会收入分配不合理的论述，回到了新古典经济学以边际生产力理论为基础的分配理论 — 201
- 五、新古典综合派背叛了凯恩斯关于物价水平主要受货币工资率支配的论断，回到了新古典经济学关于物价水平受货币数量决定的传统 — 202
- 六、新古典综合派的政策主张歪曲了凯恩斯主义的原意，引起了当今资本主义社会严重的滞胀局面 — 203

第二节 新剑桥学派的理论 — 204

- 一、新剑桥学派认为分配问题是凯恩斯主义的中心 — 204
- 二、新剑桥学派的分配理论 — 205
- 三、新剑桥学派的经济增长理论 — 207
- 四、新剑桥学派的滞胀理论 — 211

第三节 新剑桥学派的政策主张 — 212

- 一、新剑桥学派反对新古典综合派与货币主义的政策主张 — 212
- 二、新剑桥学派的政策主张 — 213

215　第十六章　现代货币主义

- 217　第一节　货币主义的形成与发展
  - 217　一、货币主义的含义
  - 218　二、货币主义的历史渊源
  - 220　三、现代货币主义的形成与发展
- 221　第二节　货币主义的理论
  - 221　一、现代货币数量论
  - 223　二、名义收入货币理论
  - 224　三、通货膨胀理论
  - 226　四、自然失业率与滞胀问题
- 226　第三节　货币主义的政策主张
  - 226　一、政策主张的基调：自由放任
  - 228　二、"简单规则"的货币政策
  - 229　三、"收入指数化"的方案
  - 229　四、浮动汇率制度
  - 231　五、负所得税方案

233　第十七章　新制度学派

- 235　第一节　制度学派的概况
  - 235　一、制度学派的历史
  - 237　二、制度学派的基本特点
  - 239　三、新制度学派的特点
- 240　第二节　新制度学派的理论
  - 240　一、二元体系理论：加尔布雷斯对当代资本主义社会的制度分析
  - 245　二、循环积累因果原理：缪尔达尔对资本主义社会的动态分析
  - 246　三、经济学的未来：制度经济学前途无量
- 247　第三节　新制度学派的政策主张
  - 247　一、加尔布雷斯的结构改革论
  - 248　二、缪尔达尔关于发展中国家发展经济的政策主张

250　第四版后记

第一章 导　言

第一节 西方经济学的研究对象

一、经济学的产生

每一门科学的产生都有其客观必然性。例如,天文学产生于游牧民族确定季节的需要,几何学产生于农业中丈量土地的需要。经济学产生于什么需要呢?西方经济学家认为,经济学产生于客观存在的稀缺性(scarcity)及由此所引起的选择(choice)的需要。

西方经济学家把满足人类欲望的物品分为"自由取用物品"(free goods)与"经济物品"(economic goods)。前者是无限的,后者是有限的,而且在人类生活中后者占有十分重要的地位。人类的欲望是无限的,但用来满足人类欲望的"经济物品"却是有限的。相对于人类的无穷欲望而言,"经济物品"或者说生产这些物品所需要的资源总是不足的,这就是稀缺性。这里所说的稀缺性,不是指物品或资源的绝对数量的多少,而是指相对于人类欲望的无限性来说,再多的物品与资源也是不足的。从这种意义上看,稀缺性是相对的。从另一种意义上来说,稀缺性存在于一切时代和一切社会,所以它又是绝对的。

同一种物品或资源都有不同的用途,人类的欲望也有轻重缓急之分,因此,在用有限的物品与资源去满足人类的不同欲望时就必须做出选择。所谓选择就是如何利用现有资源去生产"经济物品",来更好地满足人类的欲望。具体来说,选择就是要解决这样三个问题:第一,生产什么物品和各生产多少;第二,如何生产这些物品;第三,为谁而生产这些物品。这三个问题被认为是人类社会共有的基本经济问题,经济学正是为了确定解决这些问题的原则而产生的。

所以说,稀缺性的存在与选择的必要引起了经济学的产生。

二、经济学的定义

英国经济学家罗宾斯(L. Robbins)给经济学下的定义是:"经济学是一门科学,它把人类行为作为目的与可以有其他用途的稀缺资源之间的关系来研究。"①这个定义强调了稀缺性及选择问题,因而被西方经济学界所广泛接受,其他的定义都是在此基础之上发展而来的。

美国出版的《国际社会科学百科全书》中给经济学下的定义是:"按广泛接受的定义,经济学是研究稀缺资源在无限而又有竞争性的用途中间配置的问题。它是一门研究人与社会寻求满足他们的物质需求与欲望的方法的社会科学,这是因为他们所支配的东西不允许他们去满足一切愿望。"②

美国著名的经济学家萨缪尔森(P. A. Samuelson)给经济学下的定义是:"经济学研究人和社会如何做出最终抉择,在使用或不使用货币的情况下,使用可以有其他用途的稀缺的生产性资源来在现在或将来生产各种商品,并把商品分配给社会的各个成员或集团以供消费之用。它分析改善资源配置形式所需的代价和可能得到的利益。"③

以上的定义都强调了经济学是在资源得到充分利用的假设之下来研究资源配置问题,但在现实中却存在着严重的资源利用不足。英国经济学家琼·罗宾逊(Joan Robinson)就指出,当罗宾斯"把经济学评述为研究稀缺资源在各种可供选择的使用中间进行分配的科学"时,"英国有300万工人失业,而美国的国民生产总值的统计数字刚下降到原来水平的一半"④。所以,有些西方经济学家试图将这一定义扩大。

美国经济学家利普西(Richard G. Lipsey)与斯坦纳(Peter O. Steiner)在他们所编的《经济学》中就认为经济学应该研究的问题是:

第一,生产什么产品与劳务和生产多少?

第二,用什么方法生产这些产品与劳务?

第三,产品的供给如何在社会成员中进行分配?

以上三个问题属于微观经济学。

第四,一国的资源是充分利用了,还是有一些被闲置,从而造成了浪费?

第五,货币和储蓄的购买力是不变呢,还是由于通货膨胀而下降了呢?

第六,一个社会生产物品的能力是一直在增长呢,还是仍然没变呢?

以上三个问题属于宏观经济学。

近年来,美国经济学家曼昆在其畅销全球的《经济学原理》中把经济学研究的问题概括为经济学十大原理。这些原理是:第一,人们面临权衡取舍。说明稀缺性的存在与选择的必要。第二,某种东西的成本是为了得到它所放弃的东西。这种放弃的东西

---

① 罗宾斯:《论经济科学的性质和意义》,麦克米兰出版公司,1946年,第16页。
② 里斯:《经济学》,载《国际社会科学百科全书》,第4卷,纽约,1968年,第472页。
③ 萨缪尔森:《经济学》,上册,高鸿业译,商务印书馆,1979年,第5页。
④ 罗宾逊:《经济理论的第二次危机》,载《现代国外经济学论文选》,第一辑,外国经济学说研究会编,商务印书馆,1979年,第2页。

称为机会成本,是选择时要付出的代价。第三,理性人考虑边际量。说明人们在做出选择时的思考方式。边际量就是增加量,这就是使人们在做出选择时要考虑增加的成本与增加的收益。第四,人们会对激励做出反应。说明人在选择时会从自己的利益出发,对不同的刺激做出不同的反应。以上四个原理说明了人做出选择的原则。第五,贸易可以使每个人的状况都变得更好。说明人与人在经济中的关系。第六,市场通常是组织经济活动的一种好方法。说明市场机制的有效性。第七,政府有时可以改善市场结果,即可以克服市场机制固有的缺点。以上七个原理是对生产什么、如何生产和为谁生产的具体说明。第八,一国的生活水平取决于它生产物品与劳务的能力。第九,当政府发行了过多货币时,物价上升。第十,社会面临通货膨胀之间的短期权衡取舍。这三个原理是对整体经济运行的分析。了解经济学这十大原理,就可以知道经济学研究什么。[①]

第二节　微观经济学与宏观经济学

在当代西方经济学中,按研究的对象来划分可以分为微观经济学与宏观经济学两个部分。前者主要是研究资源配置问题,后者主要是研究资源利用问题。

一、微观经济学

微观经济学(microeconomics)以单个经济单位(居民户、厂商)为研究对象,研究单个经济单位的经济行为,以及相应的经济变量的单项数值如何决定。例如,它研究单个厂商作为生产者如何把有限的资源分配在各种商品的生产上以取得最大利润,单个居民户作为消费者如何把有限的收入分配在各种商品的消费上以取得最大效用;它还研究单个厂商的生产量、成本、使用的生产要素数量和利润如何确定,生产要素所有者的收入如何决定,单个商品的效用、供给量、需求量、价格如何决定等。微观经济学的主要内容包括价格理论、消费者行为理论、生产理论、厂商均衡理论和分配理论。

微观经济学要解决生产什么、如何生产和为谁生产的问题。具体来讲,生产什么取决于消费者的货币选票,如何生产取决于不同生产者之间的竞争以及成本与收益的

---

① 曼昆:《经济学原理》,微观经济学分册,第六版,梁小民译,北京大学出版社,2012 年,第 3—15 页。

比较,为谁生产取决于生产要素的供求关系所确定的要素价格。这些都涉及市场经济和价格机制如何运行的问题,因此微观经济学的中心是价格理论。

微观经济学的产生可以追溯到17世纪中期。从那时直至19世纪中期,经济学家在研究国民财富增长的同时,也研究了商品的价值决定、收入分配等问题,提出了各种价值理论,探讨了价格机制的作用,这些都是现代微观经济学的萌芽。19世纪70年代,西方经济学中边际效用理论的提出为微观经济学奠定了理论基础。19世纪末20世纪初,英国经济学家马歇尔(Alfred Marshall)集各家庸俗经济学之大成创立了均衡价格理论,从而确立了微观经济学的基本内容。20世纪30年代以后,英国经济学家琼·罗宾逊、美国经济学家张伯伦(E. Chamberlain)在均衡价格理论的基础上提出了厂商均衡理论,这使微观经济学最终形成。近年来微观经济学仍有许多重大发展,如诺贝尔奖获得者科斯的产权理论及相关的企业理论等。

二、宏观经济学

宏观经济学(macroeconomics)以整个国民经济活动为考察对象,研究经济中各有关总量的决定及其变化。美国经济学家夏皮罗(E. Shapiro)指出:"宏观经济学解决整个经济的功能问题,包括一个经济的商品与劳务总量及其资源的利用如何决定,以及什么引起这些总量的波动。"①例如,宏观经济学研究国民收入与总就业量如何决定,全社会消费、储蓄、投资数量及其占国民收入的比率如何决定,货币流通量和流通速度、价格水平、利率如何决定;它还研究经济中为什么会有波动,如何实现稳定的经济增长等。宏观经济学的主要内容包括:国民收入决定理论、经济周期理论、经济增长理论、货币与通货膨胀理论以及财政与货币政策等。宏观经济学的特点是把国民收入与就业人数联系起来作为中心进行综合分析,因此其中心是国民收入决定理论。在宏观经济学中政策问题占有重要的地位,美国著名经济学家托宾(J. Tobin)说:"宏观经济学的重要任务之一就是要表明如何能够运用中央政府的财政工具和货币工具来稳定经济。"②

早在17世纪中期以后,西方经济学家所研究的国民财富增长、社会总资本的再生产与流通等问题都涉及经济的总量问题。19世纪末20世纪初,资本主义社会严重的经济危机促进了经济学家从整个国民经济的角度来研究经济波动、物价水平等问题。

---

① 夏皮罗:《宏观经济分析》,第4版,纽约,麦克米兰出版公司,1978年,第4页。
② 托宾:《经济学文集》,序言。转引自《世界经济译丛》,1979年第10期。

20世纪30年代,国民收入核算理论体系的建立则成为宏观经济学的重要前提。1936年,凯恩斯(John Maynard Keynes)《就业、利息和货币通论》的发表标志着宏观经济理论的建立,以后宏观经济学不断发展,成为西方经济学中的一个重要组成部分。宏观经济学中有不同的流派,这些我们从第十三章开始介绍。

第三节 实证经济学与规范经济学

为了说明西方经济学的研究方法,必须区分实证经济学(positive economics)与规范经济学(normative economics)。

一、实证经济学与规范经济学

实证经济学是企图超脱或排斥一切价值判断,只考虑建立经济事物之间关系的规律,并在这些规律的作用之下,分析和预测人们经济行为的效果。它具有两个特点:第一,它要回答的是"是什么"的问题;第二,它所研究的内容具有客观性,它的结论是否正确可以通过经验事实来进行检验。

规范经济学是以一定的价值判断为基础,提出某些标准作为分析处理经济问题的标准,作为树立经济理论的前提,作为制定经济政策的依据,并研究如何才能符合这些标准。它所具有的两个特点是:第一,它要回答的是"应该是什么"的问题;第二,它所研究的内容没有客观性,所得出的结论无法通过经验事实进行检验。

西方经济学家所说的价值判断(value judgement)中的价值不是商品价值那种意义上的价值,而是指经济事物的社会价值,即某一事物是好还是坏的问题,所谓的价值判断是要判断某一经济事物是好还是坏,即对社会有无价值。

可以举一个例子来说明实证经济学与规范经济学的区分。例如,对经济增长问题,如果是从实证经济学的角度来研究,则要说明经济增长的标准是什么,影响经济增长的因素是什么等问题,在研究这些问题时所得出的结论是否正确可以通过事实来检验。如果是从规范经济学的角度来研究,就要说明对一个社会来说,经济增长究竟是好事还是坏事。各人从不同的立场、观点,不同的伦理与不同的道德观念出发对这一问题会有迥然不同的看法,谁是谁非亦难以判断。

西方经济学家认为,要使经济学成为真正的科学就必须抛开价值判断问题,使经济学实证化。萨缪尔森就曾指出:"当代政治经济学的首要任务在于对生产、失业、价格和类似的现象加以描述、分析、解释并把这些现象联系起来。"①"关于所追求的目标是正确还是错误的基本问题,不是作为科学的经济学本身所能解决的。"②实证经济学与规范经济学相互关联,我们做出决策要以实证经济学为基础,但要以规范经济学为指导。这就是说,要以一定的价值判断指导决策,但决策要以实证经济学为基础。我们学习的西方经济学的主要内容仍然是实证经济学。微观经济学与宏观经济学的基本内容都属于实证经济学。

二、实证经济学的研究方法

西方经济学家认为,在运用实证经济学的方法研究经济问题时,就是要提出用于解释经济现象的理论,用事实来检验理论,并根据理论做出预测。

西方经济学家认为理论是由定义、假设、假说和预测所组成的。

定义(definition),是对经济学所研究的各种变量规定出的明确的含义。

变量(variables),是一些可以取不同数值的量。经济分析中所常用的变量可以分为:内生变量(endogenous variables),即由经济力量所决定的变量;外生变量(exogenous variables),指由非经济因素(如政治、自然因素等)决定的变量;存量(stock),指一定时点上存在的变量的数值;流量(flow),指一定时期内发生的变量变动的数值。

假设(assumption),是理论所适用的条件。因为任何理论都是相对的、有条件的,所以假设在理论中是很重要的。

假说(hypotheses),是对两个或更多的变量之间关系的阐述,即未经证明的理论。

预测(prediction),是根据假说对未来进行预期。科学的预测是一种有条件的说明,其形式是"如果……就会……"。

在形成一种理论时,首先要对所研究的变量的含义做出明确的规定,然后在一定的假设条件下提出假说,并根据这一假说对未来进行预测,最后,用经济事实来验证预测。如果预测是对的,那么这种假说就是正确的理论;反之,如果预测是错的,那么这种假说就要被否定,或要进行修改,以形成正确的理论。

---

① 萨缪尔森:《经济学》,上册,高鸿业译,商务印书馆,1979年,第10页。
② 同上,第11—12页。

第二章 需求、供给和均衡价格

微观经济学所要解决的是资源配置问题。在市场经济中,这一问题是通过价格机制(price mechanism)来解决的,因此微观经济学的核心是价格理论。在当代西方经济学中所流行的价格理论仍然是用需求与供给来说明价格决定的均衡价格理论,所以对微观经济学的评介就必须从需求、供给与均衡价格这些问题入手。

第一节 需求与供给

一、需求的基本理论

西方经济学中所说的需求(demand)是指居民户(消费者)在某一特定时期内,在每一价格水平上愿意而且能够购买的商品量。作为需求要具备两个条件:第一,有购买欲望;第二,有购买能力。这两者缺一不可。

可以把消费者在不同价格水平下对某商品的需求量用表 2-1 来表示。

表 2-1 对某商品的需求表

	价格(元)	需求量(吨)
a	20	110.0
b	40	90.0
c	60	77.5
d	80	67.5
e	100	62.5
f	120	60.0

这种表明商品的价格与需求量之间关系的表称为需求表(demand schedule)。

根据上述需求表可以做出图 2-1：

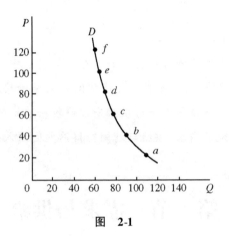

图　2-1

在图 2-1 中，横轴代表需求量，纵轴代表价格，D 即为需求曲线(demand curve)。需求曲线就是根据需求表所画出的、表示价格与需求量关系的曲线。

从图 2-1 中还可以看出，需求曲线是一条向右下方倾斜的线，这表明价格与需求量之间存在着反方向变动的关系，即在其他条件不变的情况下，需求量随着价格的上升而减少，随着价格的下降而增加，这就是西方经济学中所说的需求定理。需求定理是对一般商品而言的，对某些特殊商品而言，需求定理则不一定适用。例如，某些用于表示人们社会身份的炫耀性消费(conspicuous consumption)的商品，往往是价格下降需求减少；某些生活必需的低档商品，在特定条件下价格上升需求增加(最典型的例子是在 1845 年爱尔兰发生大灾荒时，马铃薯的价格上升，需求量反而增加)；而有一些投机性商品(如股票、黄金等)当价格发生较大幅度变动时需求呈现出不规则的变化。

影响需求的除了商品本身的价格之外，还有这样一些因素：相关商品的价格①；消费者的收入水平；消费时尚的变动；消费者对未来的看法；等等。

如果把影响需求的因素作为自变量，把需求作为因变量，则可以用函数关系来表示影响需求的因素与需求量之间的关系，这种函数就是需求函数(demand function)。用 D 代表需求，$a, b, c, d, \cdots, n$ 代表影响需求的因素，则需求函数为：

---

①　西方经济学家把商品之间的关系分为互补(complement)与替代(substitute)。互补关系是指两种商品共同满足一种欲望(例如，录音机与磁带即为互补关系)。互补关系的商品之间价格变动对需求量的影响是：当一种商品的价格上升时，对另一种商品的需求量就减少；反之，当一种商品的价格下降时，对另一种商品的需求量就增加。所以，两种互补的商品之间的价格与需求量呈反方向变动。替代关系是指两种商品可以互相代替来满足同一种欲望(例如，牛肉与羊肉即为替代关系)。替代关系的商品之间价格变动对需求量的影响是：当一种商品的价格上升时，对另一种商品的需求量就增加；反之，当一种商品的价格下降时，对另一种商品的需求量就减少。所以，两种替代的商品之间的价格与需求量呈同方向变动。

$$D = f(a,b,c,d,\cdots,n) \quad (2.1)$$

如果假定其他因素不变,只考虑商品本身的价格与对该商品的需求的关系,并以 P 代表价格,则需求函数为:

$$D = f(P) \quad (2.2)$$

当影响需求的其他因素不变时,商品本身价格的变动所引起的需求量的变动是在同一条需求曲线上的移动。这种变动称为需求量的变动。例如,在图2-1中,在需求曲线 D 上从 a 点到其他各点的变动就是需求量的变动,向左上方变动表示需求量减少,向右下方变动表示需求量增加。

当商品本身的价格不变时,其他因素的变动所引起的需求量的变动是整个需求曲线的移动。这种变动称为需求的变动。可以用图2-2来说明需求的变动。

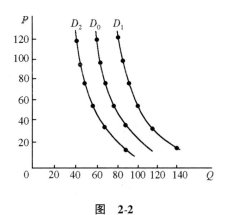

图 2-2

在图2-2中,需求曲线由 D_0 移至 D_1 和 D_2 都是需求的变动。当需求曲线向右移动时(从 D_0 移至 D_1)表示需求的增加,当需求曲线向左移动时(从 D_0 移至 D_2)表示需求的减少。

二、供给的基本理论

西方经济学中所说的供给(supply)是指厂商(生产者)在某一特定时期内,在每一价格水平上愿意而且能够出卖的商品量。作为供给也要具备两个条件:第一,有出售愿望;第二,有供应能力。这两者缺一不可。在厂商的供给中既包括了新生产的产品,也包括了过去生产的存货。

可以把厂商在不同价格水平下对某商品的供给用表2-2来表示。

表 2-2　对某商品的供给表

	价格(元)	供给量(吨)
a	20	5.0
b	40	46.0
c	60	77.5
d	80	100.0
e	100	115.0
f	120	122.5

这种表明商品的价格与供给量之间关系的表称为供给表(supply schedule)。根据上述供给表可以做出图2-3。

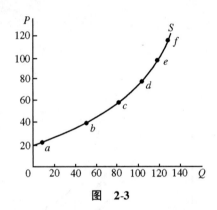

图　2-3

在图2-3中,横轴代表供给量,纵轴代表价格,S即为供给曲线(supply curve)。供给曲线就是根据供给表所画出来的、表示价格与供给量关系的曲线。

从图2-3中还可以看出,供给曲线是一条向右上方倾斜的线,这表明价格与供给量之间存在着同方向变动的关系,即在其他条件不变的情况下,供给量随着价格的上升而增加,随着价格的下降而减少,这就是西方经济学中所说的供给定理。对某些特殊商品来说,供给定理也不一定适用。例如,劳动力的供给是在工资小幅度上升时,供给会增加,但当工资增加到一定程度时,如果再增加,劳动力的供给不仅不会增加,反而会减少。

影响供给的因素除了商品本身的价格之外,还有这样一些因素:厂商所要达到的目的;现有的技术水平;其他商品的价格;生产要素的成本以及厂商对未来的预期;等等。

如果把影响供给的因素作为自变量,把供给作为因变量,则可以用函数关系来表示影响供给的因素与供给量之间的关系,这种函数就是供给函数(supply function)。用S代表供给,用$a,b,c,d,\cdots,n$代表影响供给的因素,则供给函数为:

$$S = f(a,b,c,d,\cdots,n) \tag{2.3}$$

如果假定其他因素不变,只考虑商品本身的价格与该商品的供给量的关系,并以 P 代表价格,则供给函数为:

$$S = f(P) \tag{2.4}$$

当影响供给的其他因素不变时,商品本身价格的变动所引起的供给量的变动是在同一条供给曲线上的移动。这种变动称为供给量的变动。例如,在图2-3中,在供给曲线 S 上,从 a 点到其他各点的变动就是供给量的变动,向右上方变动表示供给量的增加,向左下方变动表示供给量的减少。

当商品本身的价格不变时,其他因素的变动所引起的供给量的变动是整个供给曲线的移动。这种变动称为供给的变动。可以用图2-4来说明供给的变动。

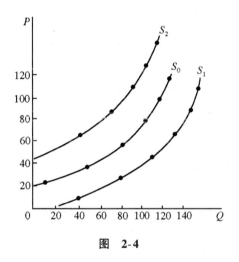

图 2-4

在图2-4中,供给曲线由 S_0 移至 S_1 和 S_2 都是供给的变动。当供给曲线向右下方移动时(由 S_0 移至 S_1)表示供给的增加,当供给曲线向左上方移动时(由 S_0 移至 S_2)表示供给的减少。

第二节 均衡价格的决定与变动

一、均衡价格的决定

均衡(equilibrium)是物理学中的名词。当一物体同时受到方向相反的两个外力的作用,这两种力量恰好相等时,该物体由于受力相等而处于静止的状态,这种状态就是均衡。马歇尔把这一概念引入经济学中,主要指经济中各种对立的、变动着的力量处于一种力量相当、相对静止、不再变动的境界。"这种均衡是和一条线所悬着的一块石子或一个盆中彼此相依的许多小球所保持的机械均衡大体上一致的。"① 均衡一旦形成,如果有另外的力量使它离开原来均衡的位置,则会有其他力量使它恢复到均衡,"正如同一条线所悬着的一块石子如果离开了它的均衡位置,地心引力将立即使它恢复均衡位置的趋势一样。"②

西方经济学中的均衡又可分为局部均衡(partial equilibrium)与一般均衡(general equilibrium)。局部均衡是假定在其他条件不变的情况下分析一种商品或一种生产要素的供给与需求达到均衡时的价格决定。一般均衡是假定在各种商品和生产要素的供给、需求、价格相互影响的情况下分析所有商品和生产要素的供给和需求同时达到均衡时的价格决定。这里所讲的均衡价格属于局部均衡的分析。

均衡价格理论是根据需求与供给的变动来说明价格的决定。均衡价格(equilibrium price)是指一种商品的需求价格与供给价格相一致时的价格,这时的需求量与供给量也一致,称为均衡数量。所以,均衡价格就是需求与供给这两种力量达到一致时的市场价格。

可以根据图 2-5 来说明均衡价格的决定。

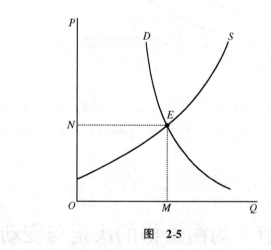

图 2-5

在图 2-5 中,横轴 OQ 代表数量,纵轴 OP 代表价格,D 代表需求曲线,S 代表供给曲线,D 与 S 相交于 E 点,这时需求等于供给,决定了均衡价格为 N,均衡数量为 M。

均衡价格是通过市场供求关系的自发调节而形成的。由于供求的相互作用,一旦市场价格背离均衡价格,则有自动恢复均衡的趋势。

---

① 马歇尔:《经济学原理》,下册,商务印书馆,1981 年,第 17 页。
② 同上,第 37 页。

首先,可以用表2-3来说明均衡价格的形成。

表 2-3

供给量	价格	需求量
5.0	20	110.0
46.0	40	90.0
77.5	60	77.5
100.0	80	67.5
115.0	100	62.5
122.5	120	60.0

在上表中,当价格低于60时,需求大于供给,这时价格必然上升;当价格高于60时,需求小于供给,这时价格必然下降;只有当价格等于60时,需求等于供给,这时才能实现均衡,均衡价格为60,均衡数量为77.5。

可以用图2-6与图2-7来说明均衡价格的形成。

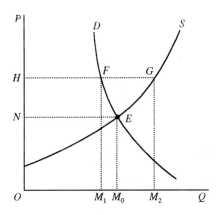

图 2-6

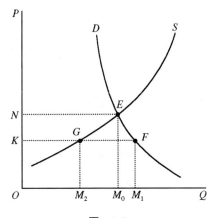

图 2-7

第一种情况：市场价格高于均衡价格。

在图 2-6 中，N 为均衡价格，M_0 为均衡数量，市场价格为 H，这时 $H>N$，需求量为 M_1，供给量为 M_2，$M_2>M_1$，M_1M_2 为供给过剩部分。这样，市场价格必然下降，一直下降到 ON，这时供给与需求相等，又恢复了均衡。

第二种情况：市场价格低于均衡价格。

在图 2-7 中，N 为均衡价格，M_0 为均衡数量，市场价格为 K，这时 $K<N$，需求量为 M_1，供给量为 M_2，$M_1>M_2$，M_1M_2 为供给不足部分。这样，市场价格必然上升，一直上升到 ON，这时供给与需求相等，又恢复了均衡。

二、需求与供给的变动对均衡的影响

市场上价格与数量的均衡是由需求与供给这两种力量所决定的，因此任何一方的变动都会引起均衡的变动。

先用图 2-8 说明需求的变动对均衡的影响。

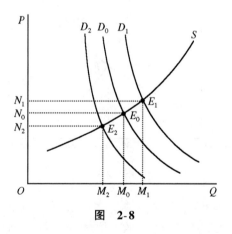

图 2-8

在图 2-8 中，D_0 是原来的需求曲线，D_0 与供给曲线 S 相交于 E_0，决定了均衡价格为 N_0，均衡数量为 M_0。需求曲线由 D_0 移动到 D_1 意味着需求的增加，这时 D_1 与 S 相交于 E_1，决定了新的均衡价格为 N_1，均衡数量为 M_1，$N_1>N_0$，$M_1>M_0$，这表明由于需求的增加，均衡价格上升了，均衡数量也增加了。

需求曲线由 D_0 移动到 D_2 意味着需求的减少，这时 D_2 与 S 相交于 E_2，决定了新的均衡价格为 N_2，均衡数量为 M_2，$N_2<N_0$，$M_2<M_0$。这表明由于需求的减少，均衡价格下降了，均衡数量也减少了。

再由图 2-9 说明供给的变动对均衡的影响。

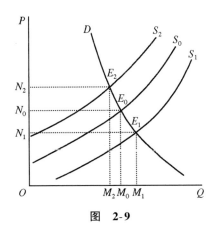

图 2-9

在图 2-9 中，S_0 是原来的供给曲线，S_0 与需求曲线 D 相交于 E_0，决定了均衡价格为 N_0，均衡数量为 M_0。供给曲线由 S_0 移动到 S_1 意味着供给的增加，这时 S_1 与 D 相交于 E_1，决定了新的均衡价格为 N_1，均衡数量为 M_1，$N_1 < N_0$，$M_1 > M_0$，这表明由于供给的增加，均衡价格下降了，均衡数量增加了。

供给曲线由 S_0 移动到 S_2 意味着供给的减少，这时 S_2 与 D 相交于 E_2，决定了新的均衡价格为 N_2，均衡数量为 M_2，$N_2 > N_0$，$M_2 < M_0$，这表明由于供给的减少，均衡价格上升了，均衡数量减少了。

从以上的分析可以得出：

第一，需求的增加引起均衡价格上升，需求的减少引起均衡价格下降。

第二，需求的增加引起均衡数量增加，需求的减少引起均衡数量减少。

需求的变动引起均衡价格与均衡数量同方向变动。

第三，供给的增加引起均衡价格下降，供给的减少引起均衡价格上升。

第四，供给的增加引起均衡数量增加，供给的减少引起均衡数量减少。

供给的变动引起均衡价格反方向变动，供给的变动引起均衡数量同方向变动。

这些就是西方经济学中所谓的"供求定理"。

三、均衡价格理论的运用：支持价格与限制价格

市场机制发生作用的条件是市场安全竞争和信息对称，但在现实中这些条件并不完全存在。而且，即使市场机制能充分发挥作用，调节的结果也不一定符合社会利益。因此，市场经济有时需要政府干预，这就是经济学十大原理中第七个原理所说的，政府有时可以改善市场结果。我们可以用支持价格与限制价格来说明这一点。

支持价格(support-price)是政府为了扶植某一行业的生产而规定的该行业产品的最低价格。可以用图2-10来说明支持价格政策所产生的后果。

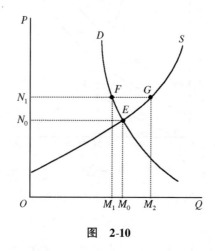

图 2-10

从图2-10中可以看出,该行业产品的均衡价格为N_0,均衡数量为M_0。但政府为了支持该行业的生产,确定了支持价格为N_1,$N_1 > N_0$,即支持价格高于均衡价格。这时需求量为M_1,而供给量为M_2,$M_2 > M_1$,即供给大于需求,M_1M_2为供给过剩部分。这种政策往往用于对某些重要而弱势的群体(如农民)的保护。

限制价格(ceiling-price)是政府为了限制某些生活必需品的物价上涨而规定的这些产品的最高价格。也可以用图2-11来说明限制价格政策所产生的后果。

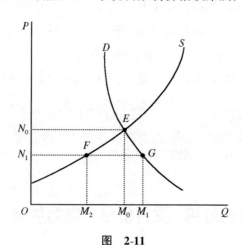

图 2-11

从图2-11中可以看出,某种产品的均衡价格为N_0,均衡数量为M_0。但政府为了防止物价上涨,确定了这种产品的限制价格为N_1,$N_1 < N_0$,即限制价格低于均衡价格。这时需求量为M_1,而供给量为M_2,$M_1 > M_2$,即需求大于供给,M_1M_2为供给不足部分。这种政策往往用于生活必需品的行业,如食品、自来水等。各国普遍采用的最低工资法也属于这类政策。

当然,对这两种价格政策的作用与弊端,西方经济学家是有争论的。

第三节 弹性理论

价格的变动会引起需求量(或供给量)的变动。但是,不同的商品,需求量(或供给量)对价格变动的反应是不同的。有的商品价格变动幅度大,而需求量(或供给量)变动幅度小;有的商品价格变动幅度小,而需求量(或供给量)变动幅度大。弹性理论正是要说明价格的变动比率与需求量(或供给量)的变动比率之间的关系。弹性理论最早由19世纪法国经济学家古诺(A. A. Cournot)提出,以后由马歇尔发展成为一个完整的理论,在二十世纪,英国经济学家庇古(A. C. Pigou)、美国经济学家穆尔(H. L. Moore)、H. 舒尔茨(Schultz)、英国经济学家斯通(R. Stone)等人将这一理论运用于实际,对某些商品的需求弹性做出了估算。

一、需求弹性

需求弹性(elasticity of demand)可以分为需求的价格弹性、需求的收入弹性和需求的交叉弹性,分别说明需求量变动与价格、收入和其他商品价格变动之间的关系。其中最重要的是需求的价格弹性,所以一般说的需求弹性就是指需求的价格弹性。

需求的价格弹性(price elasticity of demand)是用来衡量价格变动的比率所引起的需求量变动的比率,即衡量需求量变动对价格变动的反应程度。需求量变动的比率与价格变动的比率的比值就是需求弹性的弹性系数。所以:

$$需求弹性的弹性系数 = \frac{需求量变动的百分比}{价格变动的百分比} \qquad (2.5)$$

如果以 E_d 代表需求弹性的弹性系数,P 代表价格,ΔP 代表价格的变动量,Q 代表需求量,ΔQ 代表需求的变动量,则需求弹性的弹性系数公式为:

$$E_d = \frac{\Delta Q}{Q} \Big/ \frac{\Delta P}{P} = \frac{\Delta Q}{\Delta P} \Big/ \frac{Q}{P} = \frac{\Delta Q}{\Delta P} \cdot \frac{P}{Q} \qquad (2.6)$$

例如,某商品的价格由每单位5元下降为4元($P=5, \Delta P=-1$),需求量由20单位增加到30单位($Q=20, \Delta Q=10$),则该商品的需求弹性的弹性系数为:

$$E_d = \frac{10}{20} \bigg/ \frac{-1}{5} = -2.5$$

这里我们要注意,因为价格与需求量呈反方向变动,所以需求弹性的弹性系数应为负值。但在实际运用时,为了方便起见,一般都取其绝对值。

对于不同的商品来说,需求弹性是不同的。根据弹性系数的大小可以分为五种情况:

需求完全无弹性(perfectly inelastic),即 $E_d = 0$。在这种情况下,无论价格如何变动,需求量都不会变动。这时的需求曲线是一条与横轴垂直的线。

单位需求弹性(unit elasticity),即 $E_d = 1$。在这种情况下,需求量变动的幅度与价格变动的幅度相等。这时的需求曲线是一条正双曲线。

需求完全有弹性(perfectly elastic),即 $E_d \to \infty$。在这种情况下,当价格为既定时,需求量是无限的。这时的需求曲线是一条与横轴平行的线。

可以用图2-12来说明上述三种情况。

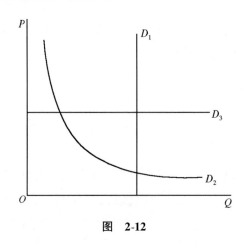

图 2-12

在图2-12中,D_1 为需求完全无弹性时的需求曲线;D_2 为单位需求弹性时的需求曲线;D_3 为需求完全有弹性时的需求曲线。应该指出的是,严格说来,这三种情况都是一种理论上的假定,在现实生活中是罕见的。

在现实中,绝大多数商品的需求弹性是属于需求缺乏弹性(inelastic),或者需求富有弹性(elastic)。

需求缺乏弹性,即 $1 > E_d > 0$。在这种情况下,需求量变动的幅度小于价格变动的幅度。这时需求曲线大致如图2-13所示。

需求富有弹性,即 $\infty > E_d > 1$。在这种情况下,需求量变动的幅度大于价格变动的幅度。这时需求曲线大致如图2-14所示。

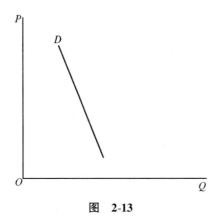

图 2-13

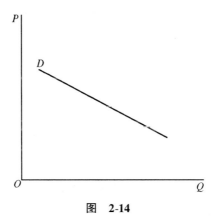

图 2-14

影响某种商品需求弹性大小的因素是很多的,其中主要是:第一,人们对这种商品的需求程度的大小,一般来说生活必需品的需求弹性小,而奢侈品的需求弹性大。第二,这种商品本身的可替代程度,一般来说越易于被替代的商品其需求弹性越大,而越不易被替代的商品其需求弹性越小。第三,这种商品的用途是否广泛,一般来说用途广泛的商品需求弹性大,而用途少的商品需求弹性小。第四,这种商品使用时间的长短,一般来说非耐用品的需求弹性大,而耐用品的需求弹性小。

某种商品的价格变动时,它的需求弹性的大小与价格变动所引起的出售该商品所得到的总收益的变动情况是密切相关的。这是因为总收益等于价格乘销售量,价格的变动引起需求量的变动,从而就引起了销售量的变动。不同商品的需求弹性是不同的,所以价格变动引起的销售量的变动是不同的,总收益的变动也就不同。

如果某商品的需求是富有弹性的,当该商品的价格下降时,需求量(从而销售量)增加的幅度大于价格下降的幅度,从而总收益会增加。

可以以电视机为例来说明这一点。假定,电视机的需求是富有弹性的,$E_d = 2$,原来的价格 $P_1 = 5\,000$ 元,这时销售量 $Q_1 = 100$ 台,总收益 $TR_1 = P_1 \cdot Q_1 = 5\,000 \times 100 = 500\,000$(元)。

现在价格下降 10%，即 $P_2 = 4\,500$ 元，因为 $E_d = 2$，所以销售量增加 20%，即 $Q_2 = 120$ 台，这时总收益 $\mathrm{TR}_2 = P_2 \cdot Q_2 = 4\,500 \times 120 = 540\,000$（元）。

$$\mathrm{TR}_2 - \mathrm{TR}_1 = 540\,000 - 500\,000 = 40\,000（元）$$

这表明由于电视机价格下降，总收益增加了。

如果某商品的需求是富有弹性的，当该商品的价格上升时，需求量（从而销售量）减少的幅度大于价格上升的幅度，从而总收益会减少。

仍以上述电视机的例子来说明这一点。假定现在电视机的价格上升了 10%，即 $P_2 = 5\,500$ 元，因为 $E_d = 2$，所以销售量减少 20%，即 $Q_2 = 80$ 台，这时总收益 $\mathrm{TR}_2 = P_2 \cdot Q_2 = 5\,500 \times 80 = 440\,000$（元）。

$$\mathrm{TR}_2 - \mathrm{TR}_1 = 440\,000 - 500\,000 = -60\,000（元）$$

这表明由于电视机价格上升，总收益减少了。

可以用图 2-15 来说明这一问题。

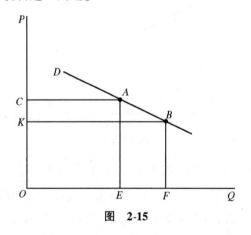

图 2-15

在图 2-15 中，D 是富有需求弹性商品的需求曲线。当价格为 C 时，销售量为 E，总收益为 $OEAC$；当价格为 K 时，销售量为 F，总收益为 $OFBK$。由图上可以看出 $OFBK > OEAC$，因此，当价格由 C 降为 K 时，$OFBK - OEAC > 0$，总收益增加；反之，当价格由 K 上升为 C 时，$OEAC - OFBK < 0$，总收益减少。

由以上可以得出，如果某商品的需求是富有弹性的，则价格与总收益呈反方向变化。即价格上升，总收益减少；价格下降，总收益增加。

如果某商品的需求是缺乏弹性的，当该商品的价格下降时，需求量（从而销售量）增加的幅度小于价格下降的幅度，从而总收益会减少。

可用面粉为例来说明这一点。假定，面粉的需求是缺乏弹性的，$E_d = 0.5$，原来的价格 $P_1 = 2$ 元，这时销售量 $Q_1 = 100$ 斤，总收益 $\mathrm{TR}_1 = P_1 \cdot Q_1 = 2 \times 100 = 200$（元）。

现在价格下降 10%，即 $P_2 = 1.8$ 元，因为 $E_d = 0.5$，所以销售量增加 5%，即 $Q_2 = 105$ 斤，这时总收益 $\mathrm{TR}_2 = P_2 \cdot Q_2 = 1.8 \times 105 = 189$（元）。

$$TR_2 - TR_1 = 189 - 200 = -11(元)$$

这表明由于面粉价格下降,总收益减少了。

如果某商品的需求是缺乏弹性的,当该商品的价格上升时,需求量(从而销售量)减少的幅度小于价格上升的幅度,从而总收益会增加。

仍以上述面粉的例子来说明这一点。假定现在面粉的价格上升了10%,即 $P_2 = 2.2$ 元,因为 $E_d = 0.5$,所以销售量减少了5%,即 $Q_2 = 95$ 斤,这时总收益 $TR_2 = P_2 \cdot Q_2 = 2.2 \times 95 = 209(元)$。

$$TR_2 - TR_1 = 209 - 200 = 9(元)$$

这表明由于面粉价格上升,总收益增加了。

可以用图2-16来说明这一问题。

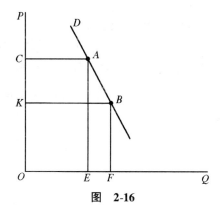

图 2-16

在图2-16中,D 是缺乏需求弹性商品的需求曲线。当价格为 C 时,销售量为 E,总收益为 $OEAC$;当价格为 K 时,销售量为 F,总收益为 $OFBK$。由图上可以看出,$OEAC > OFBK$。因此,当价格由 C 降为 K 时,$OFBK - OEAC < 0$,总收益减少;反之,当价格由 K 上升为 C 时,$OEAC - OFBK > 0$,总收益增加。

由以上可以得出,如果某商品的需求是缺乏弹性的,则价格与总收益呈同方向变化。即价格上升,总收益增加;价格下降,总收益减少。

需求的收入弹性(income elasticity of demand)是用来衡量收入变动的比率所引起的需求量变动的比率,即需求变动对收入变动的反应程度。需求量变动比率与收入变动比率的比值就是需求的收入弹性的弹性系数。所以:

$$需求的收入弹性的弹性系数 = \frac{需求量变动的百分比}{收入变动的百分比} \quad (2.7)$$

如果以 E_m 代表需求的收入弹性的弹性系数,Y 代表收入,ΔY 代表收入的变动量,Q 代表需求量,ΔQ 代表需求的变动量,则需求的收入弹性的弹性系数公式为:

$$E_m = \frac{\Delta Q}{Q} \bigg/ \frac{\Delta Y}{Y} = \frac{\Delta Q}{\Delta Y} \bigg/ \frac{Q}{Y} = \frac{\Delta Q}{\Delta Y} \cdot \frac{Y}{Q} \quad (2.8)$$

在这里,因为收入与需求量呈同方向变动,所以需求的收入弹性的弹性系数应为正值。

需求的交叉弹性(cross elasticity of demand)是用来衡量其他商品价格变动的比率所引起的某商品需求量变动的比率,即某商品需求变动对其他商品价格变动的反应程度。某商品需求量变动比率与另一种商品价格变动比率的比值就是需求的交叉弹性的弹性系数。所以:

$$需求的交叉弹性的弹性系数 = \frac{X 商品需求量变动的百分比}{Y 商品价格变动的百分比} \tag{2.9}$$

如果以 E_c 代表需求的交叉弹性的弹性系数,P_y 代表 Y 商品的价格,ΔP_y 代表 Y 商品价格的变动量,Q_x 代表对 X 商品的需求量,ΔQ_x 代表对 X 商品需求的变动量,则需求的交叉弹性的弹性系数公式为:

$$E_c = \frac{\Delta Q_x}{Q_x} \Big/ \frac{\Delta P_y}{P_y} = \frac{\Delta Q_x}{\Delta P_y} \Big/ \frac{Q_x}{P_y} = \frac{\Delta Q_x}{\Delta P_y} \cdot \frac{P_y}{Q_x} \tag{2.10}$$

对于不同的商品关系而言,需求的交叉弹性的弹性系数是不同的。互补商品之间价格与需求量的变动呈反方向,所以弹性系数为负值;替代商品之间价格与需求量的变动呈同方向,所以弹性系数为正值。

二、供给弹性

供给弹性(supply elasticity)就是指供给的价格弹性,即用来衡量价格变动比率所引起的供给量变动的比率,即衡量供给量变动对价格变动的反应程度。供给量变动比率与价格变动比率的比值就是供给弹性的弹性系数。所以:

$$供给弹性的弹性系数 = \frac{供给量变动的百分比}{价格变动的百分比} \tag{2.11}$$

如果以 E_s 代表供给弹性的弹性系数,P 代表价格,ΔP 代表价格的变动量,Q 代表供给量,ΔQ 代表供给的变动量,则供给弹性的弹性系数公式为:

$$E_s = \frac{\Delta Q}{Q} \Big/ \frac{\Delta P}{P} = \frac{\Delta Q}{\Delta P} \Big/ \frac{Q}{P} = \frac{\Delta Q}{\Delta P} \cdot \frac{P}{Q} \tag{2.12}$$

价格与供给量同方向变动,所以供给弹性的弹性系数为正值。

供给弹性也可以分为五种情况:供给完全无弹性($E_s = 0$,无论价格如何变动,供给量不会发生变化);供给完全有弹性($E_s \to \infty$,价格既定,供给量无限);单位供给弹性($E_s = 1$,供给量变动的幅度等于价格变动的幅度);供给富有弹性($\infty > E_s > 1$,供给量变动的幅度大于价格变动的幅度);供给缺乏弹性($1 > E_s > 0$,供给量变动的幅度小于价格变动的幅度)。一般的情况是供给富有弹性或供给缺乏弹性。

影响商品供给弹性大小的因素,主要是时间的长短。一般来说,在短期中,当有些生产要素不能根据市场需求来调整时,各种商品的供给都缺乏弹性;在长期中,当所有生产要素都可以根据市场需求来调整时,各种商品的供给都富有弹性。

三、弹性理论的运用:蛛网理论

均衡分析考察的是均衡形成与变动的条件。在均衡分析中,如果不引入时间因素来考察均衡形成和稳定的条件,则是静态均衡分析;如果引入时间因素来考察均衡状态的变动过程,则为动态均衡分析。蛛网理论(cobweb theorem)是20世纪30年代出现的一种动态均衡分析。它是运用弹性理论来考察价格波动对下一个周期产量的影响,及由此产生的均衡的变动。这种分析是在1930年分别由美国经济学家H. 舒尔茨、意大利经济学家里奇(U. Ricci)和荷兰经济学家丁伯根(J. Tinbergen)各自提出的,1934年由英国经济学家卡尔多(N. Kaldor)定名为"蛛网理论"。

蛛网理论所研究的商品具有这样一种特点,即它们开始生产后,要经过一定时间才能生产出来,在此期间生产不能变更(如农产品即属于这种情况)。由此得出:本期价格取决于本期的产量,$P_t = f(Q_t)$;本期的产量取决于上期的价格,$Q_t = f(P_{t-1})$。

蛛网理论根据商品供给弹性与需求弹性的关系,分三种情况来研究均衡的变动情况:

第一种情况:供给弹性小于需求弹性($E_s < E_d$),可以用图2-17来说明这时均衡的变动。

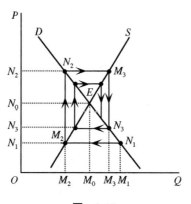

图 2-17

在图2-17中,E为均衡点,N_0为均衡价格,M_0为均衡数量。在第一阶段,产量为

M_1,$M_1 > M_0$,决定了价格为 N_1,$N_1 < N_0$;在第二阶段,N_1 决定了本期产量为 M_2,$M_2 < M_0$,决定了价格为 N_2,$N_2 > N_0$;在第三阶段,N_2 决定了本期产量为 M_3,$M_3 > M_0$,决定了价格为 N_3,$N_3 < N_0$。这样价格与产量的波动越来越小,最后趋向于均衡点。因此,供给弹性小于需求弹性称为蛛网稳定条件,这种蛛网称为"收敛型蛛网"。

第二种情况:供给弹性大于需求弹性($E_s > E_d$),可用图 2-18 来说明这时的均衡的变动。

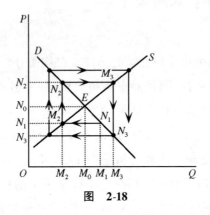

图 2-18

这种情况下价格与产量的变动过程与前一种情况类似,但它不是波动越来越小,而是波动越来越大,离均衡点越来越远。因此,供给弹性大于需求弹性称为蛛网不稳定条件,这种蛛网称为"发散型蛛网"。

第三种情况:供给弹性等于需求弹性($E_s = E_d$),可用图 2-19 来说明这时均衡的变动。

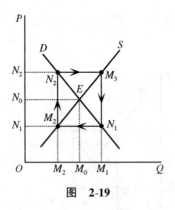

图 2-19

这种情况下价格与产量的变动过程仍与以前一样,但它既不是波动越来越小,也不是波动越来越大,而是始终保持着同样波动程度,既不趋向于均衡点又不远离均衡点。因此,供给弹性等于需求弹性称为蛛网中立条件,这种蛛网称为"封闭型蛛网"。

第三章 消费者行为理论

在市场上,均衡价格是由需求与供给决定的。那么,需求与供给又受什么规律支配呢?在这一章将介绍西方经济学中解释需求的消费者行为理论,在下一章将介绍解释供给的生产理论。

西方经济学中所研究的消费者,又称居民户(household),是指能做出统一的消费决策的经济单位,它可能是一个人,也可能是一个由某些人组成的家庭。居民户提供生产要素,获得收入,目的是要达到最大的满足程度——即效用最大化。因此,消费者行为理论就是要说明居民户如何使用自己既定的收入来达到效用最大化。

西方经济学家先后用基数效用(cardinal utility)论与序数效用(ordinal utility)论来研究消费者行为。基数效用论认为,效用是可以计量并加总求和的,所以效用的大小可以用基数(1,2,3,…)来表示。序数效用论认为,效用是不可以计量并加总求和的,所以只能用序数(第一,第二,……)来表示满足程度的高低与顺序。基数效用论者用边际效用分析来研究消费者行为,序数效用论者用无差异曲线分析来研究消费者行为。

第一节 边际效用分析

一、欲望与效用

研究消费者行为的出发点是欲望,归宿是欲望的满足,即效用。

欲望(want)是指一种缺乏的感觉与求得满足的愿望。西方经济学家认为一种欲望,既要有不足之感又要有求足之愿,因此它是一种心理现象。美国心理学家马斯洛(A. H. Maslow)把人的需求分为五个层次:生理需要、安全需要、归属和爱的需要、尊重需要,以及自我实现的需要。[①] 当较低层次的欲望满足之后,就会产生新的欲望,所以欲望是多种多样且无穷无尽的。19世纪的德国经济学家戈森(H. H. Gossen)曾提出两条关于欲望的规律:第一,欲望强度递减规律,即在一定时期内,一个人对某物品的

---

① 参看弗兰克·戈布尔:《第三思潮:马斯洛心理学》,吕明、陈红雯译,上海译文出版社,1987年,第41—45页。

欲望强度随着该物品的增加而减小;第二,享受递减规律,即随着欲望的满足,人所得到的享受是递减的。

效用(utility)是指个人从消费某种物品中所得到的满足。西方经济学家强调了效用的主观性,认为某物品是否具有效用及效用的大小取决于消费者对该物品的主观感受。因此,效用本身既没有伦理学意义,又没有客观标准。

二、边际效用理论

基数效用论者在分析消费者行为时,提出了总效用与边际效用的概念。总效用(total utility)是指从消费一定量某物品中所得到的总满足程度。边际效用(marginal utility)是指消费量每增加一个单位所增加的满足程度。可以用总效用与边际效用表来说明它们之间的关系,如表3-1所示。

表 3-1 某物品的总效用与边际效用表

某物品的量	总效用	边际效用
1	30	30
2	50	20
3	65	15
4	75	10
5	83	8
6	89	6
7	93	4
8	96	3
9	98	2
10	99	1

根据上表可以做出总效用曲线与边际效用曲线,如图3-1和图3-2所示。

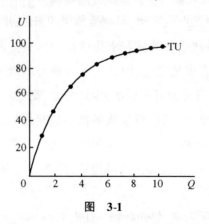

图 3-1

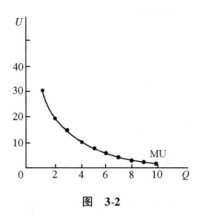

图 3-2

图 3-1 是总效用图,图 3-2 是边际效用图。在这两个图中横轴代表某物品的数量,纵轴代表效用。在图 3-1 中,TU 为总效用曲线;在图 3-2 中,MU 为边际效用曲线。

从图 3-1 和图 3-2 中可以看出,随着某物品数量的增加,总效用一直是增加的,但边际效用却是一直减少的。这就是说,由于欲望强度与享受程度都是递减的,所以同一种物品的每一单位给消费者所带来的满足程度是不同的。随着所消费的某物品数量的增加,该物品对消费者的边际效用是递减的。一物的边际效用随其数量的增加而减少,这种现象普遍存在于一切物品,所以这种边际效用递减的趋势被称为边际效用递减规律。

西方经济学家用边际效用递减规律来解释需求定理。他们认为,消费者购买物品是为了得到效用,因此在进行购买时他总要比较一下他的货币支出与能获得的效用。如果消费者的货币收入是固定的,即每单位货币给他带来的效用都是相等的,那么,他对某物品愿意付出的价格就以该物品的边际效用为标准。如果边际效用大,消费者愿意付出较高的价格;如果边际效用小,消费者只愿付出较低的价格。随着消费者购买某物品数量的增加,该物品的边际效用递减,这时消费者愿意付出的价格也就降低。因此,消费者对某物品的需求量与价格呈反方向变动。

消费者按他对物品效用的评价来决定他愿意支付的价格,但市场上的实际价格并不一定等于他愿意支付的价格。消费者愿意对某物品所支付的价格与他实际付出的价格的差额就是消费者剩余(consumers' surplus)。这一概念是马歇尔提出的,他给消费者剩余下的定义是:"他宁愿付出而不愿得不到此物的价格,超过他实际付出的价格的部分,是这种剩余满足的经济衡量。这个部分可称为消费者剩余。"①

---

① 马歇尔:《经济学原理》,上册,商务印书馆,1981 年,第 142 页。

可以用图 3-3 来说明消费者剩余的概念。

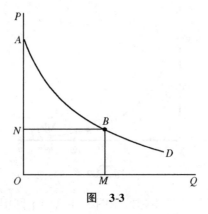

图 3-3

在图 3-3 中，横轴 OQ 代表商品量，纵轴 OP 代表价格，AD 是消费者的需求曲线，表明商品量少时，愿意付出的价格高，而随着商品量的增加，愿意付出的价格越来越低。消费者对每一单位商品所愿意付出的价格是不同的，当他购买 M 的商品时，愿付出的价格是 $OMBA$。但是，市场价格是 N，所以当他购买 M 的商品时，实际上只需支付 $OMBN$，他所愿意支付的减去他实际支付的，即 $OMBA - OMBN = NBA$，就是消费者剩余。

三、消费者均衡

消费者的货币收入总是有限的，他要把有限的货币收入用于各种物品的购买以满足自己的欲望。他应该如何把货币分配于各种物品的购买才能获得最大程度的满足，即达到效用最大化呢？消费者均衡正是要研究这一问题。

消费者均衡（consumer equilibrium）的原则是：如果消费者的货币收入是固定的，市场上各种物品的价格是已知的，那么，消费者一定要使其所购买的各种物品的边际效用与他所付出的价格呈比例，换句话来说，也就是要使每一单位货币所获得的边际效用都相等。

可以用下列公式来说明消费者均衡的原则：

设：M 为收入；

X,Y 为所消费的商品；

P_X,P_Y 为 X 商品与 Y 商品的价格；

MU_X,MU_Y 为 X 商品与 Y 商品的边际效用；

Q_X,Q_Y 为 X 商品与 Y 商品的购买量。

则有：
$$P_X \cdot Q_X + P_Y \cdot Q_Y = M \tag{3.1}$$

$$\frac{MU_X}{P_X} = \frac{MU_Y}{P_Y} \tag{3.2}$$

(3.1)式是限制条件，说明收入是有限的，购买各种商品的支出不能超过收入，也不能小于收入；因为超过收入的购买是无法实现的，而小于收入的购买也达不到既定收入下的效用最大化。(3.2)式是消费者均衡原则，各物品的边际效用与价格之比相等，即每一单位货币不论用于购买 X 商品，还是用于购买 Y 商品，所得到的边际效用都相等。

消费者之所以按这一原则来进行购买是因为在货币收入既定的条件下，多购买 X 商品，就要少购买 Y 商品。随着 X 商品数量的增加，它的边际效用递减，而随着 Y 商品数量的减少，它的边际效用递增。为了使所购买的 X 商品与 Y 商品的总效用达到最大，消费者就要调整他所购买的 X 商品与 Y 商品的数量。当 X 商品与 Y 商品的边际效用之比等于其价格之比时，X 商品与 Y 商品的总效用就会达到最大，从而实现了消费者均衡。

第二节 无差异曲线分析

一、无差异曲线

无差异曲线(indifference curve)是用来表示两种商品或两组商品的不同数量的组合对消费者所提供的效用是相同的。

例如，现有 X 与 Y 两种商品，它们有 a,b,c,d,e,f 六种组合方式，这六种组合方式可以给消费者带来同样的满足。于是可以做出表3-2。

表3-2

组合方式	X 商品	Y 商品
a	5	30
b	10	18
c	15	13
d	20	10
e	25	8
f	30	7

根据上表，可以做出图3-4。

在图3-4中，横轴代表 X 商品的数量，纵轴代表 Y 商品的数量。I 为无差异曲线，在线上任何一点，X 商品与 Y 商品不同数量的组合给消费者所带来的满足程度是相同的。

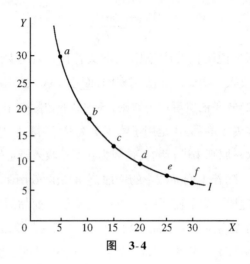

图 3-4

无差异曲线具有以下特征：

第一，无差异曲线是一条向右下方倾斜的曲线，其斜率为负值。这就表明在收入与价格既定的条件下，为了获得同样的满足程度，增加一种商品就必须减少另一种商品，两种商品不能同时增加或减少。

第二，在同一平面图上可以有无数条无差异曲线。同一条无差异曲线代表同样的满足程度，不同的无差异曲线代表不同的满足程度。离原点越远的无差异曲线所代表的满足程度越高，离原点越近的无差异曲线所代表的满足程度越低。可以用图 3-5 来说明这一点。

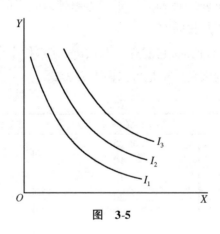

图 3-5

在图 3-5 中，I_1，I_2，I_3 是三条不同的无差异曲线，其中 I_1 所代表的满足程度最低，I_2 所代表的满足程度大于 I_1，I_3 所代表的满足程度最高。

第三，在同一平面图上，任意两条无差异曲线绝不能相交，否则在交点上两条无差异曲线代表了相同的满足程度,与第二个特征相矛盾。

第四,无差异曲线是一条凸向原点的线。这一点要用边际替代率(marginal rate of substitution,简称 MRS)这一概念来说明。

边际替代率是消费者在保持相同的满足程度时,增加一种商品的数量与必须放弃的另一种商品的数量之比。例如,为了增加 X 商品而放弃 Y 商品,增加的 X 商品的数量与所放弃的 Y 商品的数量之比就是以 X 商品代替 Y 商品的边际替代率,写作 MRS_{XY},如以 ΔX 代表 X 商品的增加量,以 ΔY 代表 Y 商品的减少量,则:

$$\text{MRS}_{XY} = \Delta Y / \Delta X \tag{3.3}$$

根据表 3-2 的例子计算出 MRS_{XY} 的值,如表 3-3 所示。

表 3-3

变动情况	X 商品增加量	Y 商品减少量	MRS_{XY}
从 a 到 b	5	12	2.4
从 b 到 c	5	5	1.0
从 c 到 d	5	3	0.6
从 d 到 e	5	2	0.4
从 e 到 f	5	1	0.2

从以上可以看出,边际替代率是递减的,这就是边际替代率递减规律。这说明了,在连续增加某一种商品时,人们所愿意牺牲的另一种商品的数量是递减的。这是因为,随着某种商品的增加,它的边际效用在递减;随着另一种商品的减少,它的边际效用在递增,所以某种商品能代替的另一种商品的数量就越来越少。

边际替代率实际上就是无差异曲线的斜率,例如,从 a 到 b 的边际替代率就是无差异曲线上从 a 到 b 之间的斜率。无差异曲线的斜率是逐渐下降的,所以它就是一条凸向原点的曲线。

二、消费者均衡

这里,是用无差异曲线与消费可能线来分析消费者均衡的实现。

消费可能线(consumption-possibility line)又称预算线(budget line)或等支出线(iso-expenditure line),它表明了在收入与商品价格既定的条件下,消费者所能够购买到的各种商品数量的最大组合。

假定,收入 M 为 60 元,X 商品的价格 P_X 为 20 元,Y 商品的价格 P_Y 为 10 元。如果全购买 X 商品可以购买 3 单位,如果全购买 Y 商品可以购买 6 单位。于是可以做出图 3-6。

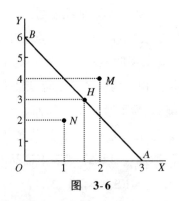

图 3-6

在图 3-6 中,如用全部收入购买 X 商品可购买 3 单位(A 点),如用全部收入购买 Y 商品可购买 6 单位(B 点),连接 A,B 两点即为消费可能线。在 AB 线外的任意一点,例如在 M 点,要购买 4 个单位 Y 商品和 2 个单位 X 商品,共需 80 元,这是无法实现的。在 AB 线内的任意一点,例如在 N 点,要购买 2 个单位 Y 商品和 1 个单位 X 商品,共用 40 元,这是可以实现的,但并不是可以购买的 X 商品与 Y 商品的最大数量组合。只有在 AB 线上的任何一点,例如在 H 点,购买 3 个单位 Y 商品与 1.5 个单位 X 商品共用 60 元,才是既能实现又能购买的 X 商品与 Y 商品的最大数量组合。

如果把无差异曲线与消费可能线合在一个图上,那么消费可能线必定与无数条无差异曲线中的一条相切于一点。在无差异曲线与消费可能线的切点上就实现了消费者均衡。可用图 3-7 来说明这一点。

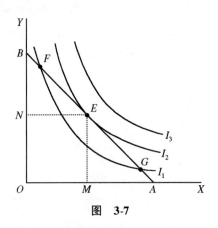

图 3-7

在图 3-7 中,I_1,I_2,I_3 为三条无差异曲线,其中 I_3 代表的满足程度最高,I_2 次之,I_1 代表的满足程度最低。AB 是消费可能线。AB 与 I_2 相切于 E 点,E 点时实现了消费者均衡。这就是说,在收入与价格既定的条件下,消费者购买 M 数量的 X 商品与 N 数量的 Y 商品可以获得的最大满足是 I_2 所代表的满足程度。

还可以根据图 3-7 来说明,为什么只有在 E 点上才能实现消费者均衡。I_3 代表的

满足程度大于 I_2 所代表的满足程度,但是 I_3 与 AB 线既不相交又不相切,说明达到 I_3 满足程度的 X 商品与 Y 商品的组合在现有收入水平下是达不到的。AB 线与 I_1 相交于 F 与 G 两点,F 与 G 在 AB 线上,也是在既定收入下,所购 X 商品与 Y 商品的最大数量组合,但在这两种组合的情况下所达到的满足程度 I_1 又小于 I_2 所代表的满足程度,因此并没有达到最大程度的满足。此外,I_2 上的其他各点也是在 AB 线之外,无法实现,所以只有在 E 点上才能实现消费者均衡。

无差异曲线分析是为了弥补边际效用分析的缺点,用消费者的满足程度来代替效用的数量,使消费者行为理论有一个"科学的基础"。实际上,它仍然是以边际效用理论为基础,用更加神秘的图形表达了与边际效用分析完全同样的思想。这一点集中表现在,边际效用分析中所提出的消费者均衡的条件与无差异曲线分析中所提出的消费者均衡的条件是完全相同的。我们可以证明这一点:

根据边际效用分析,消费者均衡的条件是:

$$\frac{MU_X}{P_X} = \frac{MU_Y}{P_Y} \tag{3.4}$$

上式也可以写成:

$$\frac{MU_X}{MU_Y} = \frac{P_X}{P_Y} \tag{3.5}$$

根据无差异曲线分析,消费者均衡是无差异曲线与消费可能线相切的点,即在这一点上消费可能线的斜率与无差异曲线的斜率相等。

从图 3-7 上看,消费可能线 AB 的斜率是 OB 与 OA 之比,OB 是全部收入 M 购买价格为 P_Y 的 Y 商品的数量,所以:

$$OB = \frac{M}{P_Y} \tag{3.6}$$

OA 是全部收入 M 购买价格为 P_X 的 X 商品的数量,所以:

$$OA = \frac{M}{P_X} \tag{3.7}$$

这样,消费可能线 AB 的斜率就是:

$$\frac{OB}{OA} = \frac{M}{P_Y} \bigg/ \frac{M}{P_X} = \frac{M}{P_Y} \cdot \frac{P_X}{M} = \frac{P_X}{P_Y} \tag{3.8}$$

无差异曲线的斜率就是以 X 商品代替 Y 商品时的边际替代率,即 MRS_{XY}。所以,根据无差异曲线分析,消费者均衡的条件又可以写为:

$$MRS_{XY} = \frac{P_X}{P_Y} \tag{3.9}$$

$$\text{MRS}_{XY} = \frac{\Delta Y}{\Delta X} = \frac{\text{MU}_X}{\text{MU}_Y} \qquad (3.10)^{①}$$

于是可以得出,消费者均衡的条件是:

$$\frac{\text{MU}_X}{\text{MU}_Y} = \frac{P_X}{P_Y} \qquad (3.11)$$

由此可见,两种分析方法所得出的消费者均衡的条件是相同的。所以,我们认为,边际效用分析与无差异曲线分析实际上是一样的,边际效用分析所存在的那些错误,无差异曲线分析同样也存在。它们之间的差异仅在于表现形式的不同。

建立在心理分析基础之上的消费者行为理论并不能全面地说明消费者行为的决定。但是,基数效用论所建立的边际效用分析法和序数效用论的无差异曲线分析法在西方经济学中运用十分广泛。作为一种分析问题的工具,也有可取之处,所以我们对这种分析方法应有所了解。

---

① 设 U 为总效用,MU_X 与 MU_Y 分别为 X 商品与 Y 商品的边际效用:

$$\text{MU}_X = \frac{\Delta U}{\Delta X} \qquad \text{MU}_Y = \frac{\Delta U}{\Delta Y}$$

所以:

$$\Delta X = \frac{\Delta U}{\text{MU}_X} \qquad \Delta Y = \frac{\Delta U}{\text{MU}_Y}$$

代入:

$$\text{MRS}_{XY} = \frac{\Delta Y}{\Delta X} = \frac{\Delta U}{\text{MU}_Y} \bigg/ \frac{\Delta U}{\text{MU}_X} = \frac{\Delta U}{\text{MU}_Y} \cdot \frac{\text{MU}_X}{\Delta U} = \frac{\text{MU}_X}{\text{MU}_Y}$$

第四章 生产理论

生产理论所研究的是生产者的行为。在西方经济学中,生产者称为厂商(firm),厂商是指能做出统一的生产决策的经济单位,包括个人企业、合伙企业和公司。在生产理论中假设厂商的目的是实现利润最大化,即在既定的产量下实现成本最小,或在既定的成本下达到产量最大。

达到利润最大化涉及两个问题:一是投入的生产要素与产出的产量之间的物质技术关系;二是生产中使用的成本与收益之间的经济关系。本章首先分别考察上述两个问题,然后再分析最大利润的实现。

第一节 生产与生产的基本规律

一、生产函数

生产是对各种生产要素进行组合以制成产品的行为,在生产中要投入各种要素并生产出产品,所以,生产也就是把投入(input)变为产出(output)的过程。

生产要素是指生产中所使用的各种资源。西方经济学家把这些资源分为:劳动、资本、土地(或自然资源)与企业家才能。

生产要素的组合与数量和它所能生产出来的产量之间存在着一定的依存关系。生产函数正是表示一个厂商(或整个社会)生产要素投入量的某一种组合同它所能生产出来的最大产量之间的依存关系。

如果用 Q 代表总产量,L 代表劳动,K 代表资本,N 代表土地或自然资源,E 代表企业家才能,则生产函数(production function)的公式为:

$$Q = f(L, K, N, E) \tag{4.1}$$

如果只考虑劳动与资本同产量的关系,生产函数的公式就是:

$$Q = f(L, K) \tag{4.2}$$

在技术不变的条件下,生产函数是线性齐次生产函数,即表示产量和各种投入量都按同一比例变动。在 $Q = f(L, K)$ 中,如果两种投入都按 λ 倍增加,则产量也增加 λ 倍。于是,线性齐次生产函数的公式就是:

$$\lambda Q = f(\lambda L, \lambda K) \tag{4.3}$$

20世纪30年代初,美国经济学家道格拉斯(P. H. Douglas)与柯布(C. W. Cobb)根据1899年到1922年的资料,得出了这一期间美国的生产函数:

$$Q = AL^{\alpha}K^{1-\alpha} \tag{4.4}$$

这就是著名的"柯布—道格拉斯生产函数",其中 Q 代表总产量,L 代表劳动投入量,K 代表资本投入量,A 和 α 是常数,其中 $1 > \alpha > 0$。在这一生产函数中,当劳动投入量与资本投入量增加 λ 倍时,则为:

$$A(\lambda L)^{\alpha} \cdot (\lambda K)^{1-\alpha} = \lambda AL^{\alpha}K^{1-\alpha} = \lambda Q \tag{4.5}$$

所以,柯布—道格拉斯生产函数即为线性齐次生产函数。

在生产不同产品时,各种生产要素的配合比例是不同的。为生产一定量某种产品所需要的各种生产要素的配合比例称为技术系数(technological coefficient)。如果生产某种产品所需要的各种生产要素的配合比例是不能改变的,这就是固定技术系数。这种固定技术系数的生产函数称为固定配合比例生产函数。如果生产某种产品所需要的各种生产要素的配合比例可以改变,这就是可变技术系数。这种可变技术系数的生产函数称为可变配合比例生产函数。

二、边际收益递减规律与生产要素的合理投入

在考察生产要素投入量的变动对产量的影响时要区分两种不同的情况:一种是所有的生产要素投入量都按同一比例变动;一种是其他生产要素投入量都不变,只有一种生产要素的投入量变动。边际收益递减规律就是研究后一种情况对生产量所产生的影响。

在一般情况下,生产一定量某种产品所需要的各种生产要素的配合比例,在一定限度内是可以改变的。西方经济学家认为,凡是生产要素的配合比例能够改变的生产函数,一般具有如下特点:如果其他生产要素固定不变,则仅增加某一种生产要素所增加的收益,迟早将会出现递减的现象,这就是边际收益递减规律,或简称收益递减规律。这一规律可表述如下:在技术水平不变的情况下,当连续把数量相等的某种生产要素增加到一种或几种数量不变的生产要素上时,最初产量会增加,但若该生产要素的增加超过一定限度则增加的产量将要递减,甚至成为负数。在理解这一规律时,要注意这样几点:第一,这一规律的前提是技术水平不变,即社会生产技术没有重大突破;第二,其他生产要素的投入量没有发生变动,即生产的规模没有改变;第三,随着某要素的增加,边际收益要经历递增、递减,最后成为负数的过程;第四,这一规律是从生

产实践和科学实验中得出来的,在农业部门表现最突出,但在其他部门也同样存在。[①]

西方经济学家根据边际收益递减规律来分析某一种生产要素的合理投入问题。为了说明产量变动情况,首先把产量分为总产量、平均产量与边际产量。总产量(total product,简称 TP)指生产要素既定的情况下所生产出来的全部产量;平均产量(average product,简称 AP)指平均每单位生产要素所生产出来的产量;边际产量(marginal product,简称 MP)指每增加一单位某种生产要素所增加的总产量,即所增加的最后一单位某种生产要素带来的产量。

如果以 Q 代表某种生产要素的量,ΔQ 代表某种生产要素的增量,则可将总产量、平均产量与边际产量之间的关系表示如下:

$$TP = AP \cdot Q \tag{4.6}$$

$$AP = \frac{TP}{Q} \tag{4.7}$$

$$MP = \frac{\Delta TP}{\Delta Q} \tag{4.8}$$

假定生产某种产品中所用的生产要素是资本与劳动,其中资本是固定的,劳动是可变的,则可做出总产量、平均产量与边际产量表,如表4-1 所示。

表 4-1 总产量、平均产量、边际产量表

资本量 (K)	劳动量 (L)	劳动增量 (ΔL)	总产量 (TP)	边际产量 (MP)	平均产量 (AP)
10	0	0	0	0	0
10	1	1	8	8	8
10	2	1	20	12	10
10	3	1	36	16	12
10	4	1	48	12	12
10	5	1	55	7	11
10	6	1	60	5	10
10	7	1	60	0	8.6
10	8	1	56	-4	7

[①] 关于这一规律的详细论述可参看范家骧:《报酬递减规律和农业发展》,载《经济理论与经济史论文集》,邓力群、钱学森等著,北京大学出版社,1982 年,第 217—240 页。

根据上表可以做出图 4-1。

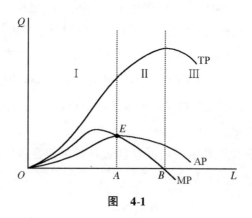

图 4-1

在图 4-1 中,横轴 OL 代表劳动量,纵轴 OQ 代表产量,TP 为总产量曲线,AP 为平均产量曲线,MP 为边际产量曲线。从表 4-1 与图 4-1 中可以看出:第一,随着劳动量的增加,最初总产量、平均产量和边际产量都是递增的,但各自增加到一定程度之后就分别递减。从图上看,总产量曲线、平均产量曲线和边际产量曲线都是先上升而后下降。第二,边际产量曲线与平均产量曲线一定要在平均产量曲线的最高点相交。在相交前,平均产量是递增的,这时边际产量大于平均产量;在相交后,平均产量是递减的,这时边际产量小于平均产量;在相交时,平均产量达到最大,这时边际产量等于平均产量。第三,当边际产量为零时,总产量达到最大;之后,当边际产量为负数时,总产量就会绝对减少。

为了确定劳动这种生产要素的合理投入,可以根据图 4-1 中的总产量曲线、平均产量曲线和边际产量曲线把生产分为三个阶段:第一阶段是劳动量从零增加到 A 这一阶段(图 4-1 中的Ⅰ),在这一阶段平均产量一直在上升,边际产量大于平均产量,这就说明这时增加劳动量是有利的(这是因为相对于固定的资本来说,劳动量缺乏,所以劳动量的增加可以使资本的作用得到充分发挥)。即使是为了获得最大平均利润,劳动也一定要增加到 A 点为止。第二阶段是劳动量从 A 增加到 B 这一阶段(图 4-1 中的Ⅱ),在这一阶段平均产量开始下降,但边际产量仍然大于零,因此总产量仍一直在增加,如果为了获得最大的产量,劳动量则可以增加到 B 点为止。第三阶段是劳动量增加到 B 点之后(图 4-1 中的Ⅲ),在这一阶段边际产量为负数,总产量开始绝对减少,因此生产无论如何不能进行到这一阶段。一般来说,生产进行到第二阶段(从平均产量最高到边际产量等于零这一阶段)最合适,因此劳动量的投入应在 A 与 B 之间这一区域。但是,劳动量的投入究竟应在这一区域的哪一点上,还要结合成本来考虑,这一点以后再论述。

三、规模经济

规模经济(economies of scale)是指所有生产要素同时变动,从而生产规模变动时所引起的产量变动的情况。规模经济也是以技术水平基本不变为前提的,它与边际收益递减规律的差别在于不是考察一种生产要素变动对产量的影响,而是考察所有生产要素变动对产量的影响。

随着各种生产要素的增加,生产规模的扩大,收益(即产量)的变动大致要经过三个阶段:在第一阶段,收益增加的幅度大于规模扩大的幅度,这是规模收益递增阶段;在第二阶段,收益增加的幅度与规模扩大的幅度相等,这是由规模收益递增到规模收益递减的短暂的过渡阶段,称为规模收益不变阶段;在第三阶段,收益增加的幅度小于规模扩大的幅度,甚至收益绝对减少,这就是规模收益递减阶段。

西方经济学家用内在经济与外在经济来解释规模经济的变动问题。

内在经济(internal economies)是指一个厂商在生产规模扩大时从自身内部所引起的收益增加。例如,当一个厂商生产规模扩大时可以使用更加先进的设备,可以实现有利于技术提高的精细分工,可以充分发挥管理人员的效率,可以对副产品进行综合利用,可以以更有利的条件采购原料或推销产品,等等。但是,如果一个厂商的生产规模过大则会由自身内部引起收益的减少,这就是内在不经济(internal diseconomies)。例如,一个厂商生产规模过大时,会引起生产要素价格提高、管理效率降低等。

外在经济(external economies)是指整个行业规模扩大时给个别厂商所带来的收益增加。例如,当一个行业生产规模扩大时使得个别厂商在辅助交通设施、人才、信息等方面获得某些好处而增加了收益。但是,如果一个行业规模过大也会给个别厂商带来损失,使它们的收益减少,这就是外在不经济(external diseconomies)。例如,整个行业生产规模过大引起竞争的加剧、环境污染的严重,而使个别厂商成本增加、收益减少。

总之,一个行业或一个厂商生产规模过大或过小都是不利的,每个行业或厂商都应根据自己生产的特点确定一个适度规模。

第二节 成本与收益分析

一、成本

成本(cost)也称为生产费用。西方经济学家把成本分为两种:一种是生产中使用的各种生产要素的实际支出,称为会计成本。另一种称为机会成本,即为了得到某种东西放弃的其他东西。例如,你有1 000万元的资金,用于建立一个企业,每年获利150万元,当你把这笔钱用于投资建企业时,就不能把这笔钱贷出去。如果把这1 000万元贷出去,可以获得100万元的利息。现在你的钱用于建企业,就不能贷出去了。这时为了建企业每年获得150万元利润而放弃的把这笔钱贷出去每年可获得的利息100万元,就是建企业获得利润的机会成本。

在西方经济学中成本既包括会计成本又包括机会成本,这两种成本之和称为经济成本。相应地,总收益减去会计成本所得到的利润称为会计利润,总收益减去经济成本,即既减去会计成本又减去机会成本而得到的利润称为经济利润。在分析成本与收益时,所说的成本是经济成本,所说的利润是经济利润。企业所追求的利润最大化也就是经济利润的最大化。

成本也可以分为总成本(total cost,简称TC)、平均成本(average cost,简称AC)与边际成本(marginal cost,简称MC)。总成本是指生产一定量产品所消耗的全部成本。平均成本是指平均每单位产品所消耗的成本。边际成本是指每增加一单位产品所增加的成本。

如果以Q代表产品的量,ΔQ代表产品的增量,则可将总成本、平均成本与边际成本之间的关系表示如下:

$$\text{TC} = \text{AC} \cdot Q \tag{4.9}$$

$$\text{AC} = \frac{\text{TC}}{Q} \tag{4.10}$$

$$\text{MC} = \frac{\Delta \text{TC}}{\Delta Q} \tag{4.11}$$

西方经济学家在具体分析成本问题时,把成本分为短期成本与长期成本。短期(short run)指在这个时期内厂商不能根据市场需求来调整其全部生产要素,具体来说,在短期内它只能调整原材料、燃料及工人的数量,而不能调整固定设备、厂房和管理人员的数量,所以短期成本要区分为固定成本与可变成本。长期(long run)指在这个时期内厂商可以根据市场需求来调整其全部生产要素,这样长期成本就无所谓固定成本与可变成本之分,一切成本都是可以变动的。

这里要强调的是,西方经济学中所说的长期与短期并不能仅以时间的长短来判断,而要以生产要素能否全部调整来判断。对于不同的行业、不同的厂商而言,长期与短期时间的长短是不一样的。

在西方经济学中还有两个与短期和长期相关的概念,即特短期(very short run)与特长期(very long run)。特短期指时间之短,使得厂商不能调整任何一种生产要素,这种情况下,适应市场需求的变动只能调整已生产出来的存货。特长期指时间之长,不仅能调整全部生产要素,而且技术状况也会发生变化。

首先来分析短期成本。西方经济学家把短期成本分为下列几类:

固定成本(fixed cost,简称FC):厂商在短期内必须支付的固定生产要素的费用,这种成本不随产量的变动而变动,在短期内是固定的。固定成本主要包括厂房、设备的折旧以及管理人员的工资。

可变成本(variable cost,简称VC):厂商在短期内支付的可变生产要素的费用,它随着产量的变动而变动。它变动的规律是,最初,在产量开始增加时,由于各种生产要素的效率得不到充分发挥,可变成本增加的幅度较大;以后由于生产要素的效率得以充分发挥,它增加得较慢;最后由于收益递减,它又增加得较快。可变成本主要包括原材料、燃料的支出以及生产工人的工资。

短期总成本(short-run total cost,简称STC):即固定成本与可变成本之和,由于固定成本必定大于零,所以短期总成本必定大于零。

平均固定成本(average fixed cost,简称AFC):平均每单位产品所消耗的固定成本。它变动的规律是,随着产量的增加,平均固定成本一直在减少,最初减少的幅度很大,以后减少的幅度越来越小。

平均可变成本(average variable cost,简称AVC):平均每单位产品所消耗的可变成本。它变动的规律是,开始时,随着产量的增加,生产要素的效率逐渐得到发挥,平均可变成本减少,但减少到一定程度后则由于收益递减又随着产量的增加而增加。

短期平均成本(short-run average cost,简称SAC):即平均固定成本与平均可变成本之和。它变动的规律也是,开始时随着产量的增加而减小,减少到一定程度后又随着产量的增加而增加。

短期边际成本(short-run marginal cost,简称SMC):短期内,每增加一单位产量所增加的总成本量。它变动的规律仍然是,开始时随着产量的增加而减少,减少到一定程度后,又随着产量的增加而增加。

可以用短期成本表(如表 4-2 所示)和根据该表所做出的图来说明各种短期成本变动的规律以及它们之间的相互关系。

表 4-2 短期成本表

产量 Q (1)	固定成本 FC (2)	可变成本 VC (3)	总成本 STC (4) = (2) + (3)	边际成本 SMC (5)	平均成本 SAC (6) = (4) ÷ (1)	平均可变成本 AVC (7) = (3) ÷ (1)	平均固定成本 AFC (8) = (2) ÷ (1)
0	120	0	120	—	∞	0	∞
1	120	34	154	34	154	34	120
2	120	63	183	29	91.5	31.5	60
3	120	90	210	27	70	30	40
4	120	116	236	26	59	29	30
5	120	145	265	29	53	29	24
6	120	180	300	35	50	30	20
7	120	230	350	50	50	32.86	17.4
8	120	304	424	74	53	38	15
9	120	420	540	116	60	46.67	13.33
10	120	600	720	180	72	60	12

根据上表,可以做出总成本、固定成本与可变成本曲线图,如图 4-2 所示。

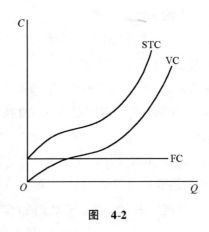

图 4-2

在图 4-2 中,横轴 OQ 代表产量,纵轴 OC 代表成本,FC 为固定成本曲线,它与横轴平行,表示不随产量变动而变动。STC 为总成本曲线,它不从原点出发,表明在没有产量时仍然有总成本(即固定成本)。总成本曲线向右上方倾斜,表示它随产量的增加而增加。开始时,总成本曲线的斜率大,以后较平缓,然后又变得斜率大,这反映了它增加的规律是随产量的增加起初增加很快,以后增加得慢,最后又增加得快。VC 为可变成本曲线,它从原点出发,表示没有产量就没有可变成本,它的形状与总成本曲线相同,也反映了同样的变动规律。

还可以根据上表做出平均固定成本、平均可变成本、短期平均成本与短期边际成本曲线图,如图 4-3 所示。

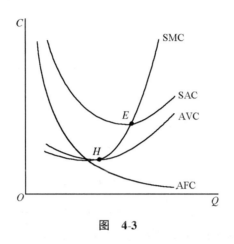

图 4-3

在图 4-3 中,AFC 为平均固定成本曲线,AVC 为平均可变成本曲线,SAC 为短期平均成本曲线,SMC 为短期边际成本曲线。从图中可以看出:第一,AFC 曲线一直向右下方倾斜,开始比较陡,以后逐渐平缓,这反映了平均固定成本一直在减少,但开始时减少的幅度大,以后减少的幅度愈来愈小的趋势。第二,AVC 曲线、SAC 曲线、SMC 曲线都是先下降而后上升的 U 形曲线,表明了这三种成本开始随着产量的增加而减少,各自减少到一定程度后,又随产量的增加而增加的趋势。第三,SMC 曲线与 SAC 曲线一定相交于 SAC 曲线的最低点(E 点)。在相交之前,平均成本一直在减少,边际成本小于平均成本;在相交之后,平均成本一直在增加,边际成本大于平均成本;在相交之点,平均成本达到最低,边际成本等于平均成本。SMC 曲线与 SAC 曲线相交的 E 点是厂商的盈亏平衡点,这时不存在超额利润,从而实现了均衡。第四,SMC 曲线与 AVC 曲线一定相交于 AVC 曲线的最低点(H 点)。在相交之前,平均可变成本一直在减少,边际成本小于平均可变成本;在相交之后,平均可变成本一直在增加,边际成本大于平均可变成本;在相交之点,平均可变成本达到最低,边际成本等于平均可变成本。SMC 曲线与 AVC 曲线相交的 H 点是厂商的停止营业点,在这一点以下,厂商如果进行生产,连可变成本也无法补偿,因此绝不会再生产。

再来分析长期成本。在长期中,厂商可以根据它所要达到的产量来调整一切生产要素,所以没有固定成本与可变成本之分,只有总成本、平均成本与边际成本之分。

长期总成本(long-run total cost,简称 LTC)随着产量的变动而变动,当没有产量时就没有总成本。它的变动趋势也是随着产量的增加,开始时增加得快,以后增加得慢,最后又增加得快。因此,从图上看,长期总成本线是一条从原点出发,起先斜率大,然后平缓,最后又斜率大的向右上方倾斜的曲线,即图 4-4 中的 LTC 曲线。

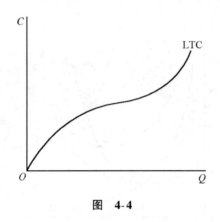

图 4-4

长期平均成本曲线(long-run average cost,简称 LAC)是一条与无数条短期平均成本曲线相切的线。先根据图 4-5 来看看长期平均成本曲线是如何构成的。

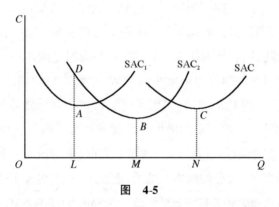

图 4-5

在图 4-5 中,SAC_1,SAC_2,SAC_3 是三条表示不同生产规模的短期平均成本曲线。当产量为 OL 时,按 SAC_1 进行生产,平均成本最低(AL);当产量为 OM 时,按 SAC_2 进行生产,平均成本最低(BM);当产量为 ON 时,按 SAC_3 进行生产,平均成本最低(CN)。在短期中,厂商无法调整生产规模,难以在任何时候都达到最低平均成本。例如,如果生产规模是 SAC_2,而要生产 OL 的产量,平均成本就是 DL,而无法达到最低平均成本 AL。但是,在长期中,厂商可以根据它所要达到的产量来调整生产规模,从而始终处于最低平均成本状态,所以长期平均成本曲线就由无数条短期平均成本曲线的最低点集合而成,这样长期平均成本曲线就是一条与无数条短期平均曲线相切的线。可以用图 4-6 来说明长期平均成本曲线的形成。

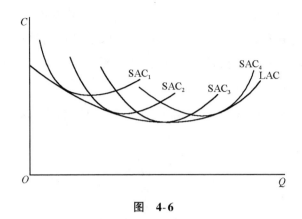

图 4-6

在图 4-6 中,有 SAC_1,SAC_2,SAC_3,SAC_4,……无数条短期平均成本曲线,将这些短期平均成本曲线的最低点连接起来就是长期平均成本曲线。从数学上说,长期平均成本曲线就是短期平均成本曲线的包络曲线(envelope curve)。在长期中厂商可以按这条线来做出生产规划,因此,长期平均成本曲线又称为计划曲线(planning curve)。长期平均成本曲线也是一条先下降后上升的 U 形曲线,但它下降与上升的坡度都较平缓,表明在长期中平均成本的变动较缓慢。

长期边际成本(long-run marginal cost,简称 LMC)也是一条先降后升的变动较平缓的 U 形曲线。LAC 曲线与 LMC 曲线亦相交于 LAC 曲线的最低点,如图 4-7 所示。

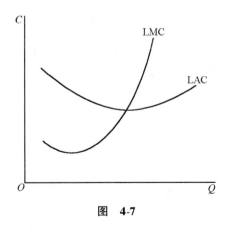

图 4-7

二、收益

在西方经济学中,收益(revenue)指厂商出卖产品得到的收入,即价格与销售量的乘积。收益中包括了成本与利润。

收益可以分为总收益(total revenue,简称 TR)、平均收益(average revenue,简称 AR)与边际收益(marginal revenue,简称 MR)。总收益是厂商销售一定量产品所得到的全部收入。平均收益是厂商销售每一单位产品平均所得到的收入。边际收益是厂商每增加销售一单位产品所增加的收入。

如果以 Q 代表销售量,ΔQ 代表销售量增量,则总收益、平均收益与边际收益之间的关系是:

$$TR = AR \cdot Q \tag{4.12}$$

$$AR = \frac{TR}{Q} \tag{4.13}$$

$$MR = \frac{\Delta TR}{\Delta Q} \tag{4.14}$$

这里所说的总收益、平均收益、边际收益和总产量、平均产量、边际产量实际是相同的。因为产量(即为销售量)乘价格则为收益,如果用 P 代表价格,则有:

$$TP \cdot P = TR \tag{4.15}$$

$$AP \cdot P = AR \tag{4.16}$$

$$MP \cdot P = MR \tag{4.17}$$

在上式中,假定 $P=1$,则有:

$$TP = TR \tag{4.18}$$

$$AP = AR \tag{4.19}$$

$$MP = MR \tag{4.20}$$

所以,总收益、平均收益、边际收益的变动规律与曲线形状同总产量、平均产量、边际产量的变动规律与曲线形状是一样的。

三、利润最大化原则

在本章第一节中分析生产要素的合理投入时,曾指出,当资本不变时,劳动量的投入在平均产量最大到总产量最大的第二阶段(即 AB 之间)最合适。但究竟应在这一区域的哪一点呢?这里可以把总成本曲线与总收益(总产量)曲线结合在一起加以考虑。先可以做出图 4-8。

在图 4-8 中,横轴 OL 代表劳动量,纵轴 OC,OR 既代表成本又代表收益,TR 为总收益曲线,TC 为总成本曲线。从图上可以看出,在 PB 之间 TR - TC 的值最大,也就是说,这时所获得的利润最大。所以把 PB 延伸下去与 OL 相交于 E,OE 即为最适度的劳动量投入。

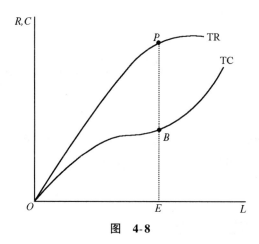

图 4-8

如果用 P 代表利润，X 代表产量，R 代表收益，C 代表成本，则利润为：

$$P = R(X) - C(X) \tag{4.21}$$

要使利润达到最大，则要求：

$$\frac{dP}{dX} = \frac{dR}{dX} - \frac{dC}{dX} = 0 \tag{4.22}$$

由以上可以得出，利润最大化的条件是：

$$\frac{dR}{dX} = \frac{dC}{dX} \tag{4.23}$$

在上式中，$\frac{dR}{dX}$ 即为边际收益，$\frac{dC}{dX}$ 即为边际成本。所以，利润最大化的条件是边际收益等于边际成本，即：

$$MR = MC \tag{4.24}$$

如果是 MR > MC，表明每多生产一单位产品所增加的收益大于生产这一单位产品所消耗的成本，这时还有潜在的利润没有得到，厂商增加生产是有利的。所以，厂商必然增加生产，其结果是供给增加，价格下降，边际收益减少，边际成本增加，直至两者相等时，厂商才不再增加生产。

如果是 MR < MC，表明每多生产一单位产品所增加的收益小于生产这一单位产品所消耗的成本，这时有亏损，厂商进行生产是不利的。所以，厂商必然减少生产，其结果是供给减少，价格上升，边际收益增加，边际成本减少，直至两者相等时，厂商才不再减少生产。

只有在 MR = MC 时，厂商把该赚到的利润都赚到了，这时就实现了利润最大化，厂商既不会增加生产也不会减少生产。

第三节 生产要素的最适组合

生产要素的最适组合就是要解决如何实现利润最大化,即如何在产量既定的情况下实现成本最小或在成本既定的情况下达到产量最大的问题。

一、生产要素最适组合的原则

厂商在进行生产时,为了实现利润最大化,一定是考虑购买各种生产要素时能获得的边际产量与所付出的价格。生产要素最适组合的原则是,在成本既定的情况下,要使所购买的各种生产要素的边际产量与价格的比例相等,即要使每一单位货币无论购买何种生产要素都能得到相等的边际产量。

如果现在所使用的生产要素是劳动和资本,分别用 L 与 K 代表,劳动的边际产量为 MP_L,价格为 P_L,购买量为 Q_L,资本的边际产量为 MP_K,价格为 P_K,购买量为 Q_K,成本为 C,则生产要素最适组合的公式为:

$$P_L \cdot Q_L + P_K \cdot Q_K = C \tag{4.25}$$

$$\frac{MP_L}{P_L} = \frac{MP_K}{P_K} \tag{4.26}$$

(4.25)式是成本为既定这一限制条件,(4.26)式就是生产要素最适组合的原则。

二、等产量线与生产要素最适组合的确定

西方经济学家还用等产量线这一概念来说明生产要素最适组合的确定。

等产量线(iso-quant)表示某一固定数量的产品可以用所需要的各种生产要素的不同数量的组合生产出来。

例如,现在有 L(劳动)与 K(资本)两种生产要素,它们有 a,b,c,d 四种组合方式,这四种组合方式都可以得到相同的产量。于是可以做出表4-3。

表 4-3

组合方式	L(劳动)	K(资本)
a	1	6
b	2	3
c	3	2
d	6	1

根据上表,可以做出图 4-9。

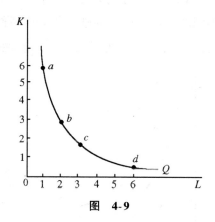

图 4-9

在图 4-9 中,横轴代表劳动量,纵轴代表资本量,Q 代表等产量线,在线上任何一点,L 与 K 不同数量的组合都能生产出相等的产量。

等产量线具有以下特征:

第一,等产量线是一条向右下方倾斜的线,其斜率为负值。可以用脊线(ridge line)的概念来说明这一点,先看图 4-10。

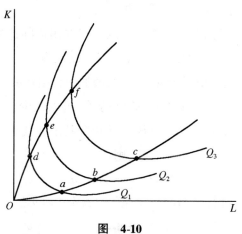

图 4-10

在图 4-10 中,Q_1,Q_2,Q_3 是三条不同的等产量线,在 Q_1 上的 a,d 点以外,Q_2 上的 b,e 点以外,Q_3 上的 c,f 点以外,Q_1,Q_2,Q_3 的斜率为正数,这就说明为了维持同一产量,必须同时支出更多的劳动与资本,这样劳动与资本都不存在替代问题。只有在 Q_1

上的 a,d 点之内, Q_2 上的 b,e 点之内, Q_3 上的 c,f 点之内, Q_1,Q_2,Q_3 的斜率为负数, 这就说明增加一种要素而减少另一种要素仍然可以维持同一产量, 这样的替代才是有效的。把 a,b,c 和 d,e,f 分别与原点连接起来就是两条脊线。脊线说明了两种生产要素有效替代的范围, 在脊线之外, 替代是不可能的; 在脊线之内, 替代才是有效的。而在脊线范围之内, 等产量线的斜率必定是负数。

第二, 在同一平面图上可以有无数条等产量线。同一条等产量线代表同样的产量, 不同的等产量线代表不同的产量。离原点越远的等产量线所代表的产量越高, 离原点越近的等产量线所代表的产量越低。可以用图 4-11 来说明这一点。

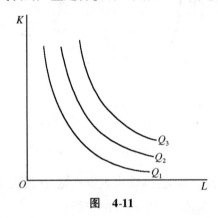

图 4-11

在图 4-11 中, Q_1,Q_2,Q_3 是三条不同的等产量线, 其中 Q_1 所代表的产量水平最低, Q_2 所代表的产量水平大于 Q_1, Q_3 所代表的产量水平最高。

第三, 在同一平面图上, 任意两条等产量线绝不能相交, 否则在交点上两条等产量线代表了相同的产量水平, 与第二个特征相矛盾。

第四, 等产量线是一条凸向原点的线。这一点要用边际技术替代率(marginal rate of technical substitution, 简称 MRTS)这一概念来加以说明。

边际技术替代率是维持相同产量水平时, 增加一种生产要素的数量与可以减少的另一种生产要素的数量之比。例如, 增加 L(劳动)可以减少 K(资本), 增加的 L 的数量与减少的 K 的数量之比就是以 L 代替 K 的边际技术替代率, 写作 MRTS_{LK}, 如以 ΔL 代表 L 的增加量, 以 ΔK 代表 K 的减少量, 则:

$$\text{MRTS}_{LK} = \Delta K/\Delta L \tag{4.27}$$

根据表 4-3 的例子, 计算出 MRTS_{LK} 的值, 如表 4-4 所示。

表 4-4

变动情况	L 的增加量	K 的减少量	MRTS_{LK}
从 a 到 b	1	3	3
从 b 到 c	1	1	1
从 c 到 d	3	1	0.33

从以上可以看出，边际技术替代率是递减的。这是因为边际收益递减规律在起作用，当劳动不断增加时，它的边际收益递减，所能代替的资本的数量就越来越少。

边际技术替代率实际上就是等产量线的斜率，例如，从 a 到 b 的边际技术替代率就是等产量线上从 a 到 b 之间的斜率。等产量线的斜率是逐渐下降的，所以它就是一条凸向原点的曲线。

在运用等产量线说明生产要素最适组合的确定时，还应了解等成本线。

等成本线(iso-cost)表示既定的成本可以购买的各种生产要素数量的最大组合。

假定，成本 C 为 60 元，L 的价格 P_L 为 20 元，K 的价格 P_K 为 10 元。如果全购买 L，可以购买 3 单位，如果全购买 K，可以购买 6 单位。于是可以做出图 4-12。

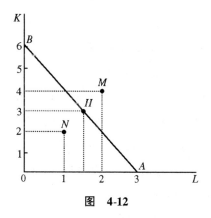

图 4-12

在图 4-12 中，如用全部成本购买 L 可以购买 3 单位（A 点），如用全部成本购买 K 可以购买 6 单位（B 点），连接 A，B 两点即为等成本线。在 AB 线外的任意一点，例如 M 点，要购买 4 个单位 K 和 2 个单位 L，共需 80 元，这是无法实现的。在 AB 线内的任意一点，例如在 N 点，要购买 2 个单位 K 和 1 个单位 L，共用 40 元，这是可以实现的，但并不是可以购买的 L 与 K 的最大数量组合。只有在 AB 线上的任何一点，例如在 H 点，购买 3 个单位 K 和 1.5 个单位 L，共用 60 元，既能实现又是能购买的 L 与 K 的最大数量组合。

如果把等产量线与等成本线合在一个图上，那么等成本线必定与无数条等产量线中的一条相切于一点。在等产量线与等成本线的切点上就实现了生产要素的最适组合。可以用图 4-13 来说明这一点。

在图 4-13 中，Q_1，Q_2，Q_3 为三条等产量线，其中 Q_3 代表的产量水平最高，Q_2 次之，Q_1 代表的产量水平最低。AB 是等成本线。AB 与 Q_2 相切于 E 点，在 E 点实现了生产要素最适组合。这就是说，在成本既定的条件下，购买 M 的劳动和 N 的资本可以获得最大产量，或者是在既定的产量下，购买 M 的劳动和 N 的资本所用的成本最小。

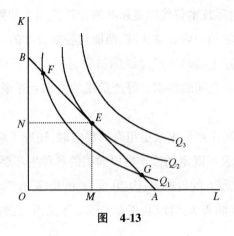

图 4-13

还可以根据上图来进一步说明,为什么只有在 E 点上才能实现生产要素最适组合。Q_3 代表的产量水平大于 Q_2 所代表的产量水平,但是 Q_3 与 AB 线既不相交又不相切,说明达到 Q_3 产量水平的 L 与 K 的组合是现有成本下所达不到的。AB 与 Q_1 相交于 F 与 G 两点,F 与 G 在 AB 线上,也是在既定成本下,所能购买的 L 与 K 的最大数量组合,但在这两种组合的情况下所达到的产量水平 Q_1 又小于 Q_2 所代表的产量水平,因此并没有达到既定成本下的最大产量。此外,Q_2 上的其他各点也是在 AB 线之外,无法实现。在 Q_2 的产量水平下,只有 M 的劳动与 N 的资本是最小成本。所以,只有在 E 点上才能实现生产要素的最适组合。

如果有不同数量的成本,则会有不同的等成本线,不同的等成本线与不同的等产量线相切,会得出不同成本条件下不同的生产要素最适组合点,将这些点连在一起就可以得出扩张线(expansion line)。其含义是厂商沿着这条线扩大生产时可以实现生产要素的最适组合,从而使生产沿着最有利的方向发展。可用图 4-14 来说明扩张线。

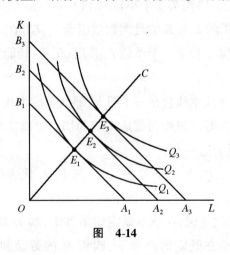

图 4-14

在图 4-14 中,A_1B_1,A_2B_2,A_3B_3 是三条不同的等成本线,它们分别与三条不同的等产

量线 Q_1,Q_2,Q_3 相切于 E_1,E_2,E_3，将 E_1,E_2,E_3 与原点连接起来的线 OC 就是扩张线。

第四节　生产可能性曲线与机会成本

一、生产可能性曲线

假定社会用既定的资源生产 X 与 Y 两种产品，多生产一种，必定少生产另一种，这两种产品的组合有 A,B,C,D,E,F 六种可能性，则可做出表4-5。

表 4-5

可能性	X 产品	Y 产品
A	0	15
B	1	14
C	2	12
D	3	9
E	4	5
F	5	0

根据上表，可以做出图 4-15。

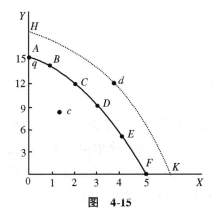

图 4-15

图 4-15 中的 AF 线表明在既定的资源之下所能达到的两种产品最大产量的组合，这就是生产可能性曲线(production-possibility curve)。线上的各点都是能实现的最大产量的组合；线内的一点（如 c 点）能够实现，但并不是最大产量的组合；线外的一点（如 d 点）是在现有资源条件下所实现不了的。随着社会的进步，技术发展，资源增加，生产可能性曲线向外扩张，这就表明了生产量的增加。在图 4-15 中，当生产可能性曲线由 AB 扩张到 HK 时，原来无法达到的生产量（如 d 点）就能实现了。

在既定的资源下,为了增加一种产品就必须减少另一种产品。增加的某种产品的数量与减少的另一种产品的数量之比称为边际转换率(marginal rate of transformation,简称 MRT)。增加 X 产品、减少 Y 产品的边际转换率称作把 Y 转换成 X 的边际转换率,可以写作 MRT_{XY}。如果以 ΔX 代表所增加的 X 产品,以 ΔY 代表所减少的 Y 产品,则:

$$MRT_{XY} = \Delta Y/\Delta X \tag{4.28}$$

根据表 4-5 的例子,计算出 MRT_{XY} 的值,如表 4-6 所示。

表 4-6

变动情况	X 产品的增加量	Y 产品的减少量	MRT_{XY}
从 A 到 B	1	1	1
从 B 到 C	1	2	2
从 C 到 D	1	3	3
从 D 到 E	1	4	4
从 E 到 F	1	5	5

由以上看出 MRT_{XY} 是递增的,这是因为,当开始用 X 取代 Y 时,适于生产 X 的资源可以发挥更大的效率,但随着 X 的增加,Y 的减少,适于生产 X 的资源越来越少,这样,为了增加一定数量的 X,所需要减少的 Y 就越来越多。

边际转换率实际就是生产可能性曲线的斜率,例如从 A 到 B 的边际转换率就是生产可能性曲线上从 A 到 B 的斜率,因为生产可能性曲线的斜率是递增的,所以它是一条凹向原点的曲线。

二、机会成本

从生产可能性曲线中还可以引出另一个重要的概念:机会成本(opportunity cost)。从生产可能性曲线可以看出,为了获得 5 个单位的 X 产品必须放弃 15 个单位的 Y 产品。这时,我们可以说,5 个单位 X 产品的机会成本就是 15 个单位的 Y 产品。由此可以看出,当把一定资源用于生产某种产品时所放弃的另一种产品的数量就是这种产品的机会成本。

运用机会成本的概念可以对一定资源的不同使用所能达到的经济收益进行比较,以便使得在运用这一定资源时,达到最大可能的收益。可行性研究正是根据机会成本这一概念进行的。当然,在运用机会成本这一概念时,要有以下三个条件:第一,资源本身要有多种用途;第二,资源可以自由流动而不受限制;第三,资源要能够得到充分利用。如不具备这些条件,机会成本就毫无意义了。

第五章　厂商均衡理论

第五卷　「阿Q正传」

均衡价格理论解决了完全竞争条件下价格与产量的决定，说明了市场机制如何调节经济。但是，竞争必然引起垄断。在19世纪末20世纪初以后，垄断成为正常现象。这样，均衡价格理论就无法适应既存在垄断又存在竞争的市场的经济现实。正如英国经济学家斯拉法（Piero Sraffa）在1926年发表的《竞争条件下的收益规律》这篇著名论文中所指出的，自由竞争是普遍现象的说法不符合事实，从而，自由竞争条件下的价值论（即均衡价格理论）"已经失去它对现实经济的很大一部分的直接影响"，"它很难引起人们的热情，甚至于学者们的热情"。[①] 在这样的形势之下，西方经济学中就出现了厂商均衡理论作为对均衡价格理论的发展。厂商均衡理论（或称厂商理论、市场结构理论）的出现标志着微观经济学体系的完成。

厂商均衡理论把市场经济下的市场结构分为四种类型：完全竞争、垄断竞争、寡头垄断与完全垄断。它所要解决的正是在不同的市场结构条件下，价格与产量的决定。这一理论主要是美国经济学家张伯伦在其《垄断竞争理论》一书和英国经济学家琼·罗宾逊在其《不完全竞争经济学》一书中所提出来的。

第一节　完全竞争下的厂商均衡

一、完全竞争的条件

完全竞争（perfect competition）又称纯粹竞争（pure competition），是指一种竞争不受任何阻碍和干扰的市场结构，它的条件是：

第一，市场上有许多生产者（厂商）与消费者（居民户）。这样，他们任何一个人的销售量或购买量都仅占市场上很小的比例，所以任何一个人都无法通过自己个人的买卖行为来影响市场上的价格，即每个人都是既定的价格的接受者（price taker），而不是价格的决定者（price maker）。

[①] 斯拉法：《竞争条件下的收益规律》，载《价格理论论文集》，斯蒂格勒、博尔丁编，麦格劳—希尔教育出版公司，1952年，第180—181页。

第二，不存在产品差别，即生产某种产品的所有厂商所供给的产品都是同质的。这样，厂商就无法通过自己的产品差别来控制价格。

以上两个条件是构成完全竞争的重要条件，张伯伦在分析这一点时，曾指出："纯粹竞争已经定义为包括(1) 较大数量的买者与卖者，(2) 完全标准化的产品。第一条件使任何人对整个市场的影响减少至可以忽略不计的程度；第二条件由于个别售卖者的产品和他的竞争者完全一样，就使他不能以任何方法控制他的价格，使其不同于一般的市价，因为这种控制只有在购买者喜欢这种而不喜欢那种的情况下才能存在。"[①]

第三，各种生产资源(如劳动、资本等)都可以完全自由流动而不受任何限制。

第四，市场信息是畅通的，厂商与居民户都可以获得完备的信息，双方不存在相互的欺骗。

完全竞争被认为是一种理论上的假设，在现实中，农产品市场被认为接近于完全竞争的市场。

二、完全竞争下的收益规律

在完全竞争之下，市场价格是由整个行业的供求关系所决定的。一旦决定之后，对于每一个厂商而言，这一价格是既定的。一个厂商无论出售多少产品，也仅占供给中的很少一部分，无法改变既定的价格。厂商按既定的市场价格出售自己的产品，因此市场价格等于平均收益。

而且，在完全竞争条件下，个别厂商产量的变动不能影响市场价格，所以他每增加销售一单位产品得到的收益(即边际收益)仍与平均每单位产品得到的收益(即平均收益)相等。

在完全竞争之下，对于一个厂商来说，价格是既定的，在这一既定的价格之下，市场的需求是无限的，即需求有无限弹性，因此需求曲线是一条与横轴平行的线。其水平由整个行业的供求关系所决定的价格确定。需求曲线代表了价格水平，平均收益等于市场价格，边际收益又等于平均收益。所以，从图上看，需求曲线、平均收益曲线、边际收益曲线重叠为一条线。可以从图 5-1 中看出这一点。

在图 5-1 中，虚线 D 与 S 分别为整个行业的需求曲线与供给曲线，它们相交于 E，决定了价格为 ON，在这一既定的价格水平下，可做出需求曲线 dd，dd 线也就是平均收益曲线与边际收益曲线。

---

① 张伯伦：《垄断竞争理论》，郭家麟译，三联书店，1958 年，第 14 页。

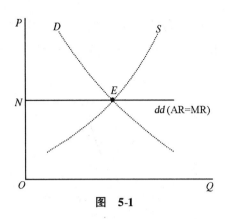

图 5-1

三、完全竞争下的厂商均衡

完全竞争下的厂商均衡可以分短期与长期进行分析。

在短期内,厂商不能根据市场需求来调整全部生产要素,因此供给可能大于或小于需求。

当供给小于需求时,由于供给不足,市场价格会上升。这时的均衡情况可以用图 5-2 来分析。

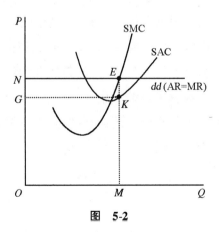

图 5-2

在图 5-2 中,市场价格水平为 N(大于供求相等时的均衡价格水平 G),dd 为需求曲线、边际收益曲线与平均收益曲线,SMC 为短期边际成本曲线,SAC 为短期平均成本曲线。这时,厂商为了达到利润最大化,产量由边际收益曲线(MR)与边际成本曲线(SMC)的交点决定。SMC 与 MR 相交于 E 点,因此产量为 M。这时,厂商的总收益为平均收益乘产量,即图上的 $OMEN$;总成本为平均成本乘产量,平均成本由产量与平均成本曲线(SAC)的交点决定,所以总成本为图上的 $OMKG$。总收益大于总成本,即

OMEN > OMKG，这样就有超额利润，在图上超额利润是 OMEN − OMKG = GKEN。

当供给大于需求时，由于供给过剩，市场价格会下降。这时的均衡情况可以用图 5-3 来分析。

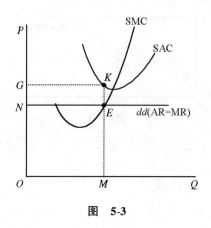

图 5-3

在图 5-3 中，市场价格水平为 N（小于供求相等时的均衡价格水平 G）。这时的产量仍由 SMC 与 MR 的交点决定，SMC 与 MR 相交于 E，决定了产量为 M。这时，厂商的总收益为平均收益乘产量，即图上的 OMEN；总成本为平均成本乘产量，即图上的 OMKG。总收益小于总成本，即 OMEN < OMKG，这样就会有亏损，在图上亏损部分是 OMKG − OMEN = NEKG。

但是，在长期里，厂商可以根据市场需求来调整全部生产要素。这样，如果出现供小于求的情况，有超额利润存在，厂商就可以扩大生产，其他行业的厂商也会涌入这一行业。于是，使整个行业的供给增加，价格下降，超额利润消失。反之，如果出现供大于求的情况，有亏损存在，厂商就可以缩小生产，或退出该行业。于是，整个行业的供给减少，价格上升，亏损消失。如果既无超额利润，又无亏损，就实现了长期均衡。可以用图 5-4 来说明长期均衡的实现。

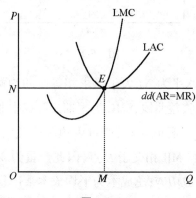

图 5-4

在图 5-4 中，N 为市场价格（即供求相等时的均衡价格），LMC 为长期边际成本曲线，LAC 为长期平均成本曲线，LMC 与 MR 相交于 E 点，决定了产量为 M，这时总收益为 OMEN，总成本也为 OMEN，两者相等，既无超额利润又无亏损，于是实现了长期均衡。

由以上可以看出，在完全竞争的市场上，短期均衡的条件是：SMC = MR；长期均衡的条件则是：LMC = MR = LAC = AR，从图上来看，即 LMC 曲线、LAC 曲线与 dd 曲线（即 MR 与 AR 曲线）相交于 E 点之时。

西方经济学家认为，在完全竞争的市场上，价格像一只"看不见的手"指挥着整个社会的生产。通过价格机制的调节，每个厂商都可以把生产规模调整到平均成本的最低点，这样就可以使生产资源得到最有效的配置。

第二节　完全垄断下的厂商均衡

一、完全垄断的含义

完全垄断，又称垄断(monopoly)，是指整个行业的市场完全处于一家厂商所控制的状态。张伯伦指出："垄断的本质是对供给的控制。"[1]

完全垄断的形成是由于自然条件与立法条件。从自然条件来看，当一种资源极为稀缺又被一个企业控制时，它就可以完全垄断这个市场。例如，加拿大国际镍公司(Inco)，控制了占全球储量 90% 左右的镍矿两个，从而垄断了世界镍市场；再如南非的戴比尔斯公司(De Beers)控制了占全球储量 95% 以上的钻石矿，从而垄断了钻石市场。另一个自然条件是在长期中平均成本一直随产品增加而递减，从而也可以形成完全垄断。从立法条件来看，如果一个行业实行特许经营法、许可证制度或专利法，这个行业的企业也可以实现垄断。另外，也存在政府的垄断或政府赋予私人企业的垄断。

二、完全垄断下的收益规律

在完全垄断条件下，一家厂商控制了生产，它的供给增加，价格下降，需求就会增

---

[1] 张伯伦：《垄断竞争理论》，郭家麟译，三联书店，1958 年，第 64 页。

加；它的供给减少，价格上升，需求就会减少。垄断厂商是价格决定者，它的供给影响着价格，价格与需求量呈反方向变动，因此，需求曲线是一条向右下方倾斜的线。

这时厂商独家定价，它要在高价少销与低价多销之间做出选择，它所决定的价格就是产品的市场价格，消费者只是既定价格的接受者。卖价仍然等于平均收益，因此需求曲线仍与平均收益曲线重叠为一条线。

但是，这时厂商每增加一单位产品，价格就会下降，因此平均收益是下降的，边际收益也是下降的。如前所述，当平均收益减少时，边际收益一定小于平均收益。因此，边际收益曲线和平均收益曲线都是向右下方倾斜的线，而且边际收益曲线一定在平均收益曲线的下面，如图 5-5 所示。

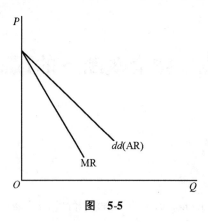

图 5-5

在图 5-5 中，$dd(AR)$ 为需求曲线，即平均收益曲线，MR 为边际收益曲线。

三、完全垄断下的厂商均衡

可以用图 5-6 来说明完全垄断下的厂商均衡。

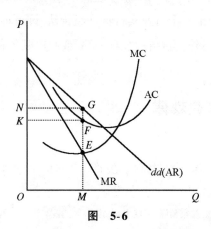

图 5-6

在完全垄断下,仍然是 MR = MC 时决定了产量。在图 5-6 中,MR 与 MC 相交于 E 点,决定了产量为 M。将 EM 延伸即为供给曲线,它与需求曲线相交于 G 点,这样就决定了价格为 N。这时,总收益为平均收益与产量的乘积,即图上的 $OMGN$。平均成本水平由产量与平均成本曲线(AC)的交点决定,总成本等于平均成本与产量的乘积,即图上的 $OMFK$。总收益大于总成本,$KFGN$ 即为超额利润。这时的价格 N 称为垄断价格,超额利润 $KFGN$ 称为垄断利润。

完全垄断是一家独占,它可以根据已知的市场供求情况在高价少销与低价多销之间做出选择,以取得最大利润,其他厂商无法加入这一行业。所以,在完全垄断条件下,短期均衡与长期均衡是同样的,均衡的条件都是 MR = MC,而且无论长期或短期都有超额的垄断利润存在。

第三节 垄断竞争下的厂商均衡

一、垄断竞争的条件

西方经济学家认为,完全竞争与完全垄断这两种极端的市场结构在现实生活中都是较少的,现实中普遍存在的是介于这两种极端情况之间的状况:垄断竞争与寡头垄断。

垄断竞争(monopolistic competition)是指一种既有垄断又有竞争、既不是完全竞争又不是完全垄断的市场结构。它的条件是:

第一,产品之间存在着差别。这里所说的差别不是指不同产品之间的差别,而是指同种产品之间在质量、包装、牌号或销售条件等方面的差别。张伯伦说:"差别性可能是根据产品本身的某种特点,如独有的专利权、商标、商店名称、包装特点等的不同,或是品质、设计、颜色、式样等的特点。同时它也可以根据环绕于售卖者周围的各种不同条件。"[1]根据这些差别的标准,任何一种产品和其他产品之间总是存在着差别的,"一切产品都有其差别,最低限度微细的差别总是有的"[2]。正是这种差别的存在引起了垄断,因为各种产品的特点,使这些有差别产品的生产者成为自己产品的垄断者。

---

[1] 张伯伦:《垄断竞争理论》,郭家麟译,三联书店,1958 年,第 55 页。
[2] 同上,第 56 页。

但是，因为各种产品在一定程度上又有替代性，所以各种有差别的产品之间又形成了竞争。张伯伦认为："如有差别则垄断发生，差别的程度越大，垄断的因素也越大。该产品如有任何程度的差别，即可说该售卖者对他自己的产品拥有绝对的垄断，但却要或多或少遭受到不完全替代品的竞争。这样则每人都是垄断者，而同时也是竞争者，我们可以称他们为'竞争的垄断者'，而称这种力量为'垄断竞争'特别相宜。"[1]

第二，厂商的数量仍然是比较多的。

在现实生活中，最典型的垄断竞争行业就是轻工业部门。

二、垄断竞争下的厂商均衡

垄断竞争下的短期均衡与完全垄断下的均衡完全相同。这是因为在短期内，每一个厂商对于自己所生产的有差别的产品都具有垄断地位，所以可以获得超额利润，均衡实现的条件也是 MR = MC。

从长期来看，垄断竞争条件下仍存在着激烈的竞争，因此它的长期均衡不同于完全垄断之下的长期均衡。但是，垄断竞争下的竞争也不同于完全竞争下的竞争，所以它的长期均衡亦不同于完全竞争之下的长期均衡。

可以根据图 5-7 来说明垄断竞争下长期厂商均衡的形成。

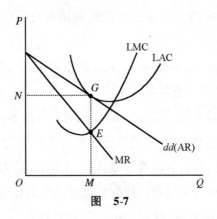

图 5-7

在垄断竞争的条件下，各个厂商之间存在着激烈的竞争，如果在短期里某行业存在着超额利润，必然引起新厂商加入，这样使该行业的产量增加，价格下降，于是使需求曲线 dd 向右上方移动，直至与 LAC（长期平均曲线）相切于 G 点为止。这时，总收益

---

[1] 张伯伦：《垄断竞争理论》，郭家麟译，三联书店，1958 年，第 7 页。

为 OMGN，总成本也是 OMGN，两者相等，没有超额利润存在，从而实现了长期均衡。所以，垄断竞争条件下，长期均衡的条件是：MC = MR，AC = AR。

可以根据图 5-8 对垄断竞争下的长期均衡与完全竞争下的长期均衡进行对比。

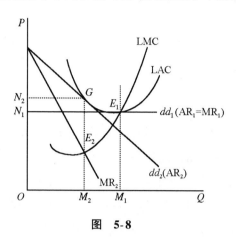

图 5-8

在图 5-8 中，dd_1 是完全竞争下的需求曲线，亦即平均收益曲线（AR_1）与边际收益曲线（MR_1），E_1 点为完全竞争下的长期均衡点，其均衡价格为 N_1，均衡数量为 M_1。dd_2 为垄断竞争下的需求曲线，亦即平均收益曲线（AR_2），MR_2 为边际收益曲线，在实现了长期均衡时，均衡价格为 N_2，均衡数量为 M_2。从以上可以看出这样几点差别：第一，完全竞争下的需求曲线与平均收益曲线、边际收益曲线重叠，是一条与横轴平行的线；垄断竞争下的需求曲线与平均收益曲线重叠，是一条向右下方倾斜的线，而边际收益曲线是在平均收益曲线左下方的一条线。这反映了收益变动的情况不同，在完全竞争下 AR = MR，这时是 AR 的最高点，在垄断竞争下 AR > MR，这时 AR 是逐渐下降的。第二，完全竞争下，平均成本处于最低点（E_1）；垄断竞争下，平均成本在最低点左上方的一点（G）。这说明在完全竞争下成本消耗比在垄断竞争下小。第三，完全竞争下，价格为 N_1；垄断竞争下，价格为 N_2。$N_2 > N_1$，这说明完全竞争下的价格低于垄断竞争下的价格。第四，完全竞争下，产量为 M_1；垄断竞争下，产量为 M_2。$M_1 > M_2$，完全竞争下的产量高于垄断竞争下的产量，这说明在垄断竞争下，资源并没有得到充分利用。

西方经济学家认为，垄断竞争条件下，厂商可以利用自己的产品差别来决定或在相当大的程度上影响价格，也是价格决定者。尽管垄断竞争下的价格比完全竞争下的价格高，但因为在垄断竞争下，消费者可以得到有差别的产品以满足不同的需要，生产者在短期内能保持自己的有差别产品的垄断地位，在长期内又可以由竞争促使进行创新，这样对整个社会来说就是较有利的。

第四节 寡头垄断下的厂商均衡

一、寡头垄断的含义

寡头垄断又称寡头(oligopoly),其原意是指为数不多的销售者。在寡头垄断市场上,少数几家厂商供给该行业的大部分产品。寡头市场形成的重要条件是这些行业具有规模经济,从而企业只有做大才能做强。这几家厂商的产量在该行业的总产量中各占有较大的份额,所以对市场的价格与产量都有举足轻重的影响。它可以通过对产量的调整来决定或在相当大的程度上影响价格,因此也是价格决定者。寡头垄断是介于完全垄断与垄断竞争之间的一种市场结构。

寡头可以分为生产相同产品的纯粹寡头(如生产石油、钢铁的寡头)与生产有差别产品的有产品差别寡头(如生产汽车的寡头)。

二、寡头理论

寡头垄断的市场与其他市场结构不同。在寡头垄断下,厂商为数不多,每家厂商都占有举足轻重的地位。他们各自在价格或产量方面的变化都会影响整个市场和其他竞争者的行为。所以,在每家厂商做出价格与产量的决策时,不仅要考虑本身的成本与收益情况,还要考虑到对市场的影响以及竞争对手可能做出的反应。如果考虑到这种复杂的依存关系,那么在决策时,每家厂商必定假定对手的反应方式。对手的反应是多种多样、不易捉摸的。所以,在寡头垄断下,对价格与产量问题很难像前面的三种市场结构一样做出确切而肯定的回答。

在寡头市场上,尽管难以确定具体的价格,但仍可以确定价格变动的最高限和最低限。其最高价格等于完全垄断下的垄断价格,而最低价格等于完全竞争下长期均衡时的竞争价格。寡头市场上,价格的确定往往不是由市场供求关系直接决定,而是由少数寡头垄断者通过协议或默契作为行政措施而制定的,因此这种价格被称为操纵价格(administrative price)。这种操纵价格或者由寡头垄断者的价格同盟——卡特尔(cartel)做出,或者由寡头垄断者的默契形成,或者由一家最大的寡头先行定价之后其他寡头遵从。这种价格一旦形成,在较长时期内不会变动。

对寡头垄断下的产量问题,西方经济学家也根据不同的假设做出了一些回答。其中最简单的是以两个寡头为例进行分析的"双寡头模型"。可以根据图 5-9 来说明"双寡头模型"。

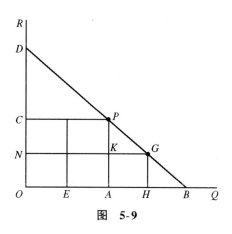

图 5-9

首先假定,同一产品市场上只有两个寡头,他们的需求曲线是图 5-9 中的 DB(不考虑生产费用时,DB 为一条直线),当总产量为 OB 时,价格为零。这两个寡头在做出决策时都假定对手仍维持前一阶段的价格水平。在开始时,市场上只有甲寡头,他以价格 AP,供给产量 OA,$OA = \frac{1}{2}OB$,这时获得最大利润(因为代表总收益的 $OAPC$ 为直角三角形 BOD 的最大内接四边形)。当乙寡头加入后,甲的供给量仍为 OA,乙的供给量只能在 AB 之内。根据同样的道理,乙供给 AB 的一半,即 AH 最有利。当乙供给 AH 时,总供给量增加到 OH,而价格下降为 HG。这时,甲的收益减少为 $OAKN$。如果甲假定乙仍供给 AH,甲为了达到最大收益,最好供给 $\frac{1}{2}(OB-AH)$,$\frac{1}{2}OB > \frac{1}{2}(OB-AH)$,甲的供给量减少了。这样,留下由乙供给的数量就增加了,乙供给的要比 AH 多。在这个过程中,甲的产量逐渐减少,乙的产量逐渐增加,直至两个寡头平分总供给量为止。这时,他们的总供给量将为 $\frac{2}{3}OB$,每人各为 $\frac{1}{3}OB$。由此还可以推出,当市场上有三个寡头时,总供给量为 $\frac{3}{4}OB$,每人供给 $\frac{1}{4}OB$。这样,在寡头市场上,当有 n 个寡头时,总供给量为 $\frac{n}{n+1}$ 的总产量,而每个寡头的供给量应是 $\frac{1}{n+1}$ 的总供给量。[①]

[①] 关于寡头垄断下产量决定问题的论述,可以参看张伯伦:《垄断竞争理论》,郭家麟译,三联书店,1958年,第 29—33 页。

可以根据表 5-1 对厂商理论进行总结。

表 5-1

市场类型	厂商数量	产品性质	典型部门	新厂商加入	超额利润 短期	超额利润 长期	均衡条件 短期	均衡条件 长期
完全竞争	很多	产品无差别	农产品	容易	有	无	MR = MC	MR = MC = AR = AC
垄断竞争	较多	产品有差别	轻工业	较易	有	无	MR = MC	MR = MC = AR = AC
寡头垄断	几家	产品有差别或无差别	重工业	不易	一般有	一般有	/	/
完全垄断	一家	产品有特点	公用事业	不可能	有	有	MR = MC	MR = MC

第六章 分配理论

分配理论是要解决为谁生产的问题,即生产出来的产品如何在社会各阶级中分配的问题。西方经济学家认为,社会各阶级作为生产要素的所有者,以他们在生产中所提供的要素做出了贡献,并根据贡献的大小而获得收入。这种收入就是生产要素的价格,所以解决分配问题就是解决生产要素的价格决定问题。

分配理论包括美国经济学家克拉克(John Bates Clark)提出的以边际生产力理论为基础的分配理论和英国经济学家马歇尔提出的以均衡价格理论为基础的分配理论。

第一节 以边际生产力理论为基础的分配理论

一、边际生产力

在其他条件不变的情况下,追加1单位某种生产要素所增加的产量是该要素的边际生产力(marginal productivity)。

假定生产中所用的要素只有资本与劳动。当劳动量不变而资本量连续增加时,最后增加的1单位资本所增加的产量就是资本的边际生产力。当资本量不变而劳动量连续增加时,最后增加的1单位劳动所增加的产量就是劳动的边际生产力。

如果以实物来表示某要素的边际生产力,则可以称为该要素的边际生产实物量或边际物质产品(marginal physical product,简称MPP);如果以收益来表示某要素的边际生产力,则可以称为该要素的边际收益产量(marginal revenue product,简称MRP)。

边际收益产量考虑到了价格因素,是用货币单位来表示边际生产实物量,因此:

$$\text{MRP} = \text{MPP} \cdot P \tag{6.1}$$

根据边际收益递减规律,当其他要素不变时,一种要素连续增加所增加的收益是递减的,因此各种要素的边际生产力是递减的。

二、边际生产力决定工资与利息

美国经济学家克拉克根据边际生产力理论说明了工资与利息的决定。克拉克把经济分为静态经济与动态经济。静态经济是指一切因素(如人口、技术、资源、社会制度等)都不发生变动的经济,静态经济学正是要研究这种经济中的自然规律。动态经济是指一切因素都发生变动的经济,研究这些变动及其对经济的影响则属于动态经济学的范畴。克拉克认为,分配理论属于静态经济学,而利润是属于动态经济学的范畴,因此他的分配理论中不包括利润理论;他还认为地租只是利息的特殊形态,都无须研究。这样,以边际生产力理论为基础的分配理论就是要说明工资与利息的决定。

根据边际生产力理论,工资取决于劳动的边际生产力。当资本不变时,资本家雇用的最后那个工人所增加的产量是劳动的边际生产力,它决定了所有工人的工资水平。如果工资高于劳动的边际生产力,资本家就会减少工人;如果工资低于劳动的边际生产力,资本家就会增加工人;只有工资等于劳动的边际生产力,资本家才会维持现有工人人数。可以用图6-1来说明工资的决定。

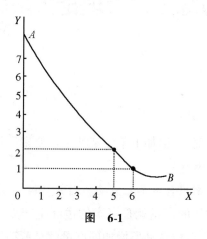

图 6-1

在图6-1中,横轴代表劳动量,纵轴代表产量,AB是劳动的边际生产力曲线。当资本家雇用6个工人时,第6个工人的产量为1单位产品,即劳动的边际生产力为1单位产品,这时,6个工人的工资水平都由第6个工人的产量决定,即为1单位产品,工资总额为6单位产品,其余部分归资本家作为利息占有。当资本家雇用5个工人时,第5个工人的产量为2单位产品,即劳动的边际生产力为2单位产品,这时,5个工人的工资水平都由第5个工人的产量决定,即为2单位产品,工资总额为10单位产品,其余部分归资本家作为利息占有。

同样,利息取决于资本的边际生产力。西方经济学家认为,资本与其他要素一样在生产中做出了贡献,因此应获得报酬。而报酬的大小取决于资本的边际生产力。当劳动不变时,资本家所使用的最后那个单位资本所增加的产量就是资本的边际生产力,它决定了利率。如果利率高于这一水平,资本家会减少使用资本;如果利率低于这一水平,资本家会增加使用资本;只有利率等于这一水平,资本家才会维持现有资本使用量。

仍然可以用图 6-1 来说明利息的决定。可以把图 6-1 中的横轴作为资本量,纵轴作为产量,AB 代表资本的边际生产力曲线。当资本家使用 6 单位资本时,第 6 单位资本的产量为 1 单位产品,即资本的边际生产力为 1 单位产品,这时利率就是 1 单位产品,利息总额为 6 单位产品,其余部分则作为工资支付给工人。当资本家使用 5 单位资本时,资本的边际生产力为 2 单位产品,这时利率就是 2 单位产品,利息总额为 10 单位产品,其余部分则作为工资支付给工人。

分配理论是要论证市场经济社会的分配制度是合理的、公正的。各种生产要素都在生产中做出了贡献,又都根据自己的边际生产力获得了应得的报酬。

第二节 以均衡价格理论为基础的分配理论

马歇尔认为,以边际生产力理论为基础的分配问题,实际上只说明了对生产要素的需求,而没有说明生产要素的供给。他正是要以均衡价格理论为基础,从需求与供给两方面来说明分配的决定。

一、生产要素的需求与供给

对生产要素的需求不同于对其他产品的需求,其特点在于:这种需求是一种派生的需求,它取决于对该要素所参与生产的产品的需求;这种需求又是一种联合的需求,也就是说各种生产要素之间存在着相互依存的关系,它们之间既是可以互相替代的,又是可以相互补充的。

厂商购买生产要素进行生产是为了获得最大限度的利益,即要使得购买要素所花费的边际成本与该要素所能带来的边际收益相等。要素所能带来的边际收益取决于该要素的边际生产力,所以对生产要素的需求取决于该要素的边际生产力。生产要素的边际生产力是递减的,因此,对生产要素的需求曲线就是一条向右下方倾斜的曲线。

生产要素可以分为自由取用物品(如空气、水等)与经济物品。前者的供给一般来说是无限的;后者的供给则取决于生产它所需要的成本,这种要素的供给也和其他商品的供给一样,随着价格的上升,供给增加,随着价格的下降,供给减少。供给曲线是一条向右上方倾斜的线。

二、工资理论

在完全竞争条件下,工资是由对劳动的需求与劳动的供给所决定的。对劳动的需求取决于劳动的边际生产力,而劳动的供给是由养活、训练和维持有效劳动的成本所决定的。当对劳动的需求与劳动的供给一致时,就决定了工资水平。可用图6-2来说明这一点。

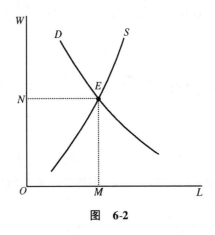

图 6-2

在图6-2中,横轴 OL 代表劳动量,纵轴 OW 代表工资水平,D 为劳动的需求曲线,S 为劳动的供给曲线。当 D 与 S 相交于 E 点时就决定了工资水平为 N,在这种工资水平下所雇用的工人数量为 M。

在第二章中介绍供给的基本理论时,曾指出,在有些情况下,劳动的供给曲线是一条向后倾斜的线,即随着工资的增加,劳动的供给会增加,但工资增加到一定程度后如果再增加,劳动供给量不仅不会增加,反而还会减少。

西方经济学家认为,在存在着工会的条件下,工会作为劳动供给的垄断者,控制了劳动的供给。这样,劳动力市场就是一种不完全竞争的市场,工会可以用种种方法来影响工资的决定。这些方法主要是:

第一,工会通过限制非会员受雇、限制移民、限制童工的使用,缩短工时,实行强制退休等方法来减少劳动的供给,从而提高工资。可用图6-3来说明这一问题。

在图6-3中,S_0 为原来的劳动供给曲线,这时 S_0 与劳动的需求曲线 D 相交于 E_0 点,决定了工资水平为 N_0,受雇工人量为 M_0。当工会采取了减少劳动供给的措施后,劳动的供给减少,劳动的供给曲线向左上方移动,成为 S_1,这时 S_1 与 D 相交于 E_1 点,决定了工资水平为 N_1,受雇工人量为 M_1,$N_1 > N_0$,说明工资水平提高了。

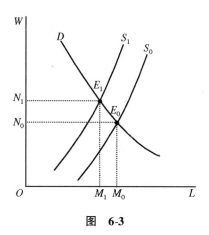

图 6-3

第二，工会通过提倡保护关税、扩大出口等办法扩大产品销路，从而提高对劳动的需求，也可以提高工资。可用图6-4来说明这一点。

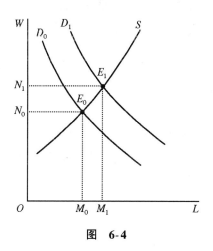

图 6-4

在图6-4中，D_0 为原来的劳动需求曲线，这时 D_0 与劳动的供给曲线 S 相交于 E_0 点，决定了工资水平为 N_0，受雇工人量为 M_0。当工会采取了增加劳动需求的措施后，对劳动的需求增加，劳动的需求曲线向右上方移动，成为 D_1，这时 D_1 与 S 相交于 E_1 点，决定了工资水平为 N_1，受雇工人量为 M_1，$N_1 > N_0$，说明工资水平提高了，而且受雇工人量也由 M_0 增加到 M_1。

第三，工会迫使政府通过立法规定最低工资，这样也可以使工资维持在较高的水平上。可用图6-5来说明这一点。

在图6-5中，当没有最低工资立法时，劳动的工资水平由供求力量决定，D 与 S 相交于 E 点，决定了工资水平为 N_0，但通过最低工资立法使工资水平维持在 N_1 上，$N_1 > N_0$。这时，受雇工人量则要由 M_0 减少至 M_1。

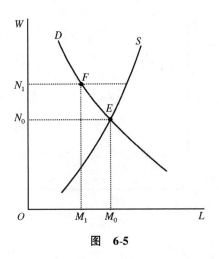

图 6-5

当然,工会对工资的影响也是有限度的,一般来说取决于工会本身的力量大小、工会与资本家双方的力量对比、整个社会的经济状况以及政府干预的程度等。

三、利息理论

利率取决于对资本的需求与资本的供给。对资本的需求取决于资本的边际生产力;资本的供给取决于现期消费与未来消费的替代率,即所谓的"节欲"程度。当对资本的需求与资本的供给一致时,就决定了利率。可用图 6-6 来说明利率的决定。

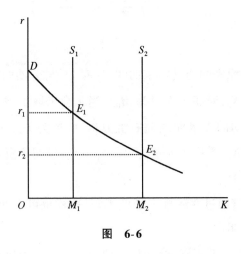

图 6-6

在图 6-6 中,横轴 OK 代表资本量,纵轴 Or 代表利率,D 为对资本的需求曲线,S_1 代表短期内的资本供给。在短期内资本的供给是固定的,因而用一条与横轴垂直的线来表示。这时 S_1 与 D 相交于 E_1 点,就决定了短期利率为 r_1。短期利率较高,这就诱使更多的资本所有者"节欲",从而增加了资本的供给,资本的供给曲线移动到 S_2, S_2 与 D 相交于 E_2 点,决定了利率为 r_2,r_2 是长期利率。这时利率较低,资本的供给不再增加。

四、地租理论

地租由对土地的需求与土地的供给决定。对土地的需求由土地的边际生产力决定,而土地的供给是固定的。这样,地租的决定如图 6-7 所示。

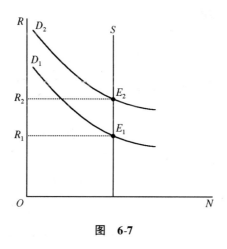

图 6-7

在图 6-7 中,横轴 ON 代表土地量,纵轴 OR 代表地租,土地的需求曲线为 D_1,土地的供给曲线为 S。S 是一条垂线,表示土地的供给是固定的。D_1 与 S 相交于 E_1 点,这时决定了地租水平为 R_1。

随着经济的发展,对土地的需求增加,而土地的供给不能增加,因此地租有上升的趋势。在图 6-7 中,当对土地的需求增加为 D_2 时,土地的供给仍然是 S,这时 D_2 与 S 相交于 E_2 点,决定了地租水平为 R_2。$R_2 > R_1$,说明随着经济发展对土地需求的增加,地租上升了。

五、利润理论

西方经济学家把利润区分为正常利润与超额利润。

正常利润是对企业家才能这种生产要素的报酬,它包括在成本之中。正常利润也是工资的一种形式,它的决定和工资一样,即由对企业家才能的需求与企业家才能的供给决定。

超额利润是指超过正常利润的那部分利润。它的主要来源是:

第一,创新(innovation)。这个概念是美国经济学家熊彼特(J. A. Schumpeter)在《经济发展理论》一书中所提出来的。创新是指"企业家实行对生产要素新的结合",它包括五种情况:(1)引入一种新产品;(2)采用一种新的生产方法;(3)开辟一个新的市场;(4)获得一种原料的新来源;(5)实行一种新的企业组织形式。创新使企业家可以提高产品质量,降低产品成本,或生产出一种新产品。这样,进行创新的企业家就可以获得超过正常利润的超额利润。他们认为,由创新所获得的超额利润是合理的,因为创新推动了社会的进步。

第二,风险(risk)。在从事某项有可能失败的事业时,企业家要承担一定的风险,这样他就可以得到超出正常利润的超额利润。这种超额利润包含了对可能遭到的失败的赔偿。社会的发展总需要有一部分人去承担风险,所以由风险而得来的超额利润也是合理的。

第三,垄断。垄断可以分为专买与专卖。专买(monopsony)又称买方垄断,是指对某种产品(或生产要素)购买的垄断。在专买的情况下,垄断者可以压低收购价格以损害生产者(或生产要素供给者)的利益而获得超额利润。专卖(monopoly)又称垄断或卖方垄断,是指对某种产品(或生产要素)出售的垄断。在专卖的情况下,垄断者可以抬高销售价格以损害消费者(或生产要素购买者)的利益而获得超额利润。在垄断的情况下所获得的超额利润是一种剥削。

第三节 洛伦斯曲线和基尼系数

一、洛伦斯曲线

洛伦斯曲线(Lorenz curve)是用来反映社会收入分配(或财产分配)平均程度的线。如果把社会上的人口分为10个等级,各占人口的10%,按他们在国民收入中所占份额的大小可以做出表6-1。

表 6-1

级别	每级占人口的百分数	合计	每级占总收入的百分数	合计
第1级	10	10	2.0	2.0
第2级	10	20	3.5	5.5
第3级	10	30	4.5	10
第4级	10	40	5.5	15.5
第5级	10	50	6.5	22
第6级	10	60	7.5	29.5
第7级	10	70	9	38.5
第8级	10	80	11.5	50
第9级	10	90	15.5	65.5
第10级	10	100	34.5	100

洛伦斯曲线如图 6-8 所示。

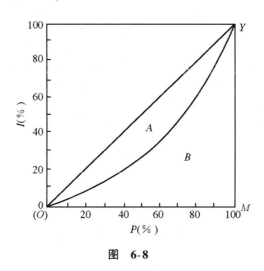

图 6-8

在图 6-8 中,横轴代表人口百分比,纵轴代表收入的百分比。OY 为 45°线,在这条线上,每 10% 的人口得到 10% 的收入,表明收入分配绝对平等,称为绝对平等线。OMY 表示收入分配绝对不平等,是绝对不平等线。根据表 6-1 所做的实际反映收入分配状况的洛伦斯曲线介于这两条线之间,洛伦斯曲线与 OY 越接近,收入分配越平等,与 OMY 线越接近,收入分配越不平等。

二、洛伦斯曲线的运用

运用洛伦斯曲线可以对各国收入分配与各种政策的收入效应进行比较。可用图 6-9 来说明这一问题。

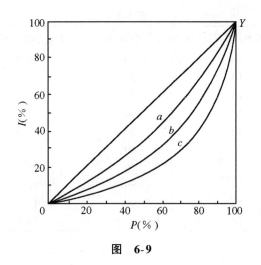

图 6-9

在图6-9中，a,b,c是三个不同国家的洛伦斯曲线,这样就可以看出a国的收入分配最平均,b国的收入分配平均程度次之,c国的收入分配最不平均。

如果把a,b作为执行某一项经济政策前后的洛伦斯曲线,假设a是执行该政策前的洛伦斯曲线,b是执行该政策后的洛伦斯曲线,那就可以看出,在执行该政策后社会收入分配更加不平等了。

三、基尼系数

根据洛伦斯曲线可以计算出反映收入分配平等程度的指标,这一指标称为基尼系数(Gini coefficient)。如果我们把图6-8中实际收入分配线与绝对平均线之间的面积用A来表示,把实际收入分配线与绝对不平均线之间的面积用B来表示,那么计算基尼系数的方法是:

$$基尼系数 = \frac{A}{A+B} \tag{6.2}$$

当$A=0$时,基尼系数等于0,这时收入绝对平均。
当$B=0$时,基尼系数等于1,这时收入绝对不平均。
实际上,基尼系数总是大于0,而小于1。基尼系数越小,收入分配越平均;基尼系数越大,收入分配越不平均。

国际上通行的看法是基尼系数应在0.3—0.4之间。小于0.3有损效率,大于0.4有损公正。联合国把0.4作为临界点,指基尼系数大于0.4,则收入分配不公平会引发社会冲突。

第七章 国民收入核算理论

宏观经济学把社会总体的经济活动作为研究对象,它所研究的是经济中的总量。衡量一个社会经济活动的基本尺度是国内生产总值(gross domestic product,简称GDP)。因此,阐明国内生产总值及其有关总量衡量的规定与技术的国民收入核算(national income accounting)理论是宏观经济学的前提。正如托宾所说的:"如果没有国民收入核算和近四十年来其他方面统计的革新和改进,当前的经验宏观经济学便是不可想象的。"[①]

国民收入核算中除了计算国内生产总值之外,还有其他指标,其中最重要的是反映物价水平变动的物价指数和反映就业状况的失业率。

第一节 国内生产总值

在国民收入核算中,主要是计算国内生产总值。

一、国内生产总值的含义

国内生产总值指一国一年内所生产的最终产品(包括有形的物品与无形的劳务)的市场价值的总和。在理解这一定义时,我们要注意这样几点:

第一,国内生产总值不同于国民生产总值(gross national product,简称GNP)。国内生产总值(GDP)指在一国领土内生产的产品与劳务,既包括本国人生产的,也包括外国人生产的。国民生产总值(GNP)指一国国民所生产的产品与劳务,既包括在国内生产的,也包括在国外生产的。1993年前,各国都采用GNP指标,1993年以后,根据联合国的要求都改为了GDP指标。

第二,国内生产总值只包括一年内所生产出来的产品与劳务的总值,不包括以前生产而在这一年内销售的产品与劳务的总值。

第三,国内生产总值指最终产品的总值,不包括中间产品,即作为半成品、原料再

---

① 托宾:《经济学文集》,序言。转引自《世界经济译丛》,1979年第10期。

投入生产的产品与劳务的产值,以避免重复计算。

第四,用价格来计算市场价值。

二、国内生产总值的计算方法

国内生产总值的计算方法有支出法、收入法和部门法。其中以支出法为主,我们重点介绍这种方法。

支出法(expenditure approach)又称产品流动法(flow of product approach)或最终产品法(final product approach)。这种方法从产品的使用出发,把一年内购买各项最终产品的支出加总起来,计算出该年内生产出来的产品与劳务的市场价值,即把购买各种最终产品所支出的货币加在一起,得出社会最终产品的流动量的货币价值的总和。如果用 $Q_1, Q_2, Q_3, \cdots, Q_n$ 来代表各种产品与劳务的数量,用 $P_1, P_2, P_3, \cdots, P_n$ 来代表各种产品与劳务的价格,那么,这种方法的公式是:

$$Q_1 \cdot P_1 + Q_2 \cdot P_2 + Q_3 \cdot P_3 + \cdots + Q_n \cdot P_n = \text{GDP} \qquad (7.1)$$

在运用这种方法计算国内生产总值时,为了避免重复计算,所相加的一定要是最终产品,而不能是中间产品。所谓中间产品(intermediate products)是指在以后的生产阶段中作为投入品的产品与劳务。最终产品(final products)是最后供人们使用的产品,或者说是扣除了生产各阶段上重复计算部分以后的产品。在计算最终产品的产值时,也可以运用增值(value added)法,即只计算在生产各阶段上所增加的价值。可以服装为例来说明这一问题,如表 7-1 所示。

表 7-1

生产阶段	产品价值	中间产品成本	增值
棉花	8	—	8
棉纱	11	8	3
棉布	20	11	9
服装	30	20	10
合计	69	39	30

在上例中,只有服装是最终产品,其他均为中间产品,在计算国内生产总值时,只计算服装的价值 30,或计算在各生产阶段的增值(8 + 3 + 9 + 10),同样也是 30。如果按全部产品的产值计算则会有(8 + 11 + 20),即 39 的重复计算。

在美国的国民收入统计中,如按支出法计算有下列项目:

个人消费支出（C）
    耐用品
    非耐用品
    住房租金
    其他劳务
私人总投资（I）
    厂房
    设备
    居民住房
    企业存货增加额
政府在产品与劳务上的支出（G）
    联邦政府
    州政府和地方政府
净出口（X−M）
    出口（+）
    进口（−）
————————
合计：GDP

在上述项目中，个人消费支出包括一年内居民户除了购买住房以外的一切产品与劳务的购买支出，它代表了经济中直接用于满足消费者欲望的那些产品上的支出，一般用 C 来表示。私人总投资指厂商与居民户不用于现期消费的那部分产品的生产，总投资（gross investment）中包括增加资本存量的净投资（net investment）、补偿资本存量耗损的折旧（depreciation）和存货（inventories）（存货指净存货，即年终存货减去年初存货），一般用 I 表示投资。政府在产品与劳务上的支出包括各级政府购买产品与劳务的支出，但不包括转移支付（transfer payment），一般用 G 表示政府支出。纯出口（net export）是指出口（export）与进口（import）的差额，在出口与进口中包括产品、劳务与其他国际收支。

根据上述项目，可以把 GDP 的计算写为：

$$GDP = C + I + G + (X - M) \tag{7.2}$$

如果用其他方法计算出的 GDP 与用支出法计算出的不一致，则根据支出法算出的结果进行调整。

三、国民收入核算中五个总量之间的关系

在国民收入核算中,除了国内生产总值之外还有四个重要的总量概念:

国内生产净值(net domestic product,简称 NDP):一个国家一年内新增加的产值,即等于在国内生产总值中扣除了折旧以后的产值。

国民收入(national income,简称 NI):一个国家一年内以货币计算的用于生产的各种生产要素所得到的全部收入,即等于工资、利润、利息和地租的总和。

个人收入(personal income,简称 PI):一个国家一年内个人所得到的全部收入。

个人可支配收入(personal disposable income,简称 PDI):一个国家一年内可以由个人支配的全部收入,它可以分为消费与储蓄两个部分。

在以上五个总量中,最重要的是国内生产总值,因此,国民收入核算首先是计算国内生产总值。只要计算出了这一总量,就可以根据这五个总量之间所存在的关系,计算出其他总量。

这五个总量之间的关系是:

从国内生产总值中减去折旧就可以得出国内生产净值。

从国内生产总值中减去间接税就是国民收入。

从国民收入中减去公司未分配利润,减去企业所得税,加上政府给居民户的转移支付,加上政府向居民户支付的利息就是个人收入。

从个人收入中减去个人所交纳的税收(如所得税、财产税等)就是个人可支配收入。

四、其他国内生产总值

为了分析宏观经济运行状况,还可以对国内生产总值做进一步区分。

潜在 GDP 与实际 GDP:潜在 GDP 指一国资源被充分利用时所能生产的 GDP,又称充分就业的 GDP;实际 GDP 指某一年实际生产出的 GDP。如果这两者一致,宏观经济就实现了充分就业,是理想状态;如果潜在 GDP 大于实际 GDP,就表明资源未得到充分利用,经济处于衰退状态;如果潜在 GDP 小于实际 GDP,则是资源超充分利用,存在经济过热。

名义 GDP 与真实 GDP:名义 GDP 指按当年价格计算的 GDP,真实 GDP 指按基年

(basic year)价格计算的 GDP。基年价格是统计当局确定的某一年的价格,作为不变价格。如果这两者一致,表明物价稳定;如果名义 GDP 大于真实 GDP,则存在通货膨胀;如果名义 GDP 小于真实 GDP,则存在通货紧缩。用真实 GDP 来比较各年 GDP,可以排除物价变动的影响。

GDP 与人均 GDP:GDP 反映一个国家的经济实力与市场规模,人均 GDP 反映一个国家的富裕程度。

五、国内生产总值计算中的缺陷

国内生产总值可以使我们大致了解一个国家的总体经济情况,但它并不能完全准确地反映出一国的实际经济情况,这是因为国民收入核算本身存在着一些缺陷。

首先,在进行国民收入核算时,有些经济活动是无法计入的。例如,在各国普遍存在的非法经济活动(如毒品的生产与贩卖、投机活动等);在许多国家,特别是在发展中国家大量存在的非市场经济活动(如自给性生产与服务、物物交易等);在各国都存在的为了偷税、漏税而不向政府上报的经济活动(如地下工厂的生产、私人之间的交易等),这些都无法计入国民收入。

其次,国内生产总值并不能反映出人们从生产中所得到的福利变动的情况。例如,它反映不出人们在精神上的满足与不满足,反映不出闲暇(leisure)所带来的福利,反映不出污染对人们生活质量所带来的变化,反映不出产品质量的进步与产品类别的变动对人们福利的影响,也反映不出社会上产品分配的情况及其对社会福利的影响。国内生产总值的增加也并不等于社会福利的增加。正因为如此,所以我们要关注 GDP,但不能"唯 GDP"。

最后,在运用国民收入的各项指标进行国际比较时,还会遇到许多困难。这不仅仅是各国运用的国民收入统计方法不同而带来的比较困难,就是在用同一种国民收入统计方法的各国之间,由于各国市场化程度的不同,由于各国产品结构与各类产品价格水平的不同,由于各国统计资料的完备性不同等原因也很难以进行准确的比较。

第二节 物价指数与失业率

表明宏观经济状况的最基本指标是国内生产总值,但仅仅依靠这一个指标并不全面,所以国民收入统计中还有其他指标,其中最重要的是物价指数和失业率。

一、物价指数

物价指数(price index)是衡量物价总水平变动情况的指数,表明不同年份物价的变动情况,也是我们表示通货膨胀或通货紧缩程度的指标。它用一篮子固定产品与劳务不同年份的价格变动来表示物价总水平的变动。各国所采用的物价指数根据一篮子产品所包括的产品不同分为消费物价指数、生产物价指数与国内生产总值平减指数。

消费物价指数(consumer price index,简称CPI),是表示消费品物价变动的指标,它所选的一篮子产品包括消费品和劳务,价格是零售价格。

生产物价指数(producer price index,简称PPI),是表示生产资料物价变动的指标,它所选的一篮子产品是生产资料,价格是批发价格。

国内生产总值平减指数(GDP deflator),是表示所有产品与劳务物价变动的指数,也是某一年名义GDP与真实GDP之比,计算公式为:

$$某年国内生产总值平减指数 = \frac{某年名义国内生产总值}{某年真实国内生产总值} \times 100 \qquad (7.3)$$

这三种物价指数计算时根据的一篮子产品与价格不同,得出的结果也不完全相同,它们表示的物价上升或下降的趋势相同,但具体数值不同。我们一般所用的是消费物价指数(CPI),因为这个指标与人民生活状况密切相关,通常我们也用CPI来表示通货膨胀率。

二、失业率

失业率(unemployment rate)是衡量一国失业严重程度的指标,反映一国的就业状况,也是重要的宏观经济指标之一。

失业率是失业人口在劳动力中所占的比率,用公式表示为:

$$失业率 = \frac{失业人口}{劳动力} \qquad (7.4)$$

这里要注意两点。

第一,什么是失业者？根据联合国的定义,失业者是指一定年龄范围内能够工作、愿意工作又正在寻找工作,但仍没有工作的人。各国根据这个标准和国内的实际情况对失业者做了界定。所以,并不是没有工作的人都是失业者。

第二,什么是劳动力？并不是所有的人都是劳动力。成为劳动力首先要在工作年龄人口内,例如许多发达国家16岁以上才为成人,65岁退休,所以工作年龄人口就是16—65岁的人。但在这个年龄范围内也并不都是劳动力,有些人无能力劳动(如一些残疾人),有些人是全日制学校学生,有些人不愿参加工作,这些人都不在劳动力之内。劳动力包括就业人口与失业人口,这两种人构成劳动力。

还有其他宏观经济指标,我们就不一一介绍了。了解宏观经济指标是为了分析宏观经济的状况。以下我们就进入宏观经济分析。

第八章　国民收入的决定

第八章 丁烷脱氢制丁烯

宏观经济学的核心是要研究国内生产总值与物价水平的决定。在这一章,将说明决定国内生产总值与物价水平的总需求—总供给模型。

第一节 总 需 求

一、总需求的构成

总需求(aggregate demand)是整个社会对各种产品和劳务的需求之和,包括消费、投资、政府支出和出口。用 AD 代表总需求,C 代表消费,I 代表投资,G 代表政府支出,X 代表出口,则有:

$$\text{AD} = C + I + G + X \tag{8.1}$$

政府支出由政府的经常性开支与财政政策决定,出口由国外市场的需求决定,我们在总需求分析中重点分析消费与投资的决定。

1. 消费函数

消费函数(consumption function)是指消费支出与决定消费的各种因素之间的依存关系。影响消费的因素是很多的,在研究国民收入决定时,假定消费只受收入多少的影响,所以可以说,消费函数是消费与收入之间的依存关系。一般来说,在其他条件不变的情况下,消费随收入的变动而同方向变动,即收入增加,消费增加;收入减少,消费减少,但它们之间并不是按同一比例变动。消费函数的公式是:

$$C = f(Y) \tag{8.2}$$

在上式中,C 代表消费,Y 代表收入。

消费与收入的关系可以用平均消费倾向与边际消费倾向来说明。

平均消费倾向(average propensity to consume,简称 APC),又称消费倾向,是指消费在收入中所占的比例,如用公式来表示则是:

$$\text{APC} = \frac{C}{Y} \tag{8.3}$$

边际消费倾向(marginal propensity to consume,简称 MPC),是指消费增量在收入增量中所占的比例,如以 ΔC 代表消费增量,以 ΔY 代表收入增量,则边际消费倾向的公式是:

$$\mathrm{MPC} = \frac{\Delta C}{\Delta Y} \tag{8.4}$$

在短期内,消费与收入的关系可能有这样几种情况:

第一,消费与收入相等,即全部收入都用于消费,APC = 1。

第二,消费大于收入,这种情况下就会有负储蓄(dissaving),APC > 1。

第三,消费小于收入,这种情况下收入分为消费与储蓄两个部分,APC < 1。

第四,收入增加会引起消费增加,但一般情况下消费的增加小于收入的增加,所以,1 > MPC > 0。

可以用图形来说明短期中消费与收入之间的关系,短期消费曲线如图8-1 所示。

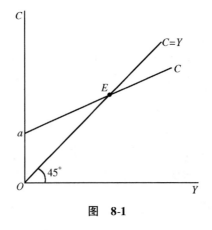

图 8-1

在图8-1 中,横轴 OY 代表收入,纵轴 OC 代表消费,图中45°线是收支相抵线,线上任意一点都表示 $C = Y$。消费曲线 aC 向右上方倾斜,表示随着收入的增加,消费也增加。aC 与 45°线相交于 E 点,E 点是收支相抵点,在 E 点之左,消费大于收入,有负储蓄;在 E 点之右,消费小于收入,有储蓄。当收入等于零时,消费为 a,a 表示不依存于收入的消费,称为自发性消费(autonomous consumption)。在短期内,没有收入时也存在自发性消费。所以,短期消费函数是:

$$C = a + bY \tag{8.5}$$

在上式中,a 为自发性消费,b 为平均消费倾向。

在长期中,当没有收入时,不会有消费。而且,根据统计资料来看,长期中消费在收入中所占的比例基本是固定的,即消费倾向是一个常数,边际消费倾向接近于消费倾向。长期消费曲线如图8-2 所示。

在图8-2 中,45°线仍然是收支相抵线,消费曲线 C 从原点出发,表示没有收入就没有消费;消费曲线在 45°线之下,表示消费小于收入。长期消费函数是:

$$C = kY \tag{8.6}$$

在上式中,k 是长期消费倾向,它基本是一个常数。

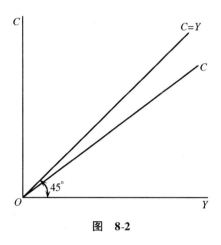

图 8-2

2. 储蓄函数

储蓄函数(saving function)是指储蓄与决定储蓄的各种因素之间的依存关系。影响储蓄的因素是很多的,在研究国民收入决定时,假定储蓄只受收入多少的影响,所以可以说,储蓄函数是储蓄与收入之间的依存关系。一般来说,在其他条件不变的情况下,储蓄随收入的变动而同方向变动,即收入增加,储蓄增加;收入减少,储蓄减少,但它们之间并不是按同一比例变动。储蓄函数的公式是:

$$S = f(Y) \tag{8.7}$$

在这一公式中,S 代表储蓄,Y 代表收入。

储蓄与收入的关系可以用平均储蓄倾向与边际储蓄倾向来说明。

平均储蓄倾向(average propensity to save,简称 APS),又称储蓄倾向,是指储蓄在收入中所占的比例,如用公式来表示则是:

$$\text{APS} = \frac{S}{Y} \tag{8.8}$$

边际储蓄倾向(marginal propensity to save,简称 MPS),是指储蓄增量在收入增量中所占的比例,如以 ΔS 代表储蓄增量,以 ΔY 代表收入增量,则边际储蓄倾向的公式是:

$$\text{MPS} = \frac{\Delta S}{\Delta Y} \tag{8.9}$$

全部收入可以分为消费与储蓄,全部收入增量可以分为消费的增量与储蓄的增量,所以:

$$\text{APC} + \text{APS} = 1 \tag{8.10}$$

$$MPC + MPS = 1 \tag{8.11}$$

还可以用储蓄曲线来说明储蓄与收入的关系,储蓄曲线如图 8-3 所示。

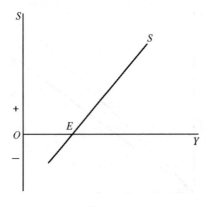

图 8-3

在图 8-3 中,横轴 OY 代表收入,纵轴 OS 代表储蓄,储蓄曲线 S 向右上方倾斜,表示储蓄与收入同方向变动。S 与 OY 相交于 E 点,E 点是收支相抵点,这时储蓄为零。在 E 点之左有负储蓄,在 E 点之右有储蓄。

3. 投资函数

企业投资的目的是实现利润最大化。如果利润是既定的,那么投资就取决于成本。企业投资要向银行贷款,并支付利息,这利息就是投资的成本。

利润减成本是企业的纯利润,即企业追求的目标。在利润率不变的情况下,纯利润的多少就取决于利率,利率上升则纯利润减少,投资减少;反之,投资增加。所以说,投资取决于利率。投资函数(investment function)表明了投资与利率之间的关系。以 I 代表投资,r 代表利率,Y 代表国民收入,则投资函数为:

$$I = f(r, Y) \tag{8.12}$$

二、总需求曲线

总需求曲线(aggregate demand curve)是反映总需求与物价水平关系的一条曲线,如图 8-4 所示。

在图 8-4 中,横轴 OY 代表国内生产总值,纵轴 OP 代表物价水平,AD 为总需求曲线。从图中可以看出,总需求曲线向右下方倾斜,表示总需求与物价水平呈反方向变动。这就是说,当物价水平由 P_1 下降为 P_2 时,总需求增加,国内生产总值从 Y_1 增加到 Y_2。

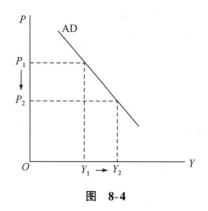

图 8-4

总需求与物价水平呈反方向变动的原因,我们可以从三个方面进行解释:

1. 财产效应

人的消费取决于收入。财产与收入密切相关,财产增加,也就是收入增加,从而消费增加。财产效应正是要说明物价水平对财产,进而对消费的影响。

财产有名义财产与实际财产之分。名义财产是用货币来衡量的财产,实际财产是用购买力来衡量的财产。在名义财产不变时,实际财产取决于物价水平。物价水平下降,实际财产增加,从而消费增加;反之,亦然。物价水平对实际财产和消费的影响就是财产效应。财产效应使物价水平与总需求呈反方向变动。

2. 利率效应

如前投资函数所述,投资与利率呈反方向变动关系,而利率又取决于货币的供求。在通常情况下,货币的需求是稳定的,所以利率取决于货币供给量,或者说货币量。利率效应正是要说明物价水平如何影响货币量,进而影响利率和投资。

货币量有名义货币量与实际货币量之分。它们的关系是:

$$实际货币量 = \frac{名义货币量}{物价水平} \tag{8.13}$$

从上式可以看出,如果名义货币量不变,则物价水平下降,实际货币量增加。实际货币量增加,利率下降,从而投资增加。物价水平对利率和投资的影响就是利率效应。利率效应使物价水平与总需求呈反方向变动。

3. 汇率效应

决定出口的最重要因素是汇率。一国汇率贬值,它出口的东西相对于外币变得更便宜,从而出口增加;反之,一国汇率升值,它出口的东西相对于外币变得更昂贵,从而出口减少。物价水平通过对利率的影响而影响汇率,从而影响出口就是汇率效应。

在资本自由流动的情况下,逐利本能使资本向收益高的地方流动。当一国利率上升时,资本流入;当一国利率下降时,资本流出。资本流出会引起汇率贬值,从而出口增加。所以物价水平下降引起汇率下降,出口增加,这就是汇率效应。汇率效应使物价水平与总需求呈反方向变动。

这三种效应的共同作用使总需求与物价水平呈反方向变动。

三、总需求曲线的移动

总需求曲线说明了物价水平变动对总需求的影响,但影响总需求变动的绝不仅仅只有物价水平,还有其他因素。比如,收入增加会引起总需求增加,政府投资增加会引起投资增加,国外经济繁荣引起出口增加等。对物价以外其他因素所引起的总需求的变动,我们用总需求曲线的平行移动来表示,如图8-5所示。

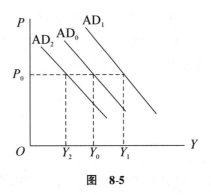

图 8-5

在图8-5中,物价水平P_0保持不变,但由于政府投资于某项公共工程,总需求增加,总需求曲线由AD_0移动至AD_1,从而国内生产总值从Y_0增加到Y_1。如果总需求减少,则总需求曲线由AD_0移动至AD_2,从而国内生产总值从Y_0减少到Y_2。

第二节 总 供 给

总供给(aggregate supply)是整个社会提供的产品与劳务。经济学家在分析总供给时区分了长期总供给与短期总供给。

一、长期总供给曲线

总供给曲线是表示总供给与物价水平的一条曲线。经济学家认为,在长期中总供给取决于一个经济的生产能力,这种生产能力是由资源与技术状态决定的,与物价水平无关。这种长期总供给也就是潜在 GDP,即资源得到充分利用时能达到的 GDP。长期总供给曲线(long-run aggregate supply curve)如图 8-6 所示。

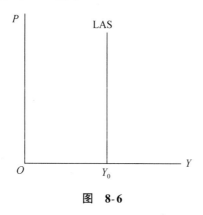

图 8-6

在图 8-6 中,长期总供给曲线 LAS 为一条垂线,表示长期总供给与物价水平无关,无论物价水平上升还是下降,长期总供给都不变。Y_0 为长期总供给,即潜在 GDP。

如果在长期中资源与技术状况发生了变动,长期总供给也会发生变动,可以用图 8-7 中的长期总供给曲线的平行移动来表示。

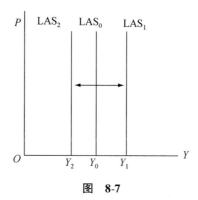

图 8-7

在长期中,如果资源增加或技术进步,长期总供给,即潜在 GDP 增加,则长期总供给曲线由 LAS_0 向右平行移动至 LAS_1,这时长期总供给由 Y_0 增加到 Y_1。如果资源减少或遭受自然灾害的严重破坏,长期总供给,即潜在 GDP 减少,则长期总供给曲线由 LAS_0 向左平行移动至 LAS_2,这时长期总供给由 Y_0 减少到 Y_2。

二、短期总供给曲线

短期总供给曲线(short-run aggregate supply curve)是表示短期中总供给与物价水平关系的一条曲线,如图 8-8 所示。

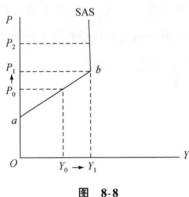

图 8-8

在图 8-8 中,短期总供给曲线分为两部分,从 a 到 b 是一条向右上方倾斜的线,表明随着物价水平的上升,总供给增加。当物价水平由 P_0 上升为 P_1 时,短期总供给由 Y_0 增加到 Y_1。b 以后则是一条垂线,表明当总供给增加到 Y_1 时,已达到资源充分利用,Y_1 就是潜在 GDP,这时价格再上升,总供给也无法增加,如图 8-8 中,物价由 P_1 上升为 P_2 时,由于已经达到了潜在 GDP,价格上升,总供给也无法增加,仍然是 Y_1。

为什么在短期中,未达到潜在 GDP 时,物价上升,总供给会增加呢?经济学家用三种理论来解释。

1. 粘性工资理论

粘性工资理论(sticky-wage theory)是指短期中名义工资的调整慢于劳动供求关系的变化。现实中工资是由劳资双方以合约方式确定的,规定在合约期(如三年)内无论劳动供求关系如何改变,名义工资保持不变。这有利于双方,对企业来说可以保持成本稳定,对工人来说可以保证收入稳定。这样,在短期内如果物价上升了,但名义工资仍保持不变,实际工资就减少了。实际工资减少就是企业利润增加。这样,企业就会增加生产,从而总供给增加。

2. 粘性价格理论

粘性价格理论(sticky-price theory)是指短期中物价的调整慢于商品市场上供求关

系的变化。企业调整价格也要付出成本,所以,并不能随商品供求关系的变化而及时调整价格,短期内要保持物价的稳定。当社会物价总水平上升时,一些企业不调整自己商品的价格,从而它相对于物价总水平的相对价格就下降了。这样,企业的销售增加,生产增加,从而总供给增加。

3. 错觉理论

错觉理论(misperception theory)指物价总水平的变动会使企业短期中对自己产品的市场价格做出错误判断,从而做出错误决策。在物价总水平上升的情况下,各种商品的价格都上升了,但企业在短期中只看到自己商品的价格上升而没有注意到物价总水平的上升。这时,企业误以为自己的商品涨价了,从而增加生产,增加了总供给。

这三种理论并不是对立的,而是互相补充的,共同解释了短期中物价水平与总供给同方向变动的原因。

短期总供给曲线说明了总供给与物价水平的关系。如果是其他原因引起短期总供给的变动,则用短期总供给曲线的移动来表示,如图8-9所示。

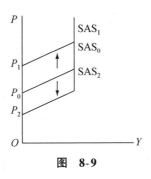

图 8-9

在图8-9中,物价未变,但由于成本增加,短期总供给减少了,总供给曲线就由原来的SAS_0向上移动至SAS_1。反之,由于成本下降,短期总供给增加了,总供给曲线就由原来的SAS_0向下移动至SAS_2。

第三节 总需求—总供给模型

总需求—总供给模型就是把总需求与总供给结合起来说明宏观经济中国内生产总值(Y)和物价水平(P)的决定,这是宏观经济学的核心,也是我们分析宏观经济中各种问题的基本工具。

一、基本模型

我们把总需求曲线与总供给曲线结合在一起就可以知道国内生产总值与物价水平是如何决定的。这个基本模型可以用图 8-10 来说明。

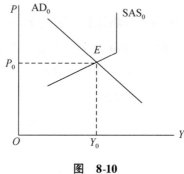

图 8-10

在图 8-10 中,横轴 OY 代表国内生产总值,纵轴 OP 代表物价水平。当总需求曲线(AD_0)与短期总供给曲线(SAS_0)相交于 E 点时,就决定了国内生产总值为 Y_0,物价水平为 P_0。这时,总需求与总供给相等,国民经济实现了均衡。

总需求—总供给模型也可以用公式来表示,国民收入均衡的条件是:

$$AD = f(P) \qquad (8.14)$$

$$SAS = f(P) \qquad (8.15)$$

$$AD = SAS \qquad (8.16)$$

(8.14)式是总需求函数,说明总需求取决于物价水平。(8.15)式是短期总供给函数,说明短期总供给取决于物价水平。(8.16)式是国民收入均衡的条件,说明国民收入均衡的条件是总需求等于短期总供给。

二、国民收入均衡的不同状况

国民收入均衡时,仅仅是总需求与短期总供给相等,并不能说明是否实现了充分就业。国民收入均衡时可能存在三种状况:大于、小于或等于充分就业。至于处于哪一种状况就要取决于潜在 GDP,即长期总供给。因此,我们在了解总需求—总供给的基本模型之后,就可以引入长期总供给曲线(LAS)来分析国民收入均衡时的不同状况,如图 8-11 所示。

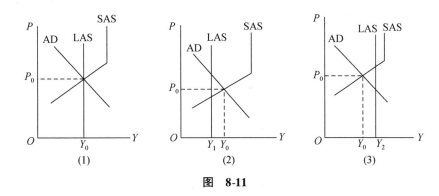

图 8-11

在图8-11(1)中,总需求曲线(AD)与短期总供给曲线(SAS)的交点正好通过长期总供给曲线(LAS),换言之,这三条线相交于一点,这时实际的国内生产总值为Y_0,与潜在的GDP正好相等。这时国民收入均衡时实现了充分就业,称为充分就业的均衡,是理想状态,也是我们追求的目标。

在图8-11(2)中,总需求曲线(AD)与短期总供给曲线(SAS)的交点在长期总供给曲线(LAS)的右边。这时国民收入均衡时的国内生产总值为Y_0,大于潜在GDP(Y_1)。这时经济中的资源超充分利用,经济过热,称为大于充分就业的均衡。

在图8-11(3)中,总需求曲线(AD)与短期总供给曲线(SAS)的交点在长期总供给曲线(LAS)的左边。这时国民收入均衡时的国内生产总值为Y_0,小于潜在GDP(Y_2)。这时经济中的资源没有得到充分利用,存在失业,经济衰退,称为小于充分就业的均衡。

在后两种情况下,政府就要用宏观经济政策进行调节。

三、总需求对国民收入均衡的影响

总需求与总供给决定国内生产总值与物价水平,当然总需求与总供给的变动也会引起国内生产总值与物价水平的变动。我们先从总需求讲起。

可以用图8-12来说明总需求的影响。

在图8-12中,原来的总需求为AD_0,它与短期总供给SAS共同决定了国内生产总值为Y_0,物价水平为P_0。假设政府增加基础设施投资,从而总需求增加到AD_1,这时它与短期总供给曲线的交点决定了国内生产总值增加到Y_1,物价水平上升为P_1。同理我们可以推出总需求减少,会引起国内生产总值减少,物价水平下降。由此可以得出结论:

总需求增加,国内生产总值增加,物价水平上升;

总需求减少,国内生产总值减少,物价水平下降。

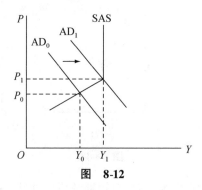

图 8-12

那么,是不是总需求增加1单位,所增加的国内生产总值也正好等于1单位呢?不是的,总需求增加1单位所增加的国内生产总值一定大于1单位。为什么会有这种情况呢?总需求增加1单位,国内生产总值会增加多少呢?这一点我们要用乘数理论来说明。

增加的总需求会引起国内生产总值增加,但所引起的国内生产总值的增加必定大于总需求最初的增加量。乘数(multiplier)正是国内生产总值的变动量与引起这种变动的总需求增加量之间的比率。如果增加的总需求是指投资,投资量及其所引起的国内生产总值变动量之间的比率就是投资乘数;如果增加的总需求是指净出口,净出口量及其所引起的国内生产总值变动量之间的比率就是对外贸易乘数;等等。

乘数这个概念最早是由英国经济学家卡恩(R. F. Kahn)在1931年所发表的《国内投资与失业的关系》中提出来的,是"用来估计投资净增量与由此引起的总就业增量——二者之间之实际数量关系"[1]。凯恩斯用这一概念来说明收入与投资的关系,他说:"在一特定情况之下(即在消费倾向为既定的条件下——引者),我们可以在所得与投资之间,确立一个一定比例,称之为乘数。"[2]以下在论述乘数问题时一般也是指投资乘数。

投资的增加之所以会有乘数作用,是因为各经济部门是相互关联的。某一部门的一笔投资不仅会增加本部门的收入,而且会在国民经济各部门中引起连锁反应,从而增加其他部门的投资与收入,最终使国内生产总值成倍增长。例如,某部门增加投资100万元,则该部门的收入会增加100万元,如果在增加的100万元中有五分之四用于消费(即边际消费倾向为0.8),第二级部门就会增加80万元的收入;如果第二级部门在增加的80万元中仍有五分之四用于消费,第三级部门就会增加64万元的收入;如

---

[1] 凯恩斯:《就业、利息和货币通论》,徐毓枬译,商务印书馆,1964年,第97页。
[2] 同上。

此下去,则会出现下面的情形:

$$\left.\begin{array}{c} 100 \text{ 万元} \\ + \\ 80 \text{ 万元} \\ + \\ 64 \text{ 万元} \\ + \\ 51.2 \text{ 万元} \\ + \\ \vdots \\ \hline 500 \text{ 万元} \end{array}\right\} = \left\{\begin{array}{c} 1 \times 100 \text{ 万元} \\ + \\ \frac{4}{5} \times 100 \text{ 万元} \\ + \\ \left(\frac{4}{5}\right)^2 \times 100 \text{ 万元} \\ + \\ \left(\frac{4}{5}\right)^3 \times 100 \text{ 万元} \\ + \\ \vdots \\ \hline \frac{1}{1-\frac{4}{5}} \times 100 = 500 \text{ 万元} \end{array}\right.$$

如果以 ΔY 代表增加的收入量,以 ΔI 代表增加的投资量,以 K 代表乘数,则有:

$$K = \frac{\Delta Y}{\Delta I} \tag{8.17}$$

在上例中,ΔI 为 100 万元,ΔY 为 500 万元,所以:

$$K = \frac{500}{100} = 5$$

如果以 ΔC 代表消费的增加量,则:

$$\Delta Y = \Delta I + \Delta C \tag{8.18}$$
$$\Delta I = \Delta Y - \Delta C \tag{8.19}$$

由此,可以得出:

$$K = \frac{\Delta Y}{\Delta I} = \frac{\Delta Y}{\Delta Y - \Delta C} = \frac{\frac{\Delta Y}{\Delta Y}}{\frac{\Delta Y}{\Delta Y} - \frac{\Delta C}{\Delta Y}} = \frac{1}{1 - \frac{\Delta C}{\Delta Y}} \tag{8.20}$$

又因为,$1 - \frac{\Delta C}{\Delta Y} = \frac{\Delta S}{\Delta Y}$,所以

$$K = \frac{1}{1 - \frac{\Delta C}{\Delta Y}} = \frac{1}{\frac{\Delta S}{\Delta Y}} = \frac{\Delta Y}{\Delta S} \tag{8.21}$$

$\frac{\Delta C}{\Delta Y}$ 是边际消费倾向,所以乘数是 1 减边际消费倾向的倒数,或者说是边际储蓄倾向的倒数。乘数与边际消费倾向呈正比,与边际储蓄倾向呈反比,即边际消费倾向越大,乘数就越大,边际消费倾向越小,乘数就越小;相反,边际储蓄倾向越大,乘数就越小,边际储蓄倾向越小,乘数就越大。例如,在上例中,边际消费倾向为 0.8,则边际储蓄倾向为 0.2,乘数为 5;如果边际消费倾向为 0.5,则边际储蓄倾向为 0.5,乘数为 2。因为边际消费倾向一般小于 1,而大于 0,所以乘数必定大于 1,而小于无穷。

当然,乘数的作用是两面性的,即当投资增加时,它所引起的收入的增加要大于所增加的投资;当投资减少时,它所引起的收入的减少也要大于所减少的投资。所以,西方经济学家把乘数称为一把"双刃剑"。此外,还要注意的是,乘数只有在经济中资源未得到充分利用的情况下才会发挥作用。如果资源已得到了充分利用,实现了潜在GDP,乘数就不会发生作用。

四、总供给对国民收入均衡的影响

总供给对国民收入均衡的影响可用图8-13来说明。

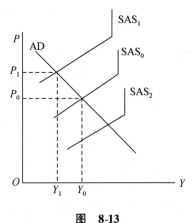

图 8-13

在图8-13中,总需求曲线为AD,当短期总供给曲线为SAS_0时,决定了国内生产总值为Y_0,物价水平为P_0。由于成本增加,总供给减少,短期总供给曲线向上移动至SAS_1。这时总需求曲线 AD 与短期总供给曲线 SAS_1 的交点决定了国内生产总值为Y_1,比 Y_0 减少了,物价水平为 P_1,比 P_0 上升了。同理可以推出当成本下降,总供给由SAS_0 增加为 SAS_2 时,国内生产总值增加,物价水平下降。因此:

总供给增加,国内生产总值增加,物价水平下降;
总供给减少,国内生产总值减少,物价水平上升。

理解总需求—总供给模型是我们分析各种宏观经济问题、制定宏观经济政策的基础。

第九章 失业与通货膨胀

第六章　大气污染气象学

失业(unemployment)与通货膨胀(inflation)是各国宏观经济的主要原因。我们已经掌握了总需求—总供给模型,现在就可以用这个模型来分析失业与通货膨胀的原因。

第一节 失 业

我们已经讲过了失业的定义。在分析失业时,经济学家把失业分为两类:自然失业与周期性失业。引起这两种失业的原因不同,因此要分别论述。

一、自然失业

自然失业(natural unemployment)是指一些难以克服的原因所引起的失业。这种失业在任何经济中都存在,所以,通常所说的充分就业并不是人人都有工作,这时自然失业仍然存在。引起自然失业的原因也不同,我们可以把自然失业分为三类。

1. 摩擦性失业

摩擦性失业(frictional unemployment)指由于劳动力正常流动所引起的失业。在一个经济中劳动力在行业间和地区间流动是正常的,一个人辞去原来的工作到新行业和新地区工作,不可能马上找到合适的工作。在辞去旧工作找到新工作之间处于失业状态,就称为摩擦性失业,这种失业无法避免。

2. 结构性失业

结构性失业(structural unemployment)指劳动力的市场结构与劳动力的需求不一致。劳动力的市场结构包括性别结构、技术结构与地区结构。例如,市场上需要计算机程序员,但失业的是汽车司机,失业的汽车司机对计算机一窍不通,无法就业。这种失业就是结构性失业。存在结构性失业时,往往劳动力市场的供求总量是平衡的,但仍由于劳动力的市场结构不平衡而存在着失业。这种情况称为"失业与空位并存",失业就是有人没工作,空位就是有工作没人做。这种失业在各国都很严重。我国的许多失业也属于这类失业。

3. 制度性失业

制度性失业(institutional unemployment)指由于现有的各种社会保障福利制度所引起的失业。现代社会各国都有安全网,即一套社会保障与福利制度,如失业津贴、最低工资法、工会等。在有这种安全网时有人即使失业了,生活也能得到保证,这就使失业者不急于去找工作,从而引起失业。现代社会不可能取消安全网,但社会保障福利制度的存在又会引起懒人不去就业。因此,这种失业的存在也是难免的。

自然原因引起的失业以多少为适度,各国都根据自己的国情确定了自然失业率。减少这种失业只能从制度上下手,例如,加强劳动力市场的信息沟通,对失业工人进行培训,改革福利制度等。但无论如何努力,这种失业仍然是存在的。

二、周期性失业

周期性失业(cyclical unemployment)又称需求不足的失业,指由于总需求不足,国内生产总值未达充分就业的水平,即未达到潜在 GDP 而引起的失业。这种失业随经济周期的变动而变动。当经济繁荣、总需求充分时,这种失业就消失;当经济萧条、总需求不足时,这种失业就存在。因此,称为周期性失业。可以用总需求—总供给模型来解释这种失业的原因,如图 9-1 所示。

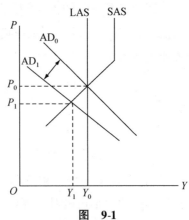

图 9-1

在图 9-1 中,当总需求曲线为 AD_0 时,它与短期总供给曲线 SAS 和长期总供给曲线 LAS 相交于一点,这时国内生产总值为 Y_0,达到了潜在 GDP,从而实现了充分就业。但现实的总需求是 AD_1,小于充分就业要求的总需求 AD_0,从而它与短期总供给曲线 SAS 的交点决定了国内生产总值为 Y_1,Y_1 小于 Y_0,未达到潜在 GDP,从而存在周期性失业。充分就业要求的总需求 AD_0 与实际总需求 AD_1 之间的差额称为"紧缩性缺口"。紧缩性缺口的存在引起周期性失业。我们以实现充分就业为目标,要消灭的正是这种紧缩性缺口,从而消灭周期性失业。

三、失业的影响

失业给失业者的生活和心理都会带来严重危害,从而不利于社会稳定。但从经济学的角度,我们主要考虑失业对增长率的影响。失业会引起增长率多大的损失?20世纪 60 年代,美国经济学家奥肯(Okun)根据当时美国的实际资料,估算出失业率与国内生产总值增长率之间的关系。这就是经济学中所说的奥肯定理。

奥肯定理用于分析周期性失业。假设充分就业时,潜在 GDP 每年增长 3%,这时奥肯定理可以写为:

$$\text{失业率变动率} = -\frac{1}{2} \times (\text{国内生产总值实际增长率} - 3\%) \qquad (9.1)$$

当国内生产总值增长率为潜在 GDP 增长率 3% 时,失业率不变。假定国内生产总值实际增长率仅为 1%,则:

$$\text{失业率变动率} = -\frac{1}{2}(1\% - 3\%) = 1\%$$

失业率上升 1%。由此看出,失业率每上升 1%,会使增长率下降 2%,因此,失业率与增长率之比为 1:2。

这个结论是根据 20 世纪 60 年代美国的实际资料得出的,不一定适用于各国,也不一定适用于每一个时代。但失业率与增长率之间呈反方向变动的关系是普遍存在的。在运用奥肯定理的公式时我们要根据实际情况进行估算。

第二节 通货膨胀

现代经济是货币经济。通货膨胀本质上是一种货币现象。因此,要理解通货膨胀,必须了解金融体系与货币。

一、金融体系

在每一个国家,金融体系包括中央银行、金融中介机构和金融市场。

中央银行是代表国家的银行,它是整个金融体系的核心。其主要职责是:代表国家发行货币,监管其他金融中介机构的业务,并决定货币政策。

金融中介机构包括商业银行和非商业银行金融中介机构,以商业银行为主。商业银行是企业,其主要业务是吸收存款、发放贷款及代客结算等,从中获取利润。

金融市场包括股票市场、债券市场、外汇市场等。

这三者组成的金融体系对宏观经济有极为重要的影响。

二、货币的基本知识

货币是人们普通接受的、充当交换媒介的东西。它的职能包括作为交换媒介的交易职能,作为价格的计价单位,作为特有财富形式之一的贮藏手段,以及作为延期支付的支付工具。

各国的货币都是指由中央银行发行的法币,即通用的纸币。货币分为狭义的货币与广义的货币。M_1代表狭义的货币,指流通中的现金和商业银行的活期存款。M_2代表广义的货币,指M_1再加上定期存款等其他存款。各国在说货币量时,如果不加说明,一般是指M_2,即广义货币。

中央银行发行货币,但流通中的货币量是由中央银行与商业银行共同决定的。这就是,中央银行发行基础货币,而商业银行通过存贷款业务可以创造货币,使流通中的货币大于中央银行发行的基础货币。

中央银行决定货币量的手段是公开市场操作、调整法定准备金率与贴现率。公开市场操作是指中央银行在金融市场上买卖政府有价证券。中央银行购买政府有价证券就要把货币支付给卖者,这就增加了货币量;反之,中央银行卖出政府有价证券,买者就要付钱给中央银行,这就减少了货币量。法定准备金率是中央银行规定的商业银行在所吸收存款中必须保留的准备金的比例。贴现率是中央银行向商业银行贷款的利率。改变法定准备金率与贴现率也可以改变货币量。不过在现实中,各国用的主要手段是公开市场操作。

商业银行可以通过存贷款业务来影响货币量,假设中央银行在公开市场上购买了100万政府有价证券,卖者 A 就可以得到 100 万元。A 把这 100 万元存入他的开户银行第一银行,假定法定准备金率是 0.1,第一银行就可以把这笔 100 万存款中的 10 万当做准备金,余下的 90 万作为贷款贷给客户 B。B 把这 90 万存入他的开户银行第二银行,第二银行把这笔存款中的 9 万元当做准备金,又可以把剩下的 81 万作为贷款贷给客户 C。C 把这 81 万存入自己的开户银行第三银行,第三银行又可以如此操作下去。这种情况如下所示:

银行	存款	准备金	新增贷款
A. 第一银行	100 万	10 万	90 万
B. 第二银行	90 万	9 万	81 万
C. 第三银行	81 万	8.1 万	72.9 万
⋮	⋮	⋮	⋮
总计	1 000 万	100 万	900 万

通过商业银行创造货币的过程,最后存款,即货币量增加了 1 000 万。中央银行增加基础货币 100 万,最后货币量增加了 1 000 万,这两者的比例称为货币乘数,即

$$货币乘数 = \frac{货币量增加量}{基础货币增加量} = \frac{1\,000}{100} = 10 \tag{9.2}$$

货币乘数的大小取决于法定准备金率,所以,货币乘数亦等于乘数的倒数。在上例中,法定准备金率为 0.1,所以货币乘数为 10。当然现实中的货币乘数还要受许多因素的影响,如客户把得到的一部分贷款作为现金留在手中而不存入银行。因此,现实的货币乘数比这个数字要小。这种乘数我们是从理论上得出的,称为简单货币乘数。

三、通货膨胀的基本知识

1. 通货膨胀的含义与分类

通货膨胀是指物价总水平普遍而持续的上升。这个定义中有两点要注意:第一,这里是指物价总水平而不是指个别商品的物价。所以,通货膨胀用物价指数来表示,主要用的是消费物价指数(CPI)。第二,这种物价总水平的上升要持续一定时间,例如三个月以上。物价总水平的短暂上升不能称为通货膨胀。

根据通货膨胀的严重程度可以将其分为三类:第一,温和的通货膨胀,即物价总水

平低而稳定的通货膨胀。低到什么程度由一个国家的中央银行确定,比如2%或3%,而且这种通货膨胀率在相当一段时间内是稳定的。第二,加速的通货膨胀,即物价总水平高,而且还在不断加快。物价水平高指超过中央银行确定的通货膨胀指标,而且还有不断上升的趋势。第三,恶性的通货膨胀,或称超速的通货膨胀,即物价总水平上升极为严重,按经济学家的定义,这时通货膨胀率为每月50%以上。这种通货膨胀会使金融体系与整个经济崩溃。

2. 通货膨胀的原因

对于通货膨胀原因的解释有几十种之多,我们介绍其中最重要的三种:

第一,需求拉动的通货膨胀:总需求大于总供给,尤其是大于长期总供给,即大于潜在GDP所引起的通货膨胀。我们用图9-2来说明。

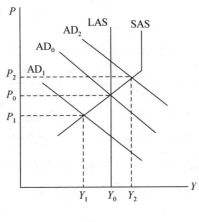

图 9-2

在图9-2中,当总需求为AD_0时,它与短期总供给SAS、长期总供给LAS相交于一点,决定了国内生产总值为Y_0,物价水平为P_0,实现了充分就业的均衡。当总需求为AD_1,小于AD_0时,AD_1与短期总供给SAS的交点决定的国内生产总值Y_1没有实现充分就业,物价水平P_1处于通货紧缩状态。因此,总需求增加到AD_0,物价水平上升到P_0并不是真正的通货膨胀,仅仅是物价水平回到正常状态。如果总需求增加到AD_2,这时决定的国内生产总值Y_2大于充分就业时的水平Y_0,物价水平由P_0上升为P_2,从P_0到P_2就是需求拉动的通货膨胀。这时尽管GDP增加了,但是资源超充分利用了,属于经济过热。通货膨胀就是GDP增加的代价。充分就业总需求AD_0与AD_2的差额称为膨胀性缺口。

第二,供给推动的通货膨胀:由于成本增加,在价格既定时,总供给减少所引起的通货膨胀。这种通货膨胀的根源在于成本的增加,可以用图9-3来说明这种通货膨胀。

在图9-3中,当总需求曲线 AD_0 与短期总供给曲线 SAS_0 和长期总供给曲线 LAS 相交于一点时,决定的国内生产总值 Y_0 实现了充分就业,P_0 是正常的物价水平。但如果生产成本增加,短期总供给曲线由 SAS_0 上升为 SAS_1,这时 SAS_1 与 AD_0 决定的国内生产总值为 Y_1,物价水平为 P_1,从 P_0 到 P_1 就是供给推动的通货膨胀。这时国内生产总值减少为 Y_1,国内生产总值减少而物价水平上升,这种情况称为"滞胀"(stagflation)。

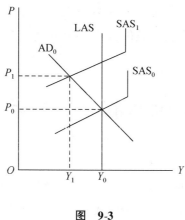

图 9-3

引起成本增加的原因可能是工资增加,也可能是进口原材料涨价,还可能是企业借成本增加而更大幅度地提价。这三种情况分别称为:工资成本推动、进口成本推动及利润推动。

第三,货币发行过多引起的通货膨胀:经济学家认为,从长期来看,通货膨胀的基本原因是货币发行过多。根据货币数量论,流通中的货币量决定物价水平,货币增长率决定通货膨胀率。这种观点也得到了证实。

3. 通货膨胀对经济的影响

通货膨胀的类型不同,对经济的影响也不同。一般来说,温和的通货膨胀,由于通货膨胀率低而稳定,可以预期,名义工资和利率都可以进行相应的调整。因此,对经济没有什么不利影响。许多经济学家认为温和的通货膨胀可以使经济运行更平稳、更协调。一般所说的物价稳定也并不是指通货膨胀率为零,而是指通货膨胀率温和。

恶性的通货膨胀会使一国金融体系崩溃、经济崩溃,甚至引起政治动荡。一些政党失去政权的原因之一就是发生了恶性通货膨胀。

加速的通货膨胀由于通货膨胀率不断上升而无法预测,所以对经济有不利的影响。在通货膨胀率不断上升而又无法预测的情况下,工人的名义工资不变或者有上升但不及通货膨胀率上升的程度,这时实际工资减少,从而消费减少。在债权人与债务人之间,利率不变或者有上升但不及通货膨胀率上升的程度,这时债权人受损,而债务人获益,从而债权人减少或停止放贷,不利于投资。通货膨胀加速且不可预测时,人民实际收入不变而名义收入增加,但政府税收标准不能及时调整。在这种情况下,税收按名义收入征收,这时,过去未到起征点的人达到了,过去交税少的现在交税多了,从而人民收入减少,消费减少。无论消费减少,还是投资减少,都会不利于经济发展。因此,稳定的物价是经济正常运行的条件,各国都在努力实现物价稳定。

第三节　失业与通货膨胀的关系:菲利普斯曲线

菲利普斯曲线(Phillips curve)是西方经济学家用来表示失业率和通货膨胀率之间此消彼长、互相交替关系的曲线。这条曲线是由英国经济学家菲利普斯(A. W. Phillips)所提出来的。1958年,菲利普斯根据英国1861—1957年失业率和货币工资变动率的经验统计资料,提出了一条用以表示失业率和货币工资变动率之间交替关系的曲线。这条曲线表明,当失业率较低时,货币工资增长率变得较高;反之,当失业率较高时,货币工资增长率就变得较低,甚至为负数。由于西方经济学家把消费物价指数同货币工资变动率联系起来,并用消费物价指数来表示通货膨胀率,所以这条曲线又被用来表示消费物价指数或通货膨胀率和失业率之间的交替关系,即失业率高则通货膨胀率低,失业率低则通货膨胀率高。可以用图9-4来说明菲利普斯曲线。

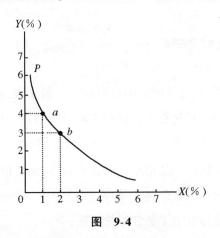

图 9-4

在图9-4中,横轴代表失业率,纵轴代表通货膨胀率,P即为菲利普斯曲线。在a点上,失业率为1%,通货膨胀率为4%;在b点上,失业率增加为2%,而通货膨胀率下降为3%。这就说明失业率与通货膨胀率之间是交替的关系。

西方经济学家认为,菲利普斯曲线是进行需求管理时一个很方便的政策工具。可以根据它所表明的失业率与通货膨胀率之间的关系来采用不同的政策。

在运用菲利普斯曲线来确定政策时,首先要确定社会的临界点(critical point)。所谓临界点是指政府对于失业率和通货膨胀率的"社会可接受程度的理解",即在一定的失业率与通货膨胀率之下,社会是可以接受的,这时政府不必采取任何政策措施进行调节。如果失业率或通货膨胀率超过了临界点,政府就有必要进行调节,以求得社会安定。所谓的调节就是:当失业率为社会所不能接受时,就采取扩张性的财政与货币政策,以较高的通货膨胀率换取较低的失业率;当通货膨胀率为社会所不能接受时,就采取紧缩性的财政与货币政策,以较高的失业率来换取较低的通货膨胀率。可以用图9-5来说明这种调节。

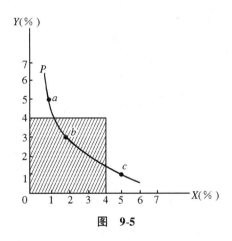

图 9-5

在图9-5中,假定4%的失业率与4%的通货膨胀率为临界点,则在此以下(即图上的阴影部分以内,如b点上),社会是安定的,不必采取任何调节措施。在此以外,或通货膨胀率高,或失业率高,都为社会所不能接受,就要进行调节。例如,在a点上失业率为1%,为社会可以接受,但通货膨胀率为5%,为社会所不能接受,于是就要采取紧缩性的财政与货币政策,增加失业率,降低通货膨胀率。在c点上通货膨胀率为1%,为社会可以接受,但失业率为5%,为社会所不能接受,于是就要采取扩张性的财政与货币政策,提高通货膨胀率以降低失业率。

菲利普斯曲线还说明了两个很重要的问题:第一,按凯恩斯主义的解释,通货膨胀与失业是不会并存的,即未达到充分就业之前不会产生通货膨胀,而有了通货膨胀时又不会存在失业。但根据菲利普斯曲线,通货膨胀与失业是并存的,它们之间的关系并不是有此无彼,而是此消彼长。第二,菲利普斯曲线把通货膨胀率与货币工资变动率联系在一起,这就是把通货膨胀的原因归结为货币工资率的增长。这种通货膨胀是另一种类型的通货膨胀——成本推进型的通货膨胀(cost-push inflation)。

但是,近年来菲利普斯曲线所表明的这种失业与通货膨胀之间的关系发生了很大的变化,具体来说,有三种情况:

第一种情况:菲利普斯曲线向右上方移动。这表明必须用更高的通货膨胀率才能换取一定的失业率水平,或者是必须用更高的失业率才能换取一定的通货膨胀率水平。这样,原来确定的临界点已无法实现,必须提高临界点水平。可以用图9-6来说明这一点。

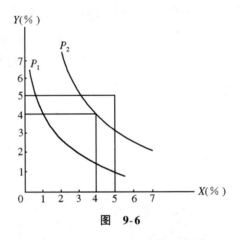

图 9-6

在图9-6中,菲利普斯曲线由原来的P_1向右上方移动,成为P_2,这时,无论采取什么政策措施都无法实现原来的临界点,失业率与通货膨胀率各4%。因此只好把临界点提高至失业率与通货膨胀率各5%。

第二种情况:菲利普斯曲线成为一条垂线。这表明通货膨胀率与失业率之间不再存在交替关系,即无论通货膨胀如何上升,失业率也不会下降。这时既定的失业率成为经济中一个无法消除的"硬核"。可用图9-7来说明这种情况。

在图9-7中,菲利普斯曲线P成为一条垂线,这就表明失业率OR是一个既定的数值,无论通货膨胀率如何增加,也无法使失业率减少。

第三种情况:菲利普斯曲线成为一条向右上方倾斜的线,表明通货膨胀率与失业率呈同方向变动,即通货膨胀率越高,失业率也越高,两者同时增加。可用图9-8来说明这种情况。

在图9-8中,向右上方倾斜的菲利普斯曲线P表明了通货膨胀率与失业率同时增加的关系。

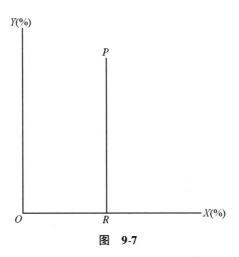

图 9-7

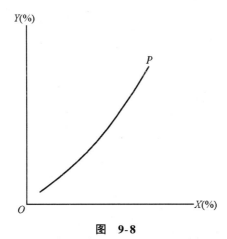

图 9-8

上述菲利普斯曲线的变动被称为菲利普斯曲线的恶化,这种情况表明了用宏观财政政策与货币政策调节经济的失灵,反映了当前西方社会中所存在的严重的高通货膨胀率与高失业率并存的"滞胀"现象。

第十章 经济周期理论

· 第十章 经颅磁刺激 ·

自从英国在1825年爆发了第一次生产过剩的经济危机以来,各个市场经济国家的经济就是在繁荣与萧条的交替中发展着。这种经济波动引起了西方经济学家的关注。对这种波动的情况与原因的研究正是经济周期理论的内容。

第一节 经济周期理论概况

一、经济周期的含义

萨缪尔森对经济的发展曾做了这样的描述:"在繁荣之后,可以有恐慌与暴跌。经济扩展让位于衰退。国民收入、就业和生产下降。价格与利润跌落,工人失业。当最终到达最低点以后,复苏开始出现。复苏可以是缓慢的,也可以是快速的。它可以是不完全的,也可以强大到足以导致新的高涨。新的高涨可以表现为长期持续的旺盛的需求、充足的就业机会以及提高的生活标准。它也可以表现为短暂的价格上升和投机活动,紧接而至的是又一次灾难性的萧条。"他认为:"这就是所谓'经济周期'。"[①]

美国经济学家米切尔(Wesley C. Mitchell)曾经给经济周期(business cycles)下了这样一个定义:经济周期是以商业经济为主的国家总体经济活动的一种波动,一个周期是由很多经济活动的差不多同时扩张,继而以普遍的衰退、收缩,与复苏所组成的;这种变动重复出现。[②] 这一定义大体被一般西方经济学家接受,而且在数十年来一直作为美国国民经济研究局(National Bureau of Economic Research)研究经济周期时所依据的定义。

西方经济学家一般把经济周期分为四个阶段:繁荣(prosperity),即经济活动的扩张的或向上的阶段;衰退(recession),即由繁荣转为萧条的过渡阶段;萧条(depression),即经济活动的收缩的或向下的阶段;复苏(recovery),即由萧条转为繁荣的过渡阶段。判断经济处于哪一个阶段的标准主要是一个社会的工业产量、销售量、资本借

---

① 萨缪尔森:《经济学》,上册,商务印书馆,1979年,第351页。
② 参看米切尔:《经济周期:问题及其背景》,纽约,国民经济研究局,1927年,第468页。

贷量、物价水平、利率、利润率与就业量等经济指标的变动。

二、经济周期的分类

西方经济学家根据经济周期的时间长短把经济周期分为中周期、短周期与长周期。

最初，经济学家所注意的并不是整个周期，而是衰退阶段所呈现出来的危机(crisis)和恐慌(panic)。他们大都把危机作为一种独立的事件来加以研究。1860年，法国经济学家朱格拉(Clement Juglar)在他的《论法国、英国和美国的商业危机及其发生周期》一书中提出，危机或恐慌并不是一种独立的现象，而是经济社会不断面临的三个连续阶段中的一个，这三个阶段是繁荣、危机与清算(liquidation)。这三个阶段反复出现形成周期现象，每一周期平均是9—10年。这就是中周期，因为它是由朱格拉所提出来的，所以又称为"朱格拉周期"。

1923年，美国经济学家基钦(Joseph Kitchen)在《经济因素中的周期与倾向》一文中根据美国和英国的详细资料提出，经济周期实际上有大周期(major cycle)与小周期(minor cycle)两种。小周期平均长度约为40个月，大周期则是小周期的总和，一个大周期包括两个或三个小周期。因此，在他看来，经济周期是一种平均长度为40个月的周期。这就是短周期，因为它是由基钦所提出来的，所以又称为"基钦周期"。

1925年，苏联经济学家康德拉季耶夫(Nikolai D. Kondratieff)在《经济生活中的长波》一书中根据美国、英国、法国一百多年内的批发物价指数、利率、工资率、对外贸易量、煤铁产量与消耗量等的变动，认为有一种较长的循环，其平均长度为五十年左右。他指出，从18世纪末以后，存在着三个长周期：第一个周期，从1789年到1849年，上升部分25年，下降部分35年，共60年；第二个周期，从1849年到1896年，上升部分24年，下降部分23年，共47年；第三个周期，从1896年起，上升部分24年，1920年以后是下降趋势。这种50年左右的长周期也称为"康德拉季耶夫周期"。

熊彼特在1939年出版的《经济周期》第一卷中，把这三种周期进行了综合，认为每一个长周期包括六个中周期，一个中周期包括三个短周期，其中短周期约为40个月，中周期约为9—10年，长周期为48—60年。他以各个时期的"创新"为标志，划分了三个长周期：第一个周期，从18世纪80年代到1842年，是"产业革命时期"；第二个周期，从1842年到1897年，是"蒸汽和钢铁时期"；第三个周期，从1897年以后，是"电气、化学和汽车时期"。

此外，库兹涅茨(S. S. Kuznets)在1930年出版的《生产和价格的长期运动》一书中,研究了美、英、德、法、比等国从19世纪初叶或中叶到20世纪初期60种工、农业主要产品的产量和35种工、农业主要产品的价格变动的时间序列资料。他剔除了其间短周期与中周期的变动,着重分析了有关序列的长期消长过程,提出了在主要资本主义国家存在着长度从15年到25年不等,而平均长度为20年的长波的论点;并指出这些国家的产量增长呈现着渐减的趋势。这也是一种长周期,被称为"库兹涅茨周期"。第二次世界大战以后,这种长周期理论受到相当的重视。

三、对经济周期原因的解释

西方经济学家曾提出了许多理论来解释经济周期的原因,其中主要的理论是:

1. 纯货币理论

纯货币理论(pure monetary theory)的主要代表人物是英国经济学家霍特里(R. G. Hawtrey)。这种理论认为,经济周期纯粹是一种货币现象,货币数量的增减是经济发生波动的唯一原因。经济周期是银行体系交替地扩张和紧缩信用所造成的。当银行体系降低利率、放宽信贷时,就会引起生产的扩张与收入的增加,这又会进一步促进信用扩大。但信用并不能无限地扩大,当高涨阶段后期银行体系被迫紧缩信用时,就会引起生产下降,危机爆发,并继而出现累积性的衰退。

2. 投资过度理论

投资过度理论(over-investment theory)强调了经济周期的根源在于由生产资料生产过多而不是消费不足所引起的消费品的供大于求。投资过度理论认为,投资的增加形成了繁荣。投资的增加首先引起对投资品需求的增加以及投资品价格的上升,这样就更加刺激了投资的增加,形成了繁荣。在这一过程中,因为需求与价格的增加都首先表现在资本品上,因此投资进入的也主要是生产资本品的产业,而生产消费品的产业没有得到重视,这种生产结构的失调最终会引起萧条而使经济发生波动。投资过度理论又可分为货币投资过度理论与非货币投资过度理论。货币投资过度理论以奥地利经济学家哈耶克(F. A. Hayek)和米塞斯(Ludwig E. von Mises)为代表,他们用货币因素来说明生产结构的失调及由此所引起的经济波动。非货币投资过度理论以瑞典经济学家卡塞尔(G. Cassel)、维克塞尔(Knut Wicksell)和德国经济学家斯皮托夫(A.

Spiethoff)为代表,他们用新发明、新发现、新市场开辟等因素来说明生产结构的失调及由此所引起的经济波动。

3. 消费不足理论

消费不足理论(under-consumption theory)是一种历史悠久的理论,它把萧条产生的原因归结为消费的不足。这种理论早期的代表人物是马尔萨斯(T. R. Malthus)和西斯蒙第(J. C. L. S. de Sismondi),近代的代表人物是英国经济学家霍布森(J. A. Hobson)。霍布森认为,经济中出现萧条是因为社会对消费品的需求赶不上消费品的增长,而这种消费不足的根源主要又在于国民收入分配不平均所造成的富人储蓄过度,所以解决的办法是实行收入分配均等化的政策。

4. 心理理论

心理理论(psychology theory)强调心理预期对经济周期各个阶段形成的决定作用,主要代表人物是庇古和凯恩斯。他们认为,当任何一种原因刺激了投资活动,引起经济高涨后,资本家对未来的乐观预期一般总超过合理的经济考虑下应有的程度,这就导致过多的投资,形成繁荣。而当这种过度乐观的情绪所造成的错误被觉察以后,又变成不合理的过度悲观预期,由此导致萧条。凯恩斯认为,萧条的产生是由于资本边际效率的突然崩溃,而造成这种崩溃的正是资本家对未来悲观的预期。

5. 创新理论

熊彼特用创新理论(innovation theory)来解释经济周期。他认为,经济周期是正常的,是创新所引起的旧均衡的破坏和向新均衡的过渡。社会正是在这种旧均衡破坏和新均衡的形成中前进的。由创新所引起的经济周期的过程是:创新为创新者带来了超额利润,引起其他企业仿效,形成"创新浪潮"。"创新浪潮"的形成引起对银行信用和生产资料的需求的增长,导致经济高涨,形成繁荣。随着创新的普及,超额利润消失,对银行信用和生产资料的需求减少,引起经济收缩,形成萧条。直至另一次创新出现,经济再次繁荣。

6. 太阳黑子理论

太阳黑子理论(sun-spot theory)的主要代表人物是英国经济学家杰文斯(H. S.

Jevons)。这种理论认为,太阳黑子的出现引起农业减产,农业的减产影响到工业、商业、工资、购买力、投资等方面,从而引起整个经济的萧条。太阳黑子的出现是有周期性的,这种周期与经济周期也大致符合。

第二节 乘数与加速原理相结合的理论

一、加速原理

以前所讲的乘数原理是说明投资变动对收入变动的影响,那么,反过来,收入的变动对投资会有什么影响呢?西方经济学家认为,投资与收入的影响是相互的,即不仅投资会影响收入,而且收入也会影响投资。加速原理(acceleration principle)正是要研究收入(或消费)的变动与投资的变动之间的关系,即要说明收入(或消费)的变动如何引起投资的变动。

在说明加速原理之前,先介绍几个有关的概念:

自发投资(autonomous investment)与引致投资(induced investment):自发投资是指由人口、技术、资源、政府政策等外生因素的变动所引起的投资;引致投资是指由国民收入或消费的变动所引起的投资。加速原理所研究的是引致投资。

资本—产量比率(capital-output ratio)与加速系数(accelerator coefficient):资本—产量比率是指生产一单位产量所需要的资本量,如用公式来表示则是:

$$资本—产量比率 = \frac{资本量}{产量} \tag{10.1}$$

加速系数是指增加一单位产量所需要增加的资本量,如用公式来表示则是:

$$加速系数 = \frac{资本增量}{产量增量} = \frac{投资}{收入增量} \tag{10.2}$$

在技术不变的条件下,资本—产量比率与加速系数的数值是同样的。

净投资(net investment)与重置投资(replacement investment):净投资是指新增加的投资,它取决于收入变动情况;重置投资即折旧,是指用以补偿所损耗的资本设备的投资,它取决于原有资本的数量、使用年限及其构成。净投资加重置投资就是总投资。一般来说,总投资最少是等于零,因为一个企业投资最少时为本期不购买任何机器设备。

可以举一个例子来说明加速原理。假设有一个工厂,其资本—产量比率与加速系数都是 10,重置资本每年为 300 万元,则可以把该厂八年中产量、资本量、净投资、总投资之间的关系列出一个表,并根据该表来说明加速原理的含义,如表 10-1 所示。

表 10-1　加速原理举例表　　　　　　（单位:万元）

阶段	时期	年产量	资本量	净投资	重置投资	总投资
第一阶段	第一年	600	6 000	0	300	300
	第二年	600	6 000	0	300	300
	第三年	600	6 000	0	300	300
第二阶段	第四年	900	9 000	3 000	300	3 300
	第五年	1 200	12 000	3 000	300	3 300
	第六年	1 500	15 000	3 000	300	3 300
第三阶段	第七年	1 500	15 000	0	300	300
第四阶段	第八年	1 470	14 700	-300	300	0

从上表可以看出:

在第一阶段(第一至三年)生产维持原有规模不变,每年仅有 300 万元的重置投资,无净投资,总投资也保持不变。

在第二阶段(第四至六年)生产是逐年增加的,而各年总投资增加的情况不同。在第四年,生产比第三年增加了 50%,资本量增加了 50%,而总投资增加了 10 倍。在第五年,生产比第四年增加了 33.3%,资本量增加了 33.3%,而总投资没有增加。在第六年,生产比第五年增加了 25%,资本量增加了 25%,而总投资仍没有增加。

在第三阶段(第七年)生产维持原有规模,这时仅有 300 万元的重置投资,没有净投资,总投资比第六年减少了将近 91%。

在第四阶段(第八年)生产减少,比第七年减少了 2%(30 万元),但总投资减少了 100%(无总投资)。

从上述例子可以说明加速原理的含义是:

第一,根据加速原理,投资并不是产量(或收入)的绝对量的函数,而是产量变动率的函数。这也就是说,投资的变动取决于产量的变动率,而不是产量变动的绝对量。

第二,投资率变动的幅度大于产量(或收入)的变动率。在开始时,产量的微小增长会引起投资率较大幅度的变化。在上例中,当第四年的生产量比第三年增加 50% 时,总投资增加了 10 倍。这就是加速的含义。

第三,要想使投资增长率不至于下降,产量就必须持续按一定比率连续增长。如果产量的增长率放慢了,投资增长率就会停止或下降。这就意味着,即使产量的绝对量并未绝对地下降,而只是相对地放慢了增长速度,也可能会引起经济衰退。

第四，加速的含义是双重的，即当产量增加时，投资的增长是加速的，但当产量停止增长或减少时，投资的减少也是加速的。在上例中，从第六年到第七年产量不变，而投资减少近91%；从第七年到第八年，产量仅减少2%，而投资减少100%。

二、乘数与加速原理相结合的理论

西方经济学家认为，投资与收入之间的作用是相互的。因此，只有把这两者结合起来，才能说明收入、消费和投资之间的关系，并用以解释经济周期问题，指导政府对于经济的干预。

可以先列出乘数与加速原理相结合的模型：

设：边际消费倾向为 b，$b = \dfrac{\Delta C}{\Delta Y}$；

加速系数为 a，$a = \dfrac{I}{\Delta Y}$；

现期收入为 Y_t；

自发投资为 I_0，I_0 是不变的；

现期消费为 C_t，现期消费由前期收入与边际消费倾向决定，所以：$C_t = b \cdot Y_{t-1}$；

引致投资为 I_i，由消费与加速系数决定，所以：$I_i = a(C_t - C_{t-1})$；

现期投资为 I_t，$I_t = I_0 + I_i = I_0 + a(C_t - C_{t-1})$；

现期收入为 Y_t，$Y_t = C_t + I_t = b \cdot Y_{t-1} + I_0 + a(C_t - C_{t-1})$。

在乘数与加速原理相结合的模型中，基本公式是：

$$C_t = b \cdot Y_{t-1} \tag{10.3}$$

$$I_t = I_0 + a(C_t - C_{t-1}) \tag{10.4}$$

$$Y_t = C_t + I_t \tag{10.5}$$

根据上述模型，可以举出一个实际例子，说明乘数与加速原理的相互作用，以及如何用它来解释经济周期。

假设：$b = 0.5$

$a = 1$

$I_0 = 1\,000$（万元）

表 10-2　乘数与加速原理相结合举例表　　　（单位：万元）

年	C_t	I_0	I_i	I_t	Y_t	经济变动趋势
1	—	1 000	—	1 000	1 000	—
2	500	1 000	500	1 500	2 000	复苏
3	1 000	1 000	500	1 500	2 500	繁荣
4	1 250	1 000	250	1 250	2 500	繁荣
5	1 250	1 000	0	1 000	2 250	衰退
6	1 125	1 000	−125	875	2 000	衰退
7	1 000	1 000	−125	875	1 875	萧条
8	937.5	1 000	−62.5	937.5	1 875	萧条
9	937.5	1 000	0	1 000	1 937.5	复苏
10	968.75	1 000	31.25	1 031.25	2 000	复苏
11	1 000	1 000	31.25	1 031.25	2 031.25	繁荣
12	1 015.625	1 000	15.625	1 015.625	2 031.25	繁荣
13	1 015.625	1 000	0	1 000	2 015.625	衰退

从这个例子首先可以看出,在国民经济中,投资、收入、消费相互影响,相互调节。假定自发投资为一个固定量,那么,如果靠经济本身的力量自行调节,就会自发地形成经济周期。经济周期中的各个阶段正是由于乘数与加速原理相结合的作用而形成的。当然,即使靠经济本身的力量进行调节,经济周期的扩张与收缩也并不是无限的。经济周期有其上限与下限。经济周期的上限指产量或收入无论如何增加都不会越过的界限,它取决于社会已达到的技术水平和一切生产资源可以被利用的程度。在既定的技术条件下,如果社会上一切可利用的资源都得到了利用,经济就不会再扩张了。经济周期的下限指产量或收入无论如何收缩都不会越过的界限,它是由总投资的特点和加速作用的局限性所决定的。从总投资来说,无论企业或社会,最少投资时为本期不购买任何机器设备,即总投资不会为负数,最少是零,所以经济的收缩就有一个最低限度。从加速原理来说,加速原理必须在企业没有生产资源闲置的条件下才能起作用,如果企业开工不足,加速原理就不起作用了。但这时乘数还起作用,而且还存在消费,这样经济收缩到一定程度就会停止收缩。一旦收入不再继续下降,重置投资的乘数作用就会使收入逐渐回升。

在上例中,假定自发投资、加速系数和边际消费倾向都是不变的,这样,经济形成周期性波动。如果政府对经济实行干预,则可以改变或缓和经济的波动。政府进行干预的办法就是采取适当的政策刺激自发投资;鼓励劳动生产率的提高,提高加速系数;鼓励消费,提高边际消费倾向。

第十一章　经济增长理论

第十一章　参考文献

第十一章 经济增长理论

从亚当·斯密(Adam Smith)开始,西方经济学家就在研究经济增长问题。但是,经济增长理论得到迅速发展,并成为宏观经济学的一个重要组成部分却是在第二次世界大战以后。这首先是因为,战后的国际形势发生了重大变化,实现经济增长成为头等大事,正如美国经济学家多马(E. Domar)所说的:"现在对增长的关心并不是偶然的;它一方面由于过迟地认识到,我们的经济要是没有增长就不可能达到充分就业,另一方面由于当前的国际冲突,使增长变成生存的条件了。"[①] 其次,经济增长理论是凯恩斯主义的长期化与动态化的结果。许多经济增长理论是在把凯恩斯的短期分析长期化、比较静态分析动态化的过程中形成与发展起来的。本章将对经济增长理论的主要内容进行评介。

第一节 经济增长理论的概况

一、经济增长的含义

经济增长(economic growth)最简单的定义是一国生产的商品和劳务总量的增加,即国内生产总值(GDP)的增加。如果考虑到人口的增加及价格变动的情况,经济增长的标准应该是实际人均国内生产总值的增加。

自从20世纪50年代,有关经济增长的另一个分支——研究发展中国家经济发展问题的发展经济学形成后,西方经济学家强调了增长(growth)与发展(development)之间的区别。他们认为,增长指国内生产总值的增加,它所研究的是发达国家的问题;发展是研究一个国家如何由不发达状态过渡到发达状态的问题,因此,发展不仅有国内生产总值增加的问题,而且还有适应这种增长的社会制度的变化问题,它所研究的是发展中国家的问题。

二、经济增长理论的主要内容

在现代西方经济学中,经济增长理论主要包括这样一些内容:

---

① 多马:《经济增长理论》,郭家麟译,商务印书馆,1983年,第21页。

1. 以凯恩斯主义为基础的经济增长模型

凯恩斯主义的核心是储蓄—投资分析，它要说明的是短期内国民收入与就业量的决定。这种分析成为凯恩斯主义者研究长期经济增长问题的出发点。在这一基础上建立的经济增长模型主要有：英国经济学家哈罗德(R. F. Harrod)与美国经济学家多马分别提出的哈罗德—多马模型；美国经济学家索洛(R. M. Solow)和斯旺(T. W. Swan)提出的新古典增长模型；英国经济学家琼·罗宾逊、卡尔多等人提出的新剑桥增长模型。这些模型都是要说明资本主义经济实现长期稳定增长的条件与途径。

2. 库兹涅茨对经济增长的数量与结构问题的研究

库兹涅茨早在20世纪20年代后期就从事国民收入统计问题的理论研究与资料整理。以后，他又对一百多年来发达资本主义国家的国民收入的增长和国民生产总值的主要组成部分进行了历史性的分析比较。在这种数量分析与资料整理的基础上，着重从制度与结构问题方面论述了经济增长问题。他给经济增长下了这样一个定义："一个国家的经济增长，可以定义为给居民提供种类日益繁多的经济产品的能力长期上升，这种不断增长的能力是建立在先进技术以及所需要的制度和思想意识之相应的调整的基础上的。"[①] 他认为，这个定义的三个组成部分都是重要的，提供产品的能力长期上升是结果，技术是实现这一结果的必要条件，而制度与意识的调整是技术得以发挥的充分条件。先进的技术为经济增长提供了可能，而使得这种可能变为现实的则是社会制度与结构的调整。

库兹涅茨总结了经济增长的六个特征：第一，按人口计算的产量的高增长率和人口的高增长率；第二，生产率本身增长的程度也是高的；第三，经济结构的变革速度是高的，例如迅速由农业转向非农业，由工业转向服务业等；第四，社会结构与意识形态的迅速改变；第五，增长在世界范围内的迅速扩大；第六，世界增长的情况是不平衡的。[②] 这六个特征中前两个是增长的数量特征，是从统计资料的研究中得出的；中间两个是增长中经济结构与社会制度的变化；后两个是增长在国际上的扩散问题。

库兹涅茨关于经济增长的统计资料的整理分析、关于技术与制度对经济增长作用的分析对当代经济增长理论的研究是有重大影响的。

[①] 库兹涅茨：《现代经济的增长：发现和反映》，载《现代国外经济学论文选》，第二辑，外国经济学说研究会编，商务印书馆，1981年，第21页。
[②] 参看上书，第23页。

3. 经济成长阶段论

美国经济学家罗斯托(W. W. Rostow)在1960年出版了《经济成长的阶段》一书,从历史发展的角度来研究经济发展的过程,并从中得出了一些结论。他把经济的发展分为五个阶段:传统社会(指科学技术长期停滞、生产力发展缓慢的前资本主义社会)、为起飞创造前提阶段(由传统社会向起飞阶段的过渡阶段,即资本主义的原始积累阶段)、起飞阶段(资本主义的产业革命时期)、向成熟推进阶段(大致是从自由资本主义开始向垄断资本主义过渡的阶段)、高额群众消费阶段(高度发达的资本主义社会);以后他又增加了第六个阶段:追求生活质量阶段(当前资本主义社会)。罗斯托的这套理论是企图与马克思主义对抗的,他的《经济成长的阶段》一书的副标题就是"非共产党宣言"。他宣称:"它是一种代替马克思关于现代史的学说的学说。"[1]罗斯托撇开了人类社会生产关系的发展,把生产力的发展作为划分社会阶段的标准是完全错误的。

从这种历史的研究中,罗斯托得出了一些结论。例如,他认为,"起飞"主要应有三个条件:第一,要有较高的积累率,要使积累在国民收入中所占的比例达到10%以上;第二,要建立起能带动整个经济发展的一个或几个主导部门;第三,进行制度改革,建立起一种能保证"起飞"实现的政治社会制度。这些对研究经济增长问题还是有一定启发的。

4. 经济增长因素的分析

20世纪60年代以后,美国经济学家肯德里克(J. W. Kendrick)和丹尼森(E. F. Denison)在库兹涅茨关于经济增长问题研究的基础之上,从美国、西欧和日本等国的实际统计资料出发进行了经济增长率的相互比较。丹尼森还利用统计分析方法对影响经济增长的因素及其在经济增长中的作用进行了数量分析和国别比较,以便找到更快的经济增长的途径。

5. 零经济增长理论

第二次世界大战后各资本主义国家经济的迅速增长引起了"滞胀"的出现、环境污

---

[1] 罗斯托:《经济成长的阶段》,国际关系研究所编译室译,商务印书馆,1962年,第8页。

染的严重以及社会风气败坏等问题。这样,在20世纪70年代,西方经济学界就经济是否应该继续增长的问题发生了争论。美国经济学家米香(E. J. Mishan)、梅多斯(D. H. Meadows)等人竭力反对经济继续增长,主张实现零经济增长。而托宾等人则反对零经济增长理论,主张用经济增长来解决经济增长中所出现的问题。零经济增长理论关于增长的悲观论点是错误的,但他们提出的许多问题是值得注意的。因此,这种理论在经济增长理论中占有重要的地位。

6. 新增长理论

新增长理论是20世纪80年代之后出现的增长理论。这种理论强调了技术进步在经济增长中的关键作用。技术进步体现在资本设备的技术含量提高、效率提高,以及人的素质的提高等方面。这种增长理论受到普遍重视。

综上所述,经济增长理论是要研究经济如何才能实现稳定的增长,有哪些因素影响经济增长,以及经济应不应该增长等问题。围绕这些问题,我们将在以下几节中评介哈罗德—多马模型、对经济增长因素的分析与零经济增长理论,以便对经济增长理论中的主要问题有所了解。

第二节 哈罗德—多马模型

凯恩斯认为,社会就业量取决于国民收入的均衡状态,而这种均衡的实现则是投资等于储蓄。哈罗德认为,凯恩斯所从事的是短期的、比较静态的分析,因而只说明了短期内投资和储蓄的均衡,以及由此决定的国民收入均衡,而没有说明长期内投资和储蓄如何均衡,以及它们的变化如何引起国民收入均衡的变动;只说明了增加投资对增加收入的刺激作用,而忽视了收入会引致投资的增加,即忽视了投资既增加需求又增加供给的两重性。这样,凯恩斯主义就没有解决长期中经济均衡的实现问题。哈罗德要把凯恩斯的储蓄—投资分析长期化、动态化,这样就提出了哈罗德增长模型。这一模型所要解决的问题是:第一,资本主义经济扩大再生产的条件,即经济稳定增长的条件;第二,资本主义经济再生产的周期性及其原因,即经济的短期波动问题;第三,资本主义经济的长期发展趋势及其原因,即经济的长期波动问题。

在哈罗德提出他的经济增长模型的同时,多马也独立地提出了一个类似的经济增长模型,因此,一般把这两个模型相提并论,称作"哈罗德—多马模型"。

一、哈罗德—多马模型的基本公式

哈罗德模型研究三个变量之间的相互关系,这三个变量是:收入增长率(用 g 来代表,$g = \frac{\Delta Y}{Y}$)、储蓄率(即储蓄在收入中所占的比例,用 s 来表示,$s = \frac{S}{Y}$)、资本—产量比率(在技术不变的条件下等于加速系数,用 c 来表示,$c = \frac{I}{\Delta Y}$)。哈罗德模型的基本公式是:

$$g = \frac{s}{c} \tag{11.1}$$

或者写成:

$$gc = s \tag{11.2}$$

假定 s 为 20%,c 为 4,则 g 为 5%。这就是说,当储蓄率为 20%,资本—产量比率为 4 时,增长率为 5%。

多马模型与哈罗德模型基本相同,区别仅在于用资本生产率来代替资本—产量比率。资本生产率又称投资效率,是指每单位资本的产出,如以 σ 代表资本生产率,则有 $\sigma = \frac{\Delta Y}{I}$,所以 $\sigma = \frac{1}{c}$。此外,在多马模型中,g 指投资增长率,即 $g = \frac{\Delta I}{I}$,实际与哈罗德模型中的收入增长率是相同的。多马模型的基本公式是:

$$g = s \cdot \sigma \tag{11.3}$$

无论哈罗德的模型也好,多马的模型也好,都是根据了凯恩斯的投资等于储蓄这一公式,我们可以根据哈罗德模型来说明这一点。

因为 $g = \frac{\Delta Y}{Y}, c = \frac{I}{\Delta Y}, s = \frac{S}{Y}, gc = s$,所以,

$$\frac{\Delta Y}{Y} \cdot \frac{I}{\Delta Y} = \frac{S}{Y} \tag{11.4}$$

$$\frac{I}{Y} = \frac{S}{Y} \tag{11.5}$$

$$I = S \tag{11.6}$$

由此可见,哈罗德模型实际上就是投资等于储蓄这一凯恩斯主义的基本公式。两者之间的差别仅仅在于:凯恩斯的投资等于储蓄没有引入时间因素,是用水平分析来说明均衡实现的条件,是一种比较静态分析;而哈罗德是用按比率(增长率)分析的方法来代替凯恩斯按水平(投资水平与储蓄水平)分析的方法,这样就引进了时间因素,是一种动态分析。这正如哈罗德所说的:"这个方程式,是投资必然总是等于储蓄这

一事实的动态化的表述法。"① 美国经济学家肯尼思·栗原(Kenneth K. Kurihara)也认为:"从凯恩斯按水平分析的储蓄—投资均衡的静态条件到哈罗德按比率分析的储蓄—投资均衡的动态条件,是一个合乎逻辑的步骤。"②

二、经济稳定增长的条件

在分析经济稳定增长的条件时,哈罗德所用的公式是:

$$g_w = \frac{s_d}{c_r} \tag{11.7}$$

在上式中,g_w 是有保证的增长率,即能使资本家感到满意并准备继续维持下去的产量增长率;s_d 是合意的储蓄率;c_r 是合意的资本—产量比率。这个公式说明,当既定的合意储蓄率和合意的资本—产量比率所决定的增长率是有保证的增长率时,经济就可以实现稳定增长。因为在这种增长率之下,资本家预期的投资需求恰好等于本期的储蓄供给,即资本家预期在下一期需要增加的资本恰好等于他们现在手中增加的设备与存货。这样就在长期里实现了储蓄等于投资,把全部储蓄转化为投资,从而经济得以稳定增长。

三、经济中短期波动的原因

在分析这一问题时,哈罗德引进了实际增长率的概念。实际增长率(g)是实际发生的增长率,即本期产量(或收入)的增加量与上一期产量(或收入)之比。实际增长率是由实际发生的储蓄率(s),也就是实际的投资率(i)和实际资本—产量比率(c)决定的,即 $g = \frac{s}{c}$,或 $g = \frac{i}{c}$。要实现稳定增长必须是实际增长率等于有保证的增长率,即 $g = g_w$。但要使这两者相等是不容易的,所以实现均衡增长的道路就像刀刃那样狭窄,是所谓的"刀锋"(knife-edge)式的增长途径。如果实际增长率与有保证的增长率不一致,经济中就会出现波动。如果是实际增长率低于有保证的增长率($g < g_w$),这就意味着实际储蓄率,即实际投资率低于合意的储蓄率($s < s_d$,或 $i < s_d$),这样就形成累积性的投资缩减引起经济收缩,产生失业。如果是实际增长率高于有保证的增长率($g > g_w$),这就意味着实际储蓄率,即实际投资率大于合意的储蓄率($s > s_d$,或 $i > s_d$),

---

① 哈罗德:《动态经济学》,黄范章译,商务印书馆,1981 年,第 22 页。
② 栗原:《凯恩斯主义经济发展理论》,英文版,1959 年,第 20 页。

这样就会形成累积性的经济扩张。因为,实际增长率与有保证的增长率一致是罕见的、偶然的,所以经济就会产生波动,在收缩与扩张的交替中发展。

四、经济中长期波动的原因

哈罗德在论述经济稳定增长的基础上,又引进了劳动力增长与技术进步两个因素来考察资本主义经济的长期发展趋势及其原因。在分析这一问题时提出了自然增长率(g_n)的概念。所谓自然增长率是人口增长与技术进步所允许达到的长期的最大增长率,其公式是 $g_n = \dfrac{s_o}{c_r}$,c_r 是预期的资本—产量比率,s_o 是一定制度安排下最适宜的储蓄率。在考察长期经济波动问题时,要研究有保证的增长率与自然增长率之间的关系。这种关系有三种可能:第一,有保证的增长率大于自然增长率($g_w > g_n$),这表明储蓄和投资的增长率超过了人口增长与技术进步所能允许的程度。这时由于生产的增长受到劳动力不足和技术水平的限制,将出现储蓄过度和投资过度的现象,从而出现长期停滞趋势。第二,有保证的增长率小于自然增长率($g_w < g_n$),这表明储蓄和投资的增长率还没有达到人口增长与技术进步所能允许的程度。这时由于生产的增加不会受到劳动力不足与技术水平的限制,资本家将增雇工人,扩大生产,从而出现长期繁荣的趋势。第三,有保证的增长率等于自然增长率($g_w = g_n$),这表明社会的全部劳动力和生产设备在既定的技术水平下得到充分利用。如果这时实际增长率与有保证的增长率也相等,即 $g = g_w$,则全社会既实现了均衡增长,又保证了劳动力的充分就业。这就实现了充分就业的均衡增长,所以在长期里,实现最理想的均衡增长的条件是:$g = g_w = g_n$。但是,g_n,g,g_w 都是由不同的因素所决定的,所以要实现长期均衡增长就更困难。当这三者不一致时就会出现长期的波动。

第三节 对经济增长因素的分析

一、肯德里克对全部要素生产率的分析

西方经济学家重视技术进步和由此产生的生产率的提高对经济增长的重要作用。20世纪50年代以来,索洛和肯德里克等人都根据一定时期的实际统计资料来具体估

算技术进步对产量增长所做的贡献。他们在计算时,首先估算出这一时期内的劳动投入量的增加和资本投入量的增加各自对这一时期的产量增长所做的贡献,然后把这种贡献从该时期内的实际增加量中减去,剩下来的"剩余"(residual)的数值就是技术进步对产量的增长所做的贡献。

肯德里克还从对美国国民收入统计资料进行整理分析入手来确定经济增长中来源于生产率的提高和来源于投入量的增加各占多大比重,以考察生产率的提高(即技术进步)对经济增长所做的贡献。在分析时,肯德里克用的是全部要素生产率这一概念,即产量和全部要素投入量之比。根据这一概念,他计算出1889—1957年美国国内私营经济领域全部要素生产率平均每年增长1.7%,实际产值平均每年增长3.5%。这就说明,实际产值的年增长率,其中一半是由于实际的劳动和资本的投入量增加的结果,另一半则是由于这些投入量的效率,即生产效率增长的结果,由此可以说明技术进步对经济增长的重要性。

肯德里克还强调了近年来生产率的提高对增加产量的重要性。即使1.7%的年增长率,如按复利方式计算,仅仅由于生产率的增长,生产在40年内就要增加一倍。如果加上投入量的增长,按3.5%计算,生产在20年内将增加一倍。

肯德里克也分析了影响生产率提高的因素,认为这些因素是非常复杂的。主要有:无形投资(如对研究、发展、教育、训练的投资)的增加,因为这些投资与有形投资一样对生产率的提高有重要的作用;资源配置的合理化及其适应经济变化的速度;技术革新的扩散程度;生产规模的变动;人力资源与自然资源固有的质量;等等。但是,这些因素对生产率的提高各自有多大的影响,肯德里克并没有做出进一步的分析。

二、丹尼森对经济增长因素的分析

丹尼森利用统计分析方法对影响经济增长的因素进行了定量分析。他把这些因素分为七类:就业人口和它的年龄—性别构成;包括非全日工作的工人在内的工时数;就业人员的教育年限;资本存量的大小;资源配置,主要是指低效率使用的劳动力比重的减少;规模经济;知识(包括技术与管理知识)的进步。其中前三项是劳动投入量,第四项是资本投入量,后三项是单位投入量的产出量,即生产率。

为了进一步说明上述各种因素在经济增长中的作用,丹尼森根据美国1929—1969年的资料做了估算,如表11-1所示。

表 11-1

	增长率(%)	占总增长率的比例(%)
国民收入	3.33	100
总投入量	1.81	54.4
劳动	1.31	39.3
就业	1.08	32.4
工时	-0.22	-6.6
年龄—性别构成	-0.05	-1.5
教育	0.41	12.3
未分解的劳动	0.09	2.7
资本	0.50	15.0
存货	0.09	2.7
非住宅性建筑和设备	0.20	6.0
住宅	0.19	5.7
国际资产	0.02	0.6
土地	0.00	0.0
单位投入量的产出量	1.52	45.6
知识进展	0.92	27.6
改善的资源分配	0.29	8.7
农场	0.25	7.5
非农场独立经营者	0.04	1.2
住宅居住率	0.01	0.3
规模经济	0.36	10.8
非正常因素	-0.06	-1.8
农业气候	0.00	0.0
劳资争议	0.00	0.0
需求强度	-0.06	-1.8

资料来源:宋承先、范家骧,《增长经济学》,人民出版社,1982年,第112—113页。

丹尼森还对美国、西欧和日本等国各种增长因素对经济增长所做的贡献进行了比较,以西欧和美国1950—1962年的情况来说,要素投入量与要素生产率这两大类因素在经济增长中所起的作用是不同的。总的来说,西欧总增长率的40%由投入量提供,而60%由要素生产率提供,在美国这个比例正好倒过来。这说明第二次世界大战后西欧各国生产率提高得较快。再从劳动投入量来看,西欧劳动人口多,劳动力数量对经济增长所做的贡献比较大;而美国劳动力受教育程度高,劳动力的教育水平对经济增长所做的贡献较大。从资本来看,美国投资增加对经济增长所做的贡献大于西欧各国。日本经济学家金森久雄还把丹尼森模型运用于日本,认为日本要素投入量与要素生产率对经济增长所做的贡献都大于美国与西欧。而在日本经济增长中做出最大贡献的是资本投入量与生产率的提高。劳动力迅速由农业转向工业、引进外国技术和规模经济对经济增长也起了重要作用。丹尼森也得出了类似的结论。

第四节 零经济增长理论

一、增长极限论

1968 年意大利菲亚特公司董事长帕塞伊邀请西方国家 30 名科学家、教育家、经济学家和实业家讨论人类目前和将来的处境,这就是所谓的"罗马俱乐部"的形成。罗马俱乐部委托梅多斯把讨论情况整理成书,这样,梅多斯在 1972 年出版了《增长的极限》一书。这本书与福雷斯特尔(J. V. Forrestal)在 1971 年出版的《世界动态学》都是增长极限论的代表作。

这种理论最基本的观点是:假定世界上自然的、经济的和社会的关系没有重要的变化,那么,由于世界粮食的短缺、资源的耗竭和污染的严重,世界人口和工业生产能力将会发生非常突然和无法控制的崩溃。为了避免这种人类毁灭的前途,必须在 1975 年停止人口增长,在 1980 年停止工业投资的增长,以达到零增长的全球性均衡。

这一观点的根据首先是影响经济增长的五个因素:人口增长、粮食供应、资本投资、环境污染和能源消耗,其共同的特点在于它们的增长都是指数增长,即按照一定的百分比递增。如用 P 代表某增长因素基期的数量,r 为每一期的增长率,A 为第 n 年的数量,则指数增长的计算方法为:

$$A = P(1 + r)^n \qquad (11.8)$$

表现指数增长最好的形式是倍增时间,即某因素增长一倍所需要的时间。倍增时间的简便算法是以 70 除以年增长率所得到的数字。如年增长率为 2%,则倍增时间为 35 年。这种增长的特点是起先并不引人注意,但经过一定时间之后就会变得非常惊人。

影响经济增长的指数增长因素可以用体系结构原理中的"反馈环路"(feedback loop)来说明。反馈环路是一种连接一个活动和它对周围状态所产生的效果之间的封闭线路,而这些效果又反过来作为信息影响下一步的活动。反馈环路分为正的反馈环路与负的反馈环路。在正的反馈环路中,增加环路中的任何一个变量,将引起一系列的变化,使得最初变化的变量增加得更多。当正的反馈环路产生了急剧的增长时,负的反馈环路趋向于控制增长并保持一个体系处于某种稳定状态。可用图 11-1 中人口增长的反馈环路来说明这一点。

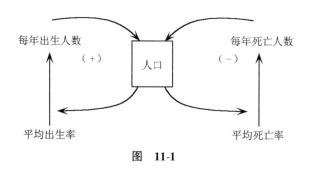

图 11-1

在上图中,左边是正的反馈环路,当人口出生率固定时,人口越多,每年出生的人数越多,人口增加就越快;右边是负的反馈环路,是通过死亡人数来控制人口的。

梅多斯根据上述理论,运用计算机计算了影响经济增长的五种因素。人口增长的情况是:在1650年时,世界人口约为5亿,每年以0.03%的增长率增长,倍增时间将近250年。但在1970年达到36亿,年增长率为2.1%,倍增时间仅为33年。由于营养、医疗条件的改善,负的反馈环路的抑制作用大为减少,而正的反馈环路的增长趋势减慢并不多,这样就使人口急剧增长,如按现在的速度增加下去,到2003年时,人口将达72亿,到2036年时,人口将为144亿。工业增长的情况是:在1963—1968年,世界工业生产年增长率为7%,按人口平均增长率为5%计算,这样14年后物质生活将提高一倍,所消耗的资源也会增长一倍,而这种情况能否持续下去取决于粮食、非再生资源和污染的情况。粮食供给的情况取决于土地、淡水与农业资本,前两者(尤其是土地)是有限的,而农业投资取决于非再生资源。非再生资源的消耗也是指数增长的,以铁矿石为例,按目前的消耗量,现在已知的铁矿石储量可用240年,如消耗量按每年增加1.8%计算,93年就用完了。最后,污染问题在增长中也会更加严重,例如燃烧化石燃料放出的二氧化碳,目前是每年200亿吨,而且以每年0.2%的增长率增加着。

在上述基础上,梅多斯把这五个因素综合起来考察,通过五个互相影响的连锁的反馈环路,经过计算机处理,建立起世界模式,得出的结论是:1970年以后,人口和工业仍维持着指数增长,但迅速减少的资源将成为约束条件,使工业化不得不放慢速度。工业化达到最高点后,由于自然时延,人口和污染还会继续增长。但由于食物与医药缺乏,引起死亡率上升,最后人口增长停止,这样人类将在2100年之前崩溃。因此,这一模式被称为"世界末日模式"。

而解决这一问题的措施主要是:在1975年停止人口增长,1980年停止工业资本增长;工业品的单位物质消耗降为1970年的四分之一;经济的重点由生产物质商品转移到服务设施;污染降到1970年数值的四分之一;增加对粮食生产,首先是对增加土地肥力与水土保持的投资;延长工业资本的寿命。这样才能建立起均衡世界模式,避免人类的崩溃。

二、增长价值怀疑论

上述增长极限论说明了经济增长的不可能性,但是,如果经济增长是可能的,这种增长就是应该的吗?一些西方经济学家从价值判断的角度对经济增长的价值提出了怀疑。

美国经济学家米香认为,经济的增长并不一定是生活水平的提高,人们为经济增长所付出的社会与文化代价太高了。这首先就在于:持续的经济增长使人们失去了许多美好的享受,如无忧无虑的闲暇、田园式的享受、清新的空气等。其次,经济增长所带来的仅仅是物质享受的增加,但是物质并不是幸福的唯一源泉,随着社会的发展,人们也并不把物质享受作为唯一的目标,有些物质产品的增加也许还会给人们带来负效用。最后,人对幸福的理解取决于他在社会上的相对地位,因此经济增长尽管增加了个人收入的绝对量,但并不一定能提高他在社会上的相对地位,这样也就并不一定能给他带来幸福。总之,米香认为,技术的进步、经济的增长仅仅是物质产品的增加而不是幸福的增加。在经济增长中,人们失去的幸福太多了,因此,即使经济增长是可能的,也是不可取的。应该停止经济增长,恢复过去那种田园式的生活。

这些反对经济增长的理论,尤其是增长极限论在西方世界引起了激烈争论。大多数西方经济学家也认为这些理论是错误的,梅多斯等人只是"带着电子计算机的马尔萨斯"。他们的这一模型的错误首先在于模型本身,特别是在于对基本经济关系与参数的估算是不正确的。例如,有人曾指出按梅多斯等人的模型,如果从1970年起自然资源发现(包括回收)率为每年增长2%,控制污染的能力每年增长2%,粮食产量每年增加2%,则计算的结果是人类永远不会崩溃。相反,如果把模型的起点由1970年提前到1850年,按该年各个变量的实际数值来计算,结果是世界在1970年左右就应崩溃。其次,对五种影响经济增长的因素的变动情况,梅多斯等人的分析也是错误的。例如,以人口增长来说,并不是指数增长。人类社会历史上人口的增长大致可分为三个阶段。第一阶段是人口死亡率与出生率都很高,人口增长缓慢;第二阶段是人口出生率高,死亡率低,这时人口增长快,有指数增长的特点;第三阶段是人口死亡率和出生率都很低,人口增长缓慢,甚至是零增长。最后,也是最重要的,就是经济增长中出现的各种问题只有通过发展经济才能解决;人类在经济增长与技术进步中一定可以解决粮食、污染、资源等问题;如果实行零经济增长,使技术停滞,人类只能自取灭亡。近年来这种由零增长理论推出的节约资源与保护环境的观点受到广泛重视。

第十二章 宏观经济政策

根据宏观经济理论,如果让资本主义经济自行调节,仅仅依靠市场机制发挥作用,那就会出现小于充分就业的国民收入均衡,会有失业存在。经济中出现周期性的波动也是必然的。这样,所得出的结论就是必须由国家来调节经济。因此,国家应如何调节经济就是宏观经济学的重要组成部分。

根据凯恩斯主义,在短期内,生产技术、资本设备的质量与数量、劳动力的质量与数量都是不变的,因此国家调节就是在总供给为既定的前提下,来调节总需求,即进行需求管理(demand management)。以后,经济学家认识到,即使在短期中,影响宏观经济的不仅有总需求而且有总供给。总需求—总供给模型说明了这一点,所以,现在各国的宏观经济政策中,不仅有需求管理,也有供给管理,当然,重点仍然是需求管理。

需求管理的目的是既要实现充分就业又要实现物价稳定。如果总需求小于总供给,有效需求不足,则会存在紧缩的缺口引起失业;如果总需求大于总供给,存在过度需求,则会有膨胀的缺口而引起通货膨胀。所以需求管理就是由国家采取某些政策措施来调节总需求;即当有效需求不足时刺激总需求,当存在过度需求时抑制总需求,以求得总需求与总供给相等,实现既无失业又无通货膨胀。

第一节 宏观经济政策概论

宏观经济政策是通过总量调控达到一定目的。本节将介绍宏观经济政策的目的、工具与决策机制。

一、宏观经济政策目标

政府运用宏观经济政策要达到的目标包括六个:充分就业、物价稳定、减缓经济波动、经济增长、国际收支平衡以及汇率稳定。

充分就业并不是人人都有工作。由于一些客观的、难以克服的原因,存在一定的失业是正常的。只要消灭了由于总需求不足引起的周期性失业,就是实现了充分就业。或者说,充分就业时仍然存在自然失业。政府根据本国的实际情况,确定一个自然失业率,只要失业率降至这一水平或以下,就是实现了充分就业。

物价稳定也并不是通货膨胀率为零,因为这是不现实的。物价稳定就是维持一个低而稳定的通货膨胀率。或者说,实现物价稳定时仍存在温和的通货膨胀。这种通货膨胀率应该多高也由政府确定。

减缓经济波动并不是要消灭经济周期。由于各种经济体系内外因素的影响,而且这些因素无法控制,因此,经济周期无法避免。宏观经济政策的目标仅仅是要把这种波动控制在一定的范围之内,避免经济大起大落,并缩短波动的时间。

经济增长当然也不是增长率越高越好,是实现一个适度的增长率。这个适度增长率是由一国资源与技术进步的状况来确定的。

在国际关系中,维持国际收支平衡是重要的。国际收支赤字当然不好,但国际收支盈余也不是越多越好,它会引起一国本国货币升值,进而带来国内经济停滞,甚至衰退。日本20世纪80年代后经济陷入长期停滞就与此前国际收支盈余长期大幅度增加相关。

在经济全球化的今天,一国的汇率稳定是国内外经济稳定的基础。一国汇率升值和贬值都会加剧经济不稳定。因此,维持汇率稳定就成为宏观经济政策的目标之一。

一个经济能同时实现这些目标当然是最理想的。但理想的往往并不是现实的。在某一时间内,这些目标往往是矛盾的,选择某些目标必然会损害另一些目标。比如,根据短期内存在的菲利普斯曲线,失业与通货膨胀之间存在交替关系,从而实现充分就业与物价稳定之间就存在矛盾。其他目标也存在类似问题。因此,在某一时期,政府会以某些目标为主,而牺牲其他目标。例如,在失业严重时,为了实现充分就业就会以通货膨胀率上升为代价。

二、宏观经济政策工具

就现实中各国的宏观经济而言,基本以需求管理为主,基本政策工具是财政政策与货币政策。

自从国家形成之后,各国都有财政政策,目的是为政府各项支出筹资,以实现财政收支平衡。在凯恩斯主义出现之后,财政政策就成为稳定宏观经济的工具。财政政策是以税收与财政支出为工具来调节总需求,从而实现经济稳定。货币政策是通过利率的变动来影响总需求,从而实现经济稳定。

20世纪90年代之后,美国经济学家蒙代尔(R. A. Mundell)证明了在开放经济中货币政策的作用远远大于财政政策。于是,各国逐渐减少了对财政政策的运用,开始更多地运用货币政策。

宏观政策工具中除了总需求管理之外,还有调节总供给的供给管理,如改善劳动力市场的人力政策、促进经济增长的政策等。此外,为了实现国内经济稳定、国际收支平衡和汇率稳定,还有国际经济政策,如进出口政策、汇率政策等。这些在此我们就不详细介绍了。

三、宏观经济政策决策机制

若由一个人或少数人来决定宏观经济政策,由于每个人的价值观与本身的素质,有可能发生失误。为了避免这一点,宏观经济政策的决策机制体现了民主的机制。

首先是财政政策与货币政策由不同的机构决定,可以互相配合并制约。财政政策由政府决定,具体做法是先由总统代表政府提出方案,并交由议会审查、批准。议会批准后再由总统签字实施。货币政策则由中央银行独立决定。中央银行独立于政府,决策不受政府干预。同时,在各个不同机构决策时,有大批专家参与,这就可以保证决策的正确性。

当然这种决策机制也使得决策的时间往往滞后,形成政策"滞后",但它可以减少政策的失误。因此,这种决策机制为各国所采用。

第二节 财政政策

一、财政政策的内容与运用

财政政策的主要内容包括政府支出(如政府购买、举办公共工程与转移支付等)与税收(主要是个人所得税与公司所得税)。如前所述,政府支出对于国民收入是一种扩张性的力量,因此增加政府支出可以扩大总需求,增加国民收入;减少政府支出可以缩小总需求,减少国民收入。当然,政府支出对国民收入作用的大小还取决于政府投资乘数的大小。政府税收对于国民收入是一种收缩性的力量,因此增加政府税收可以缩小总需求,减少国民收入;减少政府税收可以扩大总需求,增加国民收入。根据上述原则,财政政策的运用应该是:

在萧条时期,国民收入是小于充分就业的均衡,总需求不足,所以政府应该增加政府支出,减少税收,以便刺激总需求的扩大,消灭失业。增加政府开支包括增加公共工程的开支,增加政府购买,增加转移支付,这样一方面直接增加了总需求,另一方面又刺激了私人消费与投资,间接增加了总需求。减少政府税收(包括免税或退税)也可以扩大总需求。这是因为减少个人所得税可以使个人有更多的可支配收入,从而增加消费;减少公司所得税可以刺激公司的投资;减少间接税也会刺激消费与投资。

在膨胀时期,国民收入是大于充分就业的均衡,存在过度需求,会引起通货膨胀,所以政府应该减少政府支出,增加税收,以便抑制总需求,消灭通货膨胀。减少政府开支包括减少公共工程的开支,减少政府购买,减少转移支付,这样一方面直接减少了总需求,另一方面又抑制了私人消费与投资,间接减少了总需求。增加政府税收也可以缩小总需求。这是因为增加个人所得税可以减少个人的可支配收入,从而减少消费;增加公司所得税可以减少公司的投资;增加间接税也会抑制消费与投资。

西方经济学家把这种政策称为"逆经济风向行事",即在经济高涨时期对之进行抑制,使经济不会过度高涨而引起通货膨胀;在经济萧条时期对之进行刺激,使经济不会严重萧条而引起失业。这样就可以实现既无失业又无通货膨胀的稳定增长。

二、财政政策的内在稳定器作用

西方经济学家认为,由于财政制度本身的某些特点,一些财政政策具有某种自动调整经济的灵活性,这种灵活性有助于经济的稳定,对需求管理起到了自动配合的作用。这些能起自动配合作用的财政政策被称为"内在稳定器"(the built-in stabilizers)。

具有内在稳定器作用的财政政策主要包括:

1. 个人所得税

个人所得税的征收有一定的起征点与固定的税率,所以具有内在稳定器作用。具体来说,在萧条时期,由于经济衰退,个人收入减少了,符合纳税规定的人少了,纳税人应交的税额也少了,这样税收就会自动减少,从而抑制了消费与投资的减少,有助于维持总需求。在膨胀时期,由于经济高涨,个人收入增加了,符合纳税规定的人多了,纳税人应交的税额也多了,这样税收就会自动增加,从而抑制了消费与投资的增加,抑制了总需求的增加。

2. 公司所得税

公司所得税也同样有一定的起征点与固定的税率,所以是内在稳定器。具体来说,在萧条时期,由于经济衰退,公司利润减少了,符合纳税规定的公司少了,纳税的公司应交的税额也少了,这样税收就会自动减少,从而抑制了投资的减少,有助于维持总需求。在膨胀时期,由于经济高涨,公司收入增加了,符合纳税规定的公司多了,纳税的公司应交的税额也多了,这样税收就会自动增加,从而抑制了投资的增加,抑制了总需求的增加。

3. 失业救济金

失业救济金有一定的发放标准,它发放的多少主要取决于失业人数的多少。在萧条时期,失业人数增多,这样失业救济金的发放就自动增加了。失业救济金的增加就是转移支付的增加,这样有利于抑制消费的减少。在膨胀时期,失业人数减少,这样失业救济金的发放就自动减少了。失业救济金的减少同样是转移支付的减少,这样有利于抑制消费的增加。

4. 各种福利支出

各种福利支出都有一定的发放标准,它发放的多少取决于就业与收入状况。在萧条时期,就业减少,个人收入减少,符合接受福利支出的人增加了,从而作为转移支付之一的福利支出增加,抑制了个人消费的减少。在膨胀时期,就业增加,个人收入增加,符合接受福利支出的人减少了,从而作为转移支付之一的福利支出减少,抑制了个人消费的增加。

5. 农产品维持价格

政府要按照农产品维持法案把农产品价格维持在一定水平上,高于这一价格,政府抛出农产品,压低农产品价格;低于这一价格,政府收购农产品,提高农产品价格。在萧条时期,农产品价格下跌,政府收购剩余农产品,就会增加农场主的收入,维持他们既定的收入与消费水平。在膨胀时期,农产品价格上升,政府抛出农产品,既可以抑制农场主收入与消费的增加,又可以稳定农产品价格,防止通货膨胀。

西方经济学家特别强调,这些财政政策的内在稳定器作用是十分有限的,它只能配合需求管理来稳定经济,而本身并不足以稳定经济。在萧条时期,它们只能缓和经济衰退的程度,而不能改变经济衰退的总趋势;在膨胀时期,它们只能抑制过分的高涨,缓和通货膨胀的程度,而不能改变通货膨胀的总趋势。因此,仅仅依靠某些财政政策的内在稳定器作用是不行的,必须采取更加有力的财政政策措施。

三、赤字财政的运用

如果把政府支出与税收综合起来进行考察就可以看出:当政府支出小于税收时,存在着财政盈余,这时对国民收入起收缩作用的力量大于对国民收入起扩张作用的力量,国民收入会减少。当政府支出等于税收时,是收支平衡,由税收的增加所带来的政府支出的增加会引起私人支出的减少,这种情况称为"挤出效应"(crowding-out effect)。但挤出效应一般是小于1的,这是因为在个人与公司所交纳的税金中并不是全部用于支出,总有一部分用于储蓄。所以,在平衡预算时,政府支出的增加对国民收入仍有扩张作用。当政府支出大于政府税收时,存在着财政赤字,这时对国民收入起扩张作用的力量大于对国民收入起收缩作用的力量,国民收入会增加,财政赤字越大,国民收入增加越多。因此,凯恩斯主义认为,财政支出应当服从维持经济稳定,尤其是服从实现充分就业的需要。资本主义经济的问题在于严重的有效需求不足,所以必须放弃财政收支平衡的旧信条,实行赤字财政政策。

实行赤字财政,扩大政府支出就是要由政府发行公债。他们认为这种办法不仅是增加国民收入、解决失业问题所必需的,而且也是可能的。这是因为:第一,公债的债务人是国家,债权人是公众。公众是政府的纳税人,政府是公众的代表,因此他们在根本利益上是一致的。政府欠公众的债实际上是自己欠自己的债,没有关系。第二,只要政府不垮台,公债的增加不会给债权人带来危险,政府的债务可以一届一届传下去,公众的债权也可以一代一代传下去,公债的偿还是有保证的。在实际的公债发行中,政府还采取了多发行短期公债,即一边发行新公债,一边偿还旧公债的办法。这样就不会引起信用危机。第三,政府债务总额与国民收入总是保持一定的比例。经济繁荣时,债务会减少;经济萧条时,债务会增大。发行公债的目的在于调节经济,医治萧条,只要把发行公债所得到的钱用于投资,经济就会好转,国民收入即可增加,公债也可以偿还。这样公债不会无限扩大下去。这些就是西方经济学中所谓的"公债哲学"。

政府实行赤字财政,发行公债时,公债不能直接卖给居民户、厂商和商业银行。这是因为如果由居民户与厂商直接购买公债,则会减少他们的支出,在一定程度上产生挤出效应,不能起到应有的扩大总需求的作用;如果由商业银行直接购买公债,则会减少他们的放款,同样间接产生挤出效应。只有把公债卖给中央银行,才能起到扩大总需求的作用。具体的做法是:政府(由财政部代表)把公债券作为存款交给中央银行,中央银行给政府以支票簿,政府就可以把支票簿作为货币使用,或用于增加公共工程,或用于增加购买,或用于增加转移支付。中央银行可以把政府债券作为发行货币的准备金或作为运用货币政策的工具。

在萧条时期,由于政府支出增加、税收减少,需要按上述办法发行公债来弥补财政赤字。在膨胀时期,由于政府支出减少、税收增加,会有盈余。但这时的盈余既不能花掉,又不能用以偿还债务,因为这样用掉财政盈余最终会直接或间接地增加消费与投资,从而加剧通货膨胀。比较可行的办法是,在膨胀时期把财政盈余冻结起来,以备萧条时期使用。

在现实中,政府为了刺激经济,往往偏重于用扩张性财政政策,而且,运用扩张性财政政策不会有阻力,而运用紧缩性财政政策,即减少支出和加税,往往会引起反对,在政治上有风险。因此,扩张性财政政策运用得更多,这就引起财政赤字和政府债务增加。今天,债务加剧已成为美国和其他西方国家严重的问题。

四、在运用财政政策中的困难

西方经济学家认为在运用财政政策中,往往会遇到许多困难。首先,不同的政策会遇到不同阶层与集团的反对。例如,增加税收会遇到普遍的反对,甚至引起政治动乱;减少政府购买(尤其是减少政府军事支出)会遇到强有力的垄断资本家的反对;削减转移支付则会受到一般平民及其同情者的反对;增加公共工程会被认为是与民争利,会受到某些集团的反对。其次,有些政策执行起来比较容易,但又不一定能收到预期的效果。例如,减少税收不会引起反对,但在萧条时期人们不一定会把减税所增加的收入用于增加支出;转移支付的增加也是同样的情况。再者,任何财政政策都有一个"时延"(time lag)问题。因为任何一项措施,从方案的提出、议会的讨论、总统的批准到最后执行都有一个过程,在短期内很难见效,然而在这一段时期内,经济形势也许会发生意想不到的变化。最后,整个财政政策的实施要受到政治因素的影响。例如,在大选之前,无论经济形势如何,也不会执行增加税收、减少政府转移支付之类易于引起选民不满的财政政策;在国际形势比较紧张时,无论经济形势如何,也不会减少政府的军事开支。所有这些当然都会减小财政政策应有的作用。

第三节 货币政策

作为稳定宏观经济的工具,各国所采用的主要是凯恩斯主义的货币政策。本节以这种货币政策为中心。

一、货币政策的机制

凯恩斯主义的货币政策是通过调节货币量来影响利率,通过利率来影响投资进而影响总需求。其机制如图 12-1 所示。

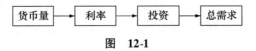

图 12-1

这种货币政策的间接目标是利率,最终目标是总需求。

货币量如何影响利率呢?根据利率理论,利率由货币的供求决定。当货币需求不变时,货币供给量就决定了利率水平,如图 12-2 所示。

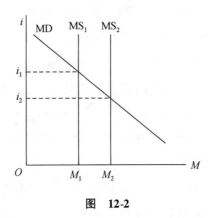

图 12-2

在图 12-2 中,横轴 OM 代表货币量,纵轴 Oi 代表利率。货币需求为 MD,当货币供给量为 MS_1 时决定了利率水平为 i_1,当货币供给量增加为 MS_2 时决定了利率水平为 i_2。货币供给量从 MS_1 移动到 MS_2 表示货币供给量增加,这时利率由 i_1 下降为 i_2。货币供给量由中央银行的政策决定。因此,中央银行可以通过改变货币供给量而调节利率。

利率如何影响投资呢？我们知道,企业进行投资的目的是实现利润最大化。投资的收益是利润,为投资贷款而支付的利息是成本,投资的收益减所支付的利息才是企业追求的净利润。如果投资的收益不变,投资的净利润就取决于利率。利率下降,则支付的利息减少,从而净利润增加。所以,利率下降可以刺激投资,投资是总需求的重要组成部分,投资增加,总需求增加,从而国民收入增加,经济繁荣。

二、货币政策的运用

"逆经济风向行事"也是货币政策的运用原则。

在经济低迷时,中央银行通过在公开市场买进政府债券,降低贴现率和法定准备金率来增加货币供给量,降低利率,从而增加总需求,刺激经济。这是扩张性货币政策。

在经济过热时,中央银行通过在公开市场卖出政府债券,提高贴现率和法定准备金率来减少货币供给量,提高利率,从而减少总需求,抑制经济。这是紧缩性货币政策。

在公开市场操作、贴现率和法定准备金率这三种工具中,中央银行运用最多的是公开市场操作。

在现实中,各国政府为了保持经济繁荣,更多地采用扩张性货币政策,保持低利率水平。2007年开始的美国金融危机源于次贷危机,而次贷危机的根源正在于长期的低利率。

三、其他货币政策

凯恩斯主义的货币政策是货币政策的"主旋律",但政府也采用过其他货币政策。

一种是货币主义的货币政策。它与凯恩斯主义货币政策的区别首先在于目标不同。凯恩斯主义货币政策的目标是调节总需求,但货币主义货币政策的目标是实现物价稳定。他们认为,用货币来刺激经济在短期内也许会有作用,但最终会引发通货膨胀,破坏市场机制的正常作用,不利于经济发展。他们主张,货币政策的目标应该是稳定物价,创造一个有利于市场机制正常发挥作用的环境。在市场机制的调节之下,经济可以自发实现稳定。由此出发,这两种货币政策所用的工具也不同。凯恩斯主义的货币政策是通过货币量来调节总需求,采用"逆经济风向行事"的方式。货币主义的货币政策认为,物价取决于货币量。因此,要通过控制货币量来实现物价稳定。具体做法称为"简单货币规则",就是根据增长率和其他因素确定一个固定不变的货币供给增长率,按这一比率增加货币量,而无论经济是低迷还是过热。这种货币政策在20世纪80年代英国撒切尔夫人当政时和美国里根总统在任期间采用过,而且有效地实现了物价稳定。

另一种称为中性货币政策。这种货币政策是货币主义货币政策的发展。其目标仍然是维持物价稳定,但手段不再是保持货币供给增长率不变,而是根据稳定物价的需要来调整货币量,即物价高时减少货币量,物价低时增加货币量。目前也有一些国家采用了这种货币政策。

第十三章　当代西方经济学流派的概况

当代西方经济学的特点之一是流派林立、观点各异。了解各个流派的理论观点、研究方法与政策主张对我们分析西方经济学的发展、变化、动向,对我们研究资本主义各国的经济政策都是十分有益的。为了对几个西方经济学主要流派进行较深入的研究,我们首先对几个与经济学流派相关的问题做一些简单论述。

第一节 如何划分西方经济学流派

一、划分西方经济学流派的标准

应该说,西方经济学流派"是指一些在理论观点上基本一致,分析方法上基本一致,政策主张上基本一致的经济学家们所形成的一种经济学派别"[1]。因此,可以把理论观点、分析方法与政策主张的基本一致与否作为划分西方经济学流派的基本标准。

特别应指出的是,我们应该把以上三个方面统一起来作为划分流派的标准,不能单独把其中一个或两个方面作为划分流派的标准。因为西方经济学各流派之间尽管存在着严重的对立与分歧,但在某个理论观点、某种研究方法或某项政策主张上往往存在着一致性。如果仅仅强调了他们在某一点上的一致性,就会引起流派划分的混乱。例如,现代货币主义与凯恩斯主义都运用了总量分析的方法,但他们的理论观点与政策主张根本不同,如果仅仅强调了分析方法上的一致性,把它们划为一个流派,显然是错误的。

二、在划分西方经济学流派上的分歧

在国内外经济学界,对于如何划分西方经济学的流派、应划分为哪些流派的问题是有不同看法的。这些不同主要在于划分流派的标准不一样。

---

[1] 胡代光、厉以宁:《当代资产阶级经济学主要流派》,商务印书馆,1982年,第10页。

第一，把阶级立场和世界观作为划分西方经济学流派的标准，从而低估了各流派之间的分歧与对立。

第二，以所拥护的政策主张作为划分经济学流派的标准，把当代西方经济学简单地划分为主张"政府干预"的一派与主张"自由放任"的一派。这种分法也是一种简单化的做法。

从西方经济学的发展历史来看，的确一直存在着这两种思潮，在不同的历史时期，不同的思潮曾占据统治地位。在资本主义的初期，资本主义经济本身的力量还不够强大，需要依靠资产阶级国家的力量来发展经济。因此，作为对资本主义生产方式最早的理论研究的重商主义就属于国家干预的思潮。18世纪以后，资本主义本身的力量强大了，它可以依靠本身的力量来发展经济，因此，自由放任思潮占据了统治地位，从亚当·斯密到20世纪初的马歇尔都是自由放任的拥护者。在20世纪以后，垄断资本主义代替了自由竞争的资本主义，在30年代以后，国家垄断又代替了私人垄断，这样自由放任的统治地位就被国家干预所取代。凯恩斯主义的出现正是国家干预思潮重新占据统治地位的标志。在当代，资本主义经济处于重重困难之中，凯恩斯主义不能解决资本主义社会面临的各种矛盾，于是自由主义思潮再次复兴。

认识西方经济学中这两大思潮的发展与交替对我们了解各经济学流派的情况是有帮助的。但是绝不能用这两种思潮来代替流派的划分。因为即使是在属于同一思潮的经济学家中，有的也在理论、方法与政策方面存在着严重的、有时甚至是根本对立的分歧。例如，同属于国家干预思潮的新古典综合派、新剑桥学派、新制度学派之间，在国家为什么应该干预经济、如何干预经济等问题上就存在着激烈的争论。他们之间的分歧，并不亚于与主张自由放任的各流派之间的分歧。把这些理论观点、研究方法、政策主张如此不同，而仅仅在主张国家干预上相同的各流派作为一个流派看待显然是不妥当的。

第三，没有具体的、明确的划分流派的标准，试图用流派的划分来概括所有西方经济学的内容。

有的学者提出要"建立起一个新的广义的资产阶级经济学的流派体系"，把当代西方经济学分为18个流派，即凯恩斯主义和后凯恩斯主义各派（主流经济学和新剑桥学派）、新自由主义各派（货币主义、理性预期学派、弗莱堡学派、哈耶克的新自由主义）、新制度学派、瑞典学派、激进经济学派、垄断经济学派、创新学派、福利经济学派、经济计量学派、发展经济学派、比较经济学派和人口经济学各派（新马尔萨斯主义、增长极限论和适度人口论）等，甚至认为"这些学派还不是资产阶级经济思想的全部"。

应该指出，并不能把西方经济学的全部内容都概括为流派，也并不是所有的西方经济学家都一定归属于某一流派。对各流派的理论观点、研究方法与政策主张的研究是了解当代西方经济学的一种方法,但绝不是唯一的方法。

西方经济学家一般把经济学分为理论经济学与应用经济学。理论经济学是研究理论问题的,应用经济学是研究某一领域内的具体问题的。一般说的经济学流派是指理论经济学的流派。例如,经济计量学(econometrics)是统计学、经济理论与数学的结合,它是要通过建立经济计量模型来验证各种理论,并从量的角度解决经济中某些领域内的实际问题。经济计量学属于应用经济学的范畴。各流派经济学家都可以根据自己的理论来编制经济计量学模型,并运用这些模型来验证理论,预测未来,解决实际问题。因此,既不能把经济计量学划归哪一个流派,也很难把它作为一个独立的经济学流派。

在理论经济学中,也不能根据理论观点、研究方法与政策主张之外的其他标准去划分流派。例如,有的学者往往把福利经济学、增长经济学、发展经济学、人口经济学等作为独立的经济学流派。实际上这些是经济学研究的课题,而不能称为流派。研究课题与流派是不同的。不同流派的经济学家往往根据不同的理论、运用不同的方法来研究同一课题,并得出不同的政策主张。研究课题与流派是交叉、重叠的关系,而不是并列关系。以发展经济学为例,它所研究的是一个落后国家如何变为一个发达国家的问题。不同流派的经济学家对这一问题都进行了研究。20 世纪 50 年代初的一些经济学家,例如美国经济学家纳克斯(R. Nurkse)从凯恩斯主义的投资等于储蓄这一公式出发,强调了增加储蓄在经济发展中的重要作用;瑞典经济学家缪尔达尔(K. G. Myrdal)在 40 年代以后属于新制度学派,则强调了制度变革对经济发展的重要性;属于第三世界的经济学家普雷维什(R. Prebish)、阿明(S. Amin)等人抨击了西方国家对第三世界国家的剥削,主张发展中国家走自己的发展道路,一般把他们划归激进政治经济学派。而更多的经济学家努力于解决经济发展中的实际问题,并没有什么流派的倾向,例如,美国经济学家 T. W. 舒尔茨(Schultz)研究经济发展中的农业问题,很难归入哪一个流派。把这些从不同的理论出发来研究同一课题,而又得出不同政策结论的经济学家都划归为一个发展经济学流派显然是不恰当的。

更不能企图把任何一个经济学家都划归某一流派。有许多经济学家从事某些具体经济问题的研究,并没有什么明显的流派倾向,很难划入某一流派。例如,在得过诺贝尔经济学奖的许多经济学家中,弗里希(R. Frisch)、丁伯根、列昂惕夫(W. W. Leontief)、库普曼斯(T. C. Koopmans)、康托罗维奇(Л. В. Канторович)等人从事经济计量学的研究,T. W. 舒尔茨、刘易斯(W. A. Lewis)从事发展中国家经济问题的研究,西蒙(H. Simon)从事决策理论研究,他们基本不属于任何流派。

把当代西方经济学划分为不同流派,通过对各流派的理论观点、研究方法与政策主张的剖析来了解当代西方经济学的情况是一种认识方法。运用这种方法可以了解各流派之间的分歧与对立,这样有助于研究当前经济理论的动向及其对经济政策的影响。但它并不是唯一的方法,还可以按其他方法来介绍西方经济学说。例如,由温特劳布(S. Weintraub)主编的《现代经济思想》,除了对凯恩斯主义做了专门介绍外,还按内容把当代西方经济学分为均衡体系、微观经济学、货币、增长、分配理论、福利经济学、人口、技术、国际经济学、发展经济学、激进经济学等专题,并进行了论述。

总之,要正确划分并认识西方经济学的流派就必须有一个划分流派的标准。我们认为,把理论观点、研究方法与政策主张的一致与否作为划分流派的标准是妥当的。

第二节 当代西方经济学的主要流派

按上述标准,我们应该把当代西方经济学分成哪些流派呢?

当代西方经济学应该说是从凯恩斯主义开始的。其他流派都与凯恩斯主义有直接或间接关系,即有的流派是从凯恩斯主义发展、分化出来的,有的流派则是作为凯恩斯主义的对立面出现的。

一、凯恩斯主义的产生、发展与分化

在20世纪30年代之前,在西方经济学中占统治地位的是新古典经济学,其主要代表是以马歇尔为代表的剑桥学派。新古典经济学认为,资本主义社会是完美的、和谐的,通过自由竞争的调节,可以永远实现充分就业。因此,他们在假设的充分就业前提之下,从事资源配置的研究,政策上主张自由放任。但是,30年代的大危机打破了新古典经济学的神话,于是凯恩斯主义产生了。

凯恩斯主义在理论上抛弃了充分就业的假设,论证了资本主义下由于三大心理规律(即边际消费倾向递减、边际投资收益率递减、流动性偏好)所决定的有效需求不足造成了失业的存在;在方法上抛弃了对个别厂商、个别消费者以及个别市场的微观研究,转向对整个社会经济总量关系的宏观研究;在政策上抛弃了自由放任的主张,提出了国家干预经济的必要性及其政策措施。这样,凯恩斯主义的出现就被认为是对新古典经济学的一场"革命"。

第二次世界大战以后,凯恩斯主义得到了迅速的发展与传播。从理论上看,凯恩斯主义的追随者在阐述、解释、宣传凯恩斯主义时,对凯恩斯主义做了发展。他们认为,凯恩斯主义是一种短期的、比较静态的分析,因此必须将凯恩斯主义长期化、动态化才能使《就业、利息和货币通论》更"通"。正如萨缪尔森所说:"如果我们要推演出有用的原理来,显然我们必须进而考虑更加通用的动态体系,在这个体系中,凯恩斯的静态分析只能作为一个特例。"[1] 琼·罗宾逊也说:"在我脑子里出现的问题是如何使《通论》一般化,就是说,如何把凯恩斯的短期分析扩充为长期的分析。"[2] 这种发展主要在于:第一,凯恩斯强调了消费是收入绝对量的函数,而以后的凯恩斯主义者在此基础上又强调了收入以外的其他因素、个人可支配收入的变动、收入相对水平的变动、预期未来的收入等对消费的影响,以及社会总消费倾向在长期中的趋势与在经济周期各阶段的变动规律;第二,凯恩斯研究了投资对收入的作用,凯恩斯主义者又研究了收入对投资的反作用,提出了乘数与加速原理相互作用的理论来解释经济周期;第三,凯恩斯研究短期内投资等于储蓄的问题,凯恩斯主义者则研究长期内投资与储蓄相等的问题,提出了经济增长理论。在实践上,凯恩斯主义的政策主张在各主要资本主义国家得以实施,并在实践中被具体化。

在20世纪50年代至60年代期间,凯恩斯主义的追随者在对凯恩斯主义的解释与发展中发生了分歧与争论,逐渐形成了当代凯恩斯主义的两大流派。按西方经济学家的说法,一派向"右"转,力图把新古典经济学与凯恩斯主义结合在一起,以形成一个适合当代资本主义需要的、既有微观经济理论又有宏观经济理论的新体系;另一派则向"左"转,企图进一步割断凯恩斯主义与新古典经济学之间的联系,以分配理论为中心来完成凯恩斯革命,解决当代资本主义社会所存在的严重问题。前一派是以美国经济学家萨缪尔森为首的新古典综合派,后一派是以英国经济学家琼·罗宾逊为首的新剑桥学派。这两派都从凯恩斯主义出发来建立自己的理论体系,都以正统的凯恩斯主义继承者自居,但他们之间在许多理论问题上进行了长期的争论。这两派的中心——美国的麻省理工学院与英国的剑桥大学分别在美国的剑桥与英国的剑桥。因此,他们之间的争论在西方经济学界被称为"两个剑桥之争"。80年代之后,美国的新凯恩斯学派则在理论与政策上都有重大发展,并影响了各国的经济政策,直到今天。

二、凯恩斯主义的反对派之一:新自由主义各流派

凯恩斯主义的各流派都是主张国家干预经济的,因此,它们的对立派之一就是反

---

[1] 萨缪尔森:《经济分析的基础》,英文版,哈佛大学出版社,1947年,第278页。
[2] 琼·罗宾逊:《资本积累》,于树生译,商务印书馆,1963年,第5页。

对国家干预、主张自由放任的各流派。这些流派在肯定资本主义市场经济的完善性，认为国家干预经济有弊而无益，主张实行自由放任的基本政策方面是共同的。但它们在理论观点、研究方法与政策主张上各有特点，所以不能作为一个流派，而要划分为几个不同的流派。

在当代自由主义各流派中，影响最大的要数以美国经济学家弗里德曼（M. Friedman）为首的现代货币主义了。现代货币主义的前身是以奈特（F. H. Knight）、西蒙斯（H. C. Simons）等为首的20世纪30年代的早期芝加哥学派。从50年代起，弗里德曼在对传统货币数量论进行重新解释的基础上形成了现代货币数量论，并以此为根据，强调货币供给量对经济的巨大影响作用，认为货币供给量的变动是物价水平和经济活动变动的最根本原因。这一派主张以自由放任为根本政策，而辅之以政府对货币供给量的控制。这一派被称为对抗凯恩斯革命的"革命"。自从70年代以后，由于凯恩斯主义国家干预经济的政策引起失业与通货膨胀并存的局面，现代货币主义有了迅速的发展，成为当代西方经济学中最重要的流派之一。

新自由主义是在20世纪30年代以后逐渐发展起来的，它的来源是19世纪末20世纪初信奉自由放任的剑桥学派与奥国学派。在20世纪30年代，属于新自由主义的有以伦敦大学为中心，以英国经济学家坎南（E. Cannan）和罗宾斯为首的伦敦学派；以维也纳大学为中心，以奥地利经济学家哈耶克和米塞斯为首的奥国学派；以奈特、西蒙斯等人为首的芝加哥学派。在当前，广义的新自由主义包括现代货币主义，而狭义的新自由主义主要指以哈耶克为首的新自由主义和以德国弗莱堡大学为中心，以德国经济学家欧根（W. Eucken）、罗勃凯（W. Röpke）、卢茨（F. Lutz）、艾哈德（L. Erhard）为首的弗莱堡学派。哈耶克的新自由主义是当代最彻底的经济自由主义，它着重从伦理学的角度来探讨"自由"与"平等"的含义，认为在经济信息分散的情况下只有通过自由竞争才能使资源得到最有效的配置。因此，他反对一切形式的国家干预，提倡实行竞争性私人货币制度（即货币非国家化）下的自由市场经济。弗莱堡学派在理论观点与政策主张方面与哈耶克的新自由主义都有区别。弗莱堡学派主张一种"社会的市场经济"，这种市场经济不同于自由放任的市场经济，它既能保证实现自由竞争，发挥价格机制的调节作用，又能保证社会安全和社会稳定，是一种能保证使生产力的发展和技术的进步与个人的自由完全协调的社会经济秩序。这一流派所主张的政策是以自由市场经济为主，以国家干预为辅，即政府不是直接干预经济，而是为企业的活动、为企业之间的自由竞争提供一个良好的环境。

70年代后期，新自由主义阵营中又出现了两个新流派：以美国年青的经济学家卢卡斯（R. E. Lucas）、萨金特（T. J. Sargent）、巴罗（R. J. Barro）为首的理性预期学派和以美国经济学家拉弗（A. Laffer）、万尼斯基（J. Wanniski）、费尔德斯坦（M. S. Feldstein)等为首的供给学派。理性预期学派在理论上是现代货币主义的发展,通过强调理性预期在经济中的重要作用,进一步否定了国家干预经济的作用。它在政策方面是比现代货币主义更加彻底的经济自由主义,主张政府在宣布政策长期不变,从而取信于民的基础上,充分发挥市场调节的作用。供给学派还没有形成一个完整的理论体系,它企图恢复萨伊定律,通过减税、保证私人企业的自由等方法来刺激生产。这一派由于受到时任美国总统里根的推崇,成为里根政府经济政策的理论根据而受到人们的重视,但如今已没什么影响。当然,这两个流派能否成为一个有系统的理论观点、研究方法与政策主张的经济学流派还有待于它们的发展。但是,这两个流派的出现是西方经济学中一个值得注意的动向。此外奥国学派在美国形成的新奥国学派,尽管在经济政策上没什么影响,但在理论上仍受到重视。

三、凯恩斯主义的反对派之二:新制度学派

凯恩斯主义在今天的发展——新古典综合派是当前西方经济学中的正统经济学派,而以反对正统经济学自居的"异端"则是以美国经济学家加尔布雷斯(J. K. Galbraith)为首的新制度学派。

制度学派也有悠久的历史,它的鼻祖是19世纪末20世纪初美国经济学家凡勃伦(T. B. Veblen)。这个学派一开始就是作为当时正统经济学的"异端"出现的。第二次世界大战以后,制度学派有了重大的发展,形成了新制度学派。新制度学派继承了制度学派的传统,采用结构分析或制度分析来说明社会经济问题及其发展趋势。他们认为资本主义的弊病在于制度结构的不协调,并提出了进行制度改革的政策主张。在当前凯恩斯主义失灵、新自由主义各派回春无术的情况下,新制度学派俨然成为与新古典综合派、现代货币主义相对抗的一个重要流派。

与新制度学派接近的是20世纪60年代在美国出现的激进政治经济学派。这一派实际上并没有基本统一的理论观点、研究方法与政策主张。属于这一派的既有美国经济学家巴兰(P. Baran)、斯威齐(P. Sweezy)、马格多夫(H. Magdoff)这样的老左派,又有新制度学派中更加激进的分子海尔布罗纳(R. L. Heilbroner)等,还有形形色色的倾向于马克思主义的学者、托洛茨基分子、无政府主义者等。他们的共同之处在于对正统的资产阶级经济学和资本主义制度持否定与批判的态度,并主张用马克思主义来研究问题和主张实现社会主义。80年代之后,这个学派几乎销声匿迹。

四、一个独立的流派：瑞典学派

在西方经济学中，除了上述流派之外，还有一个自成体系的流派：瑞典学派。这个流派是在20世纪20年代至30年代形成的，其奠基人是瑞典经济学家维克塞尔、卡塞尔、戴维森（D. Davidson）；在30年代的主要成员有林达尔（E. R. Lindahl）、缪尔达尔、俄林（B. G. Ohlin）、伦德伯格（E. Lundberg）；在当前则以林德贝克（A. Lindbeck）为代表。

这一派在理论上受边际效用学派，尤其是瓦尔拉斯（L. Walras）的一般均衡理论影响较大。它所提出的许多理论对当代西方经济学有重大的影响，例如，它采用储蓄—投资分析方法来考察经济的变动，试图建立动态经济理论体系；在理论分析中强调主观心理的预期并引入"不确定性"和"风险"等因素；在30年代先于凯恩斯提出了国家干预经济的主张及用以发展比较成本理论的赫克歇尔—俄林定理；等等。70年代以来又提出了解释国际通货膨胀传递的小国开放模型（又称"斯堪的纳维亚通货膨胀模型"）。在政策方面，这一派始终坚持国家干预经济并将之付诸实践。这个流派是在瑞典这个小而发达的资本主义国家里形成的。它与其他经济学流派有某些相似之处，例如，在主张国家干预经济方面与新古典综合派相近，在主张收入均等化方面与新剑桥学派相似；但又与所有经济学流派不相同。它有自己的特色，因此，是一个独立的流派。

综上所述，当代西方经济学可以分为这样一些流派：新古典综合派、新剑桥学派、现代货币主义、哈耶克的新自由主义、弗莱堡学派、理性预期学派、供给学派、新制度学派、激进政治经济学派、瑞典学派。其中影响最大的是四个流派：新古典综合派、新剑桥学派、现代货币主义与新制度学派。

第三节 西方经济学各流派的发展趋势

对于西方经济学各流派在可以预见的未来的发展趋势，学者们的看法是很不一致的。有的认为凯恩斯主义已经失灵，自由主义会取而代之；有的认为凯恩斯主义将仍然处于正统地位；还有的认为新制度学派将取代其他经济学流派，成为正统经济学。实际的情况会是如何呢？我们提出下列看法。

一、当今凯恩斯主义的正宗——新古典综合派将仍然处于正统经济学的地位

在今后相当长的时期内,新古典综合派尽管会受到其他各派的猛烈"攻击",但仍将继续保持其正统的地位。也就是说,新古典综合派的理论将仍然是西方经济学中的正统理论,它的政策主张仍将是各国经济政策的基调。

决定一个流派在理论界中所处的地位的根源应在现实中寻找。美国经济学家约翰逊(H. Johnson)指出,在各流派的争论中"决定成败的关键因素并非学术领域,而是政策的现实。新的观点之所以赢得公共和本行专家们的听取,并不在于它们的科学价值,而在于它们是否能够为重要问题提供解决办法,而这些问题又是被证明为已确立的正统观念无力解决的"①。新古典综合派之所以能继续占据统治地位,关键就在于它的理论观点与政策主张从根本上看是符合垄断资产阶级的根本利益的。正如北京大学陈岱孙教授在分析制度学派的问题时正确指出的那样:"在目前的政治经济条件下,资产阶级感到对自己比较有利的是继续把凯恩斯主义当做'经济学正宗',作为制定经济政策的基本依据。它宁肯寄希望于凯恩斯派经济学家对凯恩斯主义的修修补补,也不愿接受现代制度经济学的说教。归根到底一句话,在这里起主要作用的是资产阶级对本阶级整体利益的考虑,而不是资产阶级中某些人的喜爱和憎恶。"②

新古典综合派之所以符合市场经济各国的根本利益,是因为它所主张的国家干预经济生活在可以预见的未来仍然是各国社会经济生存与发展的必然条件。国家干预经济生活的趋势是不可逆转的。从当前来看,国家干预经济的主要作用在于:第一,日益增加的政府购买为经济提供了广阔的市场;第二,政府巨额的科学研究费用支出为经济进步所必需的技术创新提供了有力的支持;第三,政府对基础设施及一些无利可图的部门的投资为整个经济的发展及企业的经营提供了有利的条件;第四,政府对教育、卫生保健的投资为经济发展提供了有文化而又健壮的劳动力;第五,国家在整个社会内对经济进行调节可以在一定程度上缓和市场经济内固有的矛盾;第六,国家运用各种社会保险、社会福利等手段来缓和不同利益集团的矛盾。因此,尽管许多经济学家都呼吁埋葬凯恩斯主义,现实中国家干预经济也引起了许多问题,但市场经济不是十全十美的,这就无法埋葬凯恩斯主义。它仍然会以不同的发展形式、以不同的流派,成为经济学的主流。

---

① 约翰逊:《凯恩斯的革命与对抗革命的货币主义者》,载《现代国外经济学论文选》,第一辑,外国经济学说研究会编,商务印书馆,1979年,第107页。
② 陈岱孙:为厉以宁《论加尔布雷思的制度经济学说》作的序,商务印书馆,1979年,第15页。

二、新自由主义各流派、新制度学派会有进一步的发展,但并不能成为正统经济学

从当前来看,新自由主义各流派,尤其是现代货币主义得到了较迅速的发展,影响在日益增大。但是,在可以预见的未来,它并不能取代新古典综合派而成为正统的经济学。这是因为:第一,市场经济有其内在的缺陷,没有一定形式的国家干预,市场经济无法正常运行;第二,从当前来看,各国政府政策的基调仍然是以市场调节为主,以国家干预为辅,这种情况也将是难以改变的;第三,现在美国、英国在一定程度上实施了供给学派、货币主义的政策主张,如控制货币供给量、给私人企业以更大的自由等,这些政策不能说毫无作用,但并没有解决根本问题,有时解决了某些问题,而又加剧了其他问题。

美国经济学家约翰逊在分析货币主义的前途时,也认为货币主义不能取代新古典综合派的正统地位。他指出,这是因为:"第一,最重要的是,我相信凯恩斯主义的如下观点是正确的,即大量失业是比通货膨胀远为严重的社会问题。"而货币主义的政策只有助于缓和通货膨胀。"第二个原因是从经济学的流行的学术标准来判断,货币主义作为货币理论的一种分析体系是严重不够的,而在其修补自己的理论篱笆并获得充分的科学声誉过程中,它将无可避免地要向它的对手凯恩斯主义妥协。"货币主义在理论上的缺点就在于:"一方面,货币数量论的重新表述回避了提供一个决定价格和产量的理论的责任,另一方面则是继续依赖实证经济学的方法论。"①

新制度学派的先辈,制度学派在历史上就是"异端",当前新制度学派被作为"异端",今后也只能仍然是"异端"。当各国出现了尖锐矛盾时,它们会受到广泛重视。但市场经济这种制度是不会改变的,从根本上反对这种制度的新制度学派当然永远成不了主流。20世纪80年代之后这一流派退出公众视野就说明了这一点。

三、西方经济学各流派——特别是新古典综合派与现代货币主义——在一定程度上有合流的趋势

我们还应该看到,西方经济学的各流派不仅有其对立的一面,也有其一致的一面,

---

① 约翰逊:《凯恩斯的革命与对抗革命的货币主义者》,载《现代国外经济学论文选》,第一辑,外国经济学说研究会编,商务印书馆,1979年,第108—109页。

因此他们不仅争论、斗争,而且也会在一定的条件下融合。

在当前,新古典综合派与现代货币主义这种合流的趋势比较明显。从新古典综合派来看,也强调了货币对经济的重要影响作用,也更加重视了经济自由、市场调节的重要性。从货币主义来看,也承认了在一定范围内国家干预的作用。正是在这一意义上,美国的凯恩斯主义分子莫迪格利安尼(T. Modigliani)说:"实际上,主要的货币主义者和主要的非货币主义者之间并没有重大的分析上的意见分歧。例如,米尔顿·弗里德曼曾经这样说过,'现在,我们都是凯恩斯分子',而我可以准备互换个说法,'我们都是货币主义者'——如果把货币主义的含义定为在决定生产量和物价中,货币存量起着主要作用的话。"①约翰逊也认为,将来会出现的情况将是:"在革命和反革命之间(指凯恩斯的革命与货币主义的反革命——引者)达到一种综合。"②

新古典综合派与货币主义在某些问题上的接近则产生了"新宏观经济学",其代表人物是美国经济学家斯坦(H. Stein)、莱德勒(D. E. W. Laidler)、帕金(M. J. Parkin)等人。他们既不像新古典综合派那样,认为财政因素最重要,货币因素次重要;也不像货币主义者那样,认为货币是唯一重要的因素;而是认为两者同样重要,同时对实际产量、需求水平与就业量发挥作用,并相互影响。此外,他们还注意到了生产资源的再配置,即供给问题,这是凯恩斯主义与现代货币主义都没有注意到的。"新宏观经济学"的产生表明一些经济学家既不愿意放弃凯恩斯主义,又不愿意放弃货币主义而所进行的折中。③

以上我们对有关西方经济学流派的几个问题做了一些概括性的论述,这些分析对我们了解各个流派的具体内容是有帮助的。但是对这些概述有深入的理解还须了解各流派的观点,因此在以下几章中,我们就重点介绍新古典综合派、新剑桥学派、现代货币主义与新制度学派的理论观点、研究方法与政策主张。

---

① 莫迪格利安尼:《货币主义论战,即我们是否应放弃经济稳定政策》,载《现代国外经济学论文选》,第一辑,外国经济学说研究会编,商务印书馆,1979 年,第 166 页。
② 约翰逊:《凯恩斯的革命与对抗革命的货币主义者》,载《现代国外经济学论文选》,第一辑,外国经济学说研究会编,商务印书馆,1979 年,第 110 页。
③ 参看胡代光、厉以宁:《当代资产阶级经济学主要流派》,商务印书馆,1982 年,第 134—135 页。

第十四章　新古典综合派

新古典综合派(Neoclassical Synthesis),又称后凯恩斯主流派经济学(Post-Keynes Mainstream Economics),或美国凯恩斯经济学(America Keynes Economics)。这一派的主要成员有美国经济学家萨缪尔森、托宾、索洛、赫勒(W. W. Heller)等人。20世纪70年代之前,这一派无论在经济理论还是在政策主张方面都在西方经济学界占统治地位,对西方各国的经济政策也有重要影响。因此,研究这一派的理论观点、研究方法与政策主张对我们了解当代西方经济学的情况无疑是十分必要的。

第一节 新古典综合派的形成

凯恩斯主义的出现对西方世界产生了巨大的影响,各国都有一些经济学家对凯恩斯主义进行解释、宣传,并将之运用于本国的实际。汉森(A. Hansen)正是在美国宣传凯恩斯主义的主要代表人物。在对凯恩斯主义的宣传中,汉森还在理论与政策主张方面发展了凯恩斯主义。在理论上,汉森与希克斯(J. R. Hicks)提出了 *IS-LM* 分析,与萨缪尔森提出了乘数与加速原理相互作用的分析;在政策上,汉森提出了补偿性财政与货币政策。汉森在20世纪40年代对凯恩斯主义所做的这些发展成为新古典综合派的理论基础或重要内容,因此他被作为新古典综合派的先驱。

从40年代后期起,萨缪尔森就按照宏观经济学与微观经济学相结合的体系来阐述西方经济学,并在1948年出版了《经济学》一书的第一版。但他正式提出"新古典综合"这个词是在1961年出版的《经济学》第五版中。在《经济学》的第七版中,萨缪尔森对新古典综合的内容做了如下解释:

"只要适当地增强财政货币政策就可以使我们的混合经济不会过分地繁荣和萧条,能够达到健全的前进的成长。如果能理解这个基本点,那么对处理小规模微观经济学的老古典派的原理,认为它缺乏现实妥当性的反论,也就会自然消失了。总之,如果坚持收入决定的近代分析,那么也会认可作为古典派基础的价格原理,所以现在的经济学家被认为是能够填平微观经济学和宏观经济学之间的鸿沟的。"[1]

---

[1] 转引自吴斐丹:《新古典综合——后凯恩斯主流经济学》,载《国外经济学讲座》,第4册,外国经济学说研究会编,中国社会科学出版社,1980年,第154页。

从以上论述中可以看出这样几个问题：

一、认为当代资本主义经济是"混合经济"

所谓混合经济(mixed economy)是指既有市场机制发挥作用，又有国家对经济生活进行干预的经济。最早提出混合经济思想的是凯恩斯。凯恩斯在《就业、利息和货币通论》中论证了由三大心理规律所决定的有效需求不足造成了失业的存在，要解决这一问题就必须由国家干预经济。由此，凯恩斯提出挽救资本主义制度的唯一办法就是"让国家之权威与私人之策动力量互相合作"①。这就是混合经济论的来源。

汉森进一步发展了这个思想，提出了"双重经济"(dual economy)的概念。他在1941年出版的《财政政策与经济周期》一书中指出，从19世纪末期以后，大多数资本主义国家的经济已经不再是单一的纯粹的私人资本主义经济，而是与私人经济同时存在着日益增加的社会化的公共经济，因而成为双重经济。汉森认为，所谓"双重经济"，包括"双重生产经济"(dual production economy)与"双重消费经济"(dual consumption economy)。前者是指生产中除了私人企业活动外，还有政府的活动，诸如政府企业的建立、政府对基础设施的投资等；后者是指"收入与消费的社会化"，即政府提供房租低廉的住房，政府在公共卫生、社会保险与社会福利等方面的支出。但是，他又指出，企业国有化并不是"双重经济"发展的方向，无论在西欧还是在美国，不是从个人主义的经济向公有制的过渡，而是从个人主义的经济向以社会福利为重点的混合经济的过渡，即事情仍然由私营企业来做，政府只是帮助私营企业的活动。他称之为"公私合伙"。②

萨缪尔森在《经济学》中也论述了混合经济的问题。他说："我国的经济是一种'混合经济'，在其中，国家机关和私人机构都实行经济控制。"③这就在于，一方面，价格机制通过市场解决基本经济问题，即"生产什么东西取决于消费者的货币选票"，"如何生产取决于不同生产者之间的竞争"，"为谁生产取决于生产要素市场的供给与需求：取决于工资率、地租、利息和利润"④。另一方面，"我们的经济不是纯粹的价格经济，而是混合经济，在其中，政府控制的成分和市场的成分交织在一起来组织生产和消费"⑤。政府在经济中的作用日益重要，这就表现在：政府的开支不断增加，政府对收入进行再分配，以及政府通过强制的法令对经济活动进行干预和控制。

---

① 凯恩斯：《就业、利息和货币通论》，徐毓枬译，商务印书馆，1964年，第321页。
② 参看汉森：《财政政策与经济周期》，纽约，诺顿公司，1941年，第400—410页。
③ 萨缪尔森：《经济学》，上册，高鸿业译，商务印书馆，1979年，第59页。
④ 同上，第64—65页。
⑤ 同上，第70页。

总之，在西方经济学家看来，当今的市场经济既不是纯粹的私人经济，也不是完全的公有经济，而是一种私人经济活动与政府经济活动同时并存的混合经济。①

二、新古典综合是为混合经济服务的经济理论

既然经济是混合的，那么理论也应该是混合的，即不仅应有反映国家干预经济的宏观经济学，还应有反映市场经济的微观经济学。新古典综合正是适应这一要求而产生的，而这种综合的思想也可以追溯到凯恩斯本人。

凯恩斯是一个深受新古典经济学思想熏陶的人，克莱因(L. R. Klein)就曾强调："凯恩斯始终是个古典经济学家，在读本书时应当常记住这一点。"②因此，尽管他从理论观点、研究方法与政策主张上完成了对新古典经济学的"革命"，但并没有完全放弃新古典学派的理论。凯恩斯在《就业、利息和货币通论》的第二十四章"结语：略论'通论'可以引起的社会哲学"中指出，"我们对于经典学派理论之批评，倒不在发现其分析有什么逻辑错误，而在指出该理论所根据的几个暗中假定很少或从未能满足，故不能用该理论来解决实际问题。但是实行管理以后，总产量与充分就业下之产量相差不远，则从这点开始，经典学派理论还是对的。今设产量为已知，换句话说，设决定产量多寡之力量，不在经典学派思想体系之内，则经典学派所作分析，例如私人为追求自己利益将决定生产何物，用何种方法(即何种生产要素之配合比例)生产，如何将最后物之价值分配于各生产要素等等，仍无可非议。"③这就是说，新古典经济学的错误并不在于它的理论本身，而在于这种理论所适用的前提——充分就业。如果通过政府的干预解决了有效需求的不足，实现了充分就业，则新古典经济学的理论还是正确的、适用的。

新古典综合派的经济学家正是由凯恩斯的这一思想出发来建立他们的理论体系的。他们认为，在混合经济中，政府运用财政政策与货币政策来干预经济，从而可以实现充分就业。萨缪尔森把《经济学》第五版的最后一节定名为"一句乐观的话"，这句话就是"我们的混合经济"具有"伟大的前途"④。托宾也认为："通常被称为美国资本主义的那个实用主义混合物是能够支持经济增长，并给大多数人带来不断增长的福利

---

① 按照萨缪尔森的说法，混合经济有两种含义："政府限制私人的主动性；垄断的成分限制完全竞争的作用。"(《经济学》，上册，高鸿业译，商务印书馆，1979年，第82页)这里讲的混合经济指前一种含义。
② 克莱因：《凯恩斯的革命》，薛蕃康译，商务印书馆，1980年，第7页。这里说的古典经济学，即我们所说的新古典经济学。
③ 凯恩斯：《就业、利息和货币通论》，徐毓枬译，商务印书馆，1964年，第322页。
④ 萨缪尔森：《经济学》，第五版，麦格劳—希尔教育出版公司，1961年，第831页。

的。"①这样,他们认为重新引入新古典经济学的微观经济理论,将之与凯恩斯主义的宏观经济理论结合在一起是妥当的,是在当前条件下对于凯恩斯主义的发展。

萨缪尔森并不掩盖这一理论为混合经济服务的性质,在《经济学》第六版的《教员手册》中,他曾说:"我们希望,通过经济学的学习,学生对于我们的混合经济会有进一步的崇敬——这种崇敬不是来源于熟记标语口号或来源于对其可能的不完善之处毫无所知,而是来源于理论和事实上的理解,从而一旦面临困难不会有所减弱。"②

三、新古典综合的含义

新古典经济学指以庞巴维克(E. Bohm-Bawerk)、杰文斯等为代表的边际效用学派,以瓦尔拉斯为代表的洛桑学派和以马歇尔为代表的剑桥学派的经济理论。新古典经济学在理论上把资源可以得到充分利用(即充分就业)作为基本前提,来论述资源配置问题,其核心是均衡价格理论,它的内容即现在所说的微观经济学。在研究方法上,新古典经济学用的是均衡分析法,即运用局部均衡与一般均衡,通过对均衡的形成与变动的分析来解释经济的运行。在政策方面,它主张自由放任的经济政策。凯恩斯主义则是在假定资源配置为既定的前提下研究充分就业的实现问题,其内容为宏观经济理论,政策上主张国家干预。新古典综合在新的历史条件下把新古典经济学与凯恩斯主义结合在一起,形成了一个新的理论体系。

新古典综合的体系,在理论上,是把凯恩斯主义宏观经济理论——国民收入决定理论与微观经济理论——价格理论结合起来,用微观经济理论来补充宏观经济理论,以解释当今社会的经济问题;在方法上,是运用新古典经济学的均衡分析来说明凯恩斯主义的理论,把这一理论作为新古典经济学一般均衡理论的特殊理论来解释,这样也就用均衡分析的方法把宏观经济学与微观经济学综合在一起;在政策上,则既强调了凯恩斯主义需求管理的重要性,又重视了新古典经济学市场机制的调节作用,并力图把宏观经济政策与微观经济政策结合在一起,以解决当前社会所存在的问题。

四、新古典综合派在西方经济学中的地位

新古典综合派被称为经济学的正统。萨缪尔森在《经济学》一书中,曾画了一张

---

① 托宾:《十年来的新经济学》,钟淦恩译,商务印书馆,1980年,第3页。
② 转引自林特:《反萨缪尔森》,第一卷,梁小民译,上海三联书店,1992年,第V—Ⅵ页。

"经济学的家谱",以说明它们是由李嘉图(D. Ricardo)、穆勒(J. S. Mill)、瓦尔拉斯、马歇尔、凯恩斯发展而来的正统经济学。[①] 实际上,这一派的理论不仅在西方经济学中占据统治地位,而且对西方各国的经济政策也有重要的影响。

但是,自从20世纪60年代后期以来,由于西方各国社会经济危机日益严重,出现了滞胀的局面,新古典综合派受到西方经济中来自左与右两方面的攻击。在这样的形势之下,他们收起了新古典综合的旗号。从1970年《经济学》的第八版起,萨缪尔森不再用"新古典综合",而改称"主流派经济学"。萨缪尔森对"主流派经济学"所做的解释是:"本书的全部致力于阐明后凯恩斯主义的现代政治经济学,即流行于美国和斯堪的纳维亚半岛、流行于英国和荷兰而又日益流行于日本、法国、德国、意大利以及西方世界大多数地区的主流经济学。后凯恩斯主义经济学取得的成果,是使混合经济制度的作用得到了改善。"[②]从这个解释可以看出:第一,萨缪尔森仍然以凯恩斯主义的正统继承者自居,认为主流经济学就是当今的凯恩斯主义;第二,主流经济学流行于西方世界,对西方国家有巨大的影响;第三,主流经济学对解决当今西方社会的问题做出了重要贡献。从新古典综合变为主流经济学,名称变了,但实质并没有变,所以一般仍把这一派称为新古典综合派,这种名称的变化反映了新古典综合派的困境。

第二节　新古典综合派的基本理论

一、IS-LM 分析是新古典综合派的理论基础

IS-LM 分析是由希克斯提出而由汉森加以发展的。在 IS-LM 分析中,IS 曲线表示商品市场上需求与供给一致时国民收入与利率的关系,LM 曲线表示货币市场上需求与供给一致时国民收入与利率的关系。IS-LM 分析把商品市场的供求一致、货币市场的供求一致以及国民收入水平和利率水平同时用均衡分析方法解决。在 IS 曲线上表示商品市场的均衡,在 LM 曲线上表示货币市场的均衡,因此,在 IS 曲线与 LM 曲线的交点,两种市场同时达到均衡,这时就决定了国民收入的大小和利率的高低。

IS-LM 分析所用的是新古典经济学的均衡分析方法,但所说明的是凯恩斯主义的

---

① 参看萨缪尔森:《经济学》,下册,高鸿业译,商务印书馆,1979年,第361页。
② 同上,第298页。

国民收入决定理论。它把凯恩斯主义的理论作为新古典经济学一般均衡理论的特殊理论来解释,因此,成为新古典综合派的理论基础。

二、对滞胀问题的解释

如前所述,新古典综合派师承凯恩斯主义,之后又适应当代西方各国的情况对凯恩斯主义有所发展,这种发展最基本的就是用微观经济学来补充宏观经济学,用均衡分析的方法把微观经济学与宏观经济学综合为一个体系,并以此来解释和解决当代社会存在的问题。在对滞胀问题的解释上正反映了这一特点。

按照标准的凯恩斯主义,通货膨胀与失业是不会并存的。在存在失业的情况下,总需求的扩大只会增加就业而不会引起通货膨胀;当充分就业实现时,过度需求的存在才会引起通货膨胀;这时的通货膨胀是需求拉动型的。菲利普斯曲线承认了通货膨胀与失业的并存,从而承认了另一种类型的通货膨胀——由货币工资率增加所引起的成本推动型的通货膨胀。但是,它认为通货膨胀与失业之间存在着此消彼长的交替关系。这两种理论都无法解释20世纪60年代后期以来资本主义国家存在的失业与通货膨胀并存的滞胀现象。因此,新古典综合派就企图用微观经济学补充宏观经济学来解释滞胀问题,正如美国经济学家琼斯(S. Jones)所说的:"我们到了传统的宏观经济学明显地无法解决问题的时候了。我们做了宏观经济学要求我们所做的一切,但看来是不够的。""因此,我们正在大规模地研究微观经济学。"[①]

在用微观经济学补充宏观经济学解释滞胀问题方面,新古典综合派提出了这样一些观点:

第一,微观部门供给异常引起滞胀。提出这种看法的主要是赫勒。他认为,要说明滞胀问题不仅要看总供给与总需求之间的关系,而且还要看各部门的供求关系。70年代世界性的石油、农产品供给的短缺及价格的猛烈上升推动了通货膨胀。但是,这种通货膨胀不仅不能解决失业问题,反而还加剧了失业。这是因为与石油、农产品相关的部门因成本过高而产品销路锐减,结果生产收缩,失业增加,形成了滞胀局面。个别部门供给变动异常及价格变化是微观经济学所讨论的问题,所以说这种理论是用微观理论补充宏观理论来解释滞胀现象。

第二,福利支出的增加引起滞胀。提出这种看法的是萨缪尔森。他认为,政府支出中的福利支出不同于公共工程的支出,它弥补了低收入家庭的收入,使得失业者不

---

① 转引自胡代光、厉以宁:《当代资产阶级经济学主要流派》,商务印书馆,1982年,第39页。

急于找工作,也使得萧条时期物价不下跌。政府福利支出不断增加,加剧了通货膨胀又不能消灭失业,这样就形成了滞胀的局面。这是用微观财政支出结构的变化来解释滞胀问题。

第三,劳动力市场的结构特征引起了滞胀。提出这种看法的是托宾和杜森贝利(J. S. Duesenberry)。他们认为,劳动力市场上的均衡是指既无失业又无空位,即劳动力的供给与需求一致。但这种情况是少见的,常见的情况是劳动力市场的失衡。劳动力市场的失衡表现为失业与空位并存,即一方面有许多工人找不到工作,另一方面又有许多工作无人做,这是由于劳动力市场是不完全竞争的市场,劳动力的供给有工种、技术熟练程度、性别、地区之分,对劳动力的需求也要受工种、技术、性别、地区的限制,这样在失业的同时又会有空位。货币工资的增长率受劳动力市场均衡与失衡的影响。在失衡的情况下,失业对货币工资增加速度的减缓不及空位对货币工资增加速度的加速。这是因为在工会存在的情况下,劳动力市场上形成了工资能升不能降的"工资刚性",有空位存在,工资率上升,有失业存在,工资率不会下降。于是,必然发生下列情况:如果失业大于空位,失业的增加对降低通货膨胀的作用越来越小,这是因为空位的存在抵制着工资率的下降,从而使物价继续上升;如果空位多于失业,更会加速工资率的上升;即使空位总额等于失业总额,由于劳动力市场的分散与结构特点,劳动力市场仍然失衡,工资率仍不会下降。所以,在失业与空位并存的条件下,工资率总的趋势是上升的。工资率的上升引起物价上升,物价上升又引起工资率增加,工资与物价螺旋式上升,使通货膨胀加剧,而失业又不会减少,这样就形成了滞胀局面。劳动力市场的结构特征以及工资的决定属于微观经济学研究的内容,所以这种理论仍然是用微观经济学补充宏观经济学来解释滞胀问题。

三、新古典综合派的经济增长理论

在经济增长理论方面,新古典综合派的经济学家索洛和斯旺提出了新古典增长模型,这一模型也体现了用微观经济学来补充宏观经济学、用市场调节来补充国家调节的特点。

新古典增长模型是从对哈罗德—多马模型的批评开始的。按照哈罗德—多马模型,经济增长率取决于储蓄率和资本—产量比率。这一模型的特点是假定生产技术不变,即生产中劳动与资本的配合比例以及资本—产量比率都是不变的。因此,经济增长率仅取决于储蓄率,给定一个既定的储蓄率,能够实现的有保证的增长率只是一个唯一的值。如果既定的储蓄率所决定的增长率不能等于自然增长率,那么经济就不能实现稳定增长,而两者一致的情况又是罕见的。所以,索洛把这个模型所规定的这一条极为狭窄的均衡增长途径称作"刀锋"。新古典增长模型正是要在国家干预的前提下,通过发挥市场机制的作用,调整劳动与资本的配合比例以及资本—产量比率来解决"刀锋"问题,实现经济的稳定增长。

新古典增长模型假设:第一,生产中使用劳动与资本两种要素,这两种要素的配合比例是可以改变的,即劳动与资本的配合比例以及资本—产量比率是可以改变的;第二,资本和劳动的边际生产力是递减的,即承认微观经济学中的边际生产力递减规律;第三,经济处于完全竞争的条件之下,资本和劳动根据各自的边际生产力而获得报酬。在这些假设条件之下,新古典增长模型研究了经济稳定增长的实现以及经济增长中的收入分配变动问题。

新古典增长模型根据柯布—道格拉斯生产函数 $Q = \lambda K^{\alpha} L^{1-\alpha}$ 认为,在生产中,劳动与资本配合的比例,即 α 以及 $1-\alpha$ 是可以改变的。因此,生产者可以根据劳动及资本边际生产力的大小(或者说,由劳动与资本的边际生产力所决定的工资率与利润率的相对变化)来调节劳动与资本的配合比例。假定在技术不变的条件下,国民收入取决于劳动与资本,则有:

$$Y = f(K, L) \tag{14.1}$$

如果以 ΔY 代表国民收入的增加量,ΔK 与 ΔL 分别代表资本与劳动的增加量,MPP_K 与 MPP_L 分别代表资本与劳动的边际收益产量,则有:

$$\Delta Y = \mathrm{MPP}_K \cdot \Delta K + \mathrm{MPP}_L \cdot \Delta L \tag{14.2}$$

这个公式表明:国民收入的增加取决于所增加的资本与劳动的量,以及资本与劳动的边际生产力。

如果用 Y(国民收入)除(14.1)式,则可得出:

$$\frac{\Delta Y}{Y} = \frac{\mathrm{MPP}_K \cdot \Delta K}{Y} + \frac{\mathrm{MPP}_L \cdot \Delta L}{Y} \tag{14.3}$$

上式可写成:

$$\frac{\Delta Y}{Y} = \frac{\mathrm{MPP}_K \cdot K}{Y} \cdot \frac{\Delta K}{K} + \frac{\mathrm{MPP}_L \cdot L}{Y} \cdot \frac{\Delta L}{L} \tag{14.4}$$

又,假定资本与劳动按其边际生产力获得收入,则全部国民收入等于资本的收入与劳动的收入之和,则有:

$$Y = \mathrm{MPP}_K \cdot K + \mathrm{MPP}_L \cdot L \tag{14.5}$$

因为:

$$\frac{Y}{Y} = \frac{\mathrm{MPP}_K \cdot K}{Y} + \frac{\mathrm{MPP}_L \cdot L}{Y} = 1 \tag{14.6}$$

设：

$$\frac{\text{MPP}_K \cdot K}{Y} = a \tag{14.7}$$

$$\frac{\text{MPP}_K \cdot L}{Y} = 1 - a = b \tag{14.8}$$

就可得出：

$$\frac{\Delta Y}{Y} = a\left(\frac{\Delta K}{K}\right) + (1-a)\left(\frac{\Delta L}{L}\right) = a\left(\frac{\Delta K}{K}\right) + b\left(\frac{\Delta L}{L}\right) \tag{14.9}$$

在上式中，$\frac{\Delta Y}{Y}$ 就是增长率，以 g 代表，a,b 分别反映资本与劳动对产量增长的相对作用的权数，即柯布—道格拉斯生产函数中的 α 与 $1-\alpha$。因此，

$$g = a\left(\frac{\Delta K}{K}\right) + b\left(\frac{\Delta L}{L}\right) \tag{14.10}$$

如果技术是进步的，则国民收入取决于资本、劳动与技术，如以 A 代表技术，则有：

$$Y = f(K, L, A) \tag{14.11}$$

$$\frac{\Delta Y}{Y} = a\left(\frac{\Delta K}{K}\right) + b\left(\frac{\Delta L}{L}\right) + \frac{\Delta A}{A} \tag{14.12}$$

在上式中，$\frac{\Delta A}{A}$ 是技术进步率。①

我们根据假定技术不变的情况下的公式来讨论新古典增长模型所说明的问题：

第一，可以通过市场调节来改变资本与劳动的配合比率或资本—产量比率来实现稳定的经济增长。

在哈罗德—多马模型中，资本—产量比率是固定的，当有保证的增长率与自然增长率不一致时，只能调节储蓄率。但在新古典增长模型中，增长率不仅取决于资本增长率 $\frac{\Delta K}{K}$（假定投资等于储蓄时，即为储蓄率）以及劳动增长率 $\frac{\Delta L}{L}$，而且还要取决于 a 与 b，即在生产中资本与劳动各占的比例，或者说是取决于资本与劳动的配合比率或资本—产量比率。所以，不仅可以通过改变储蓄率来实现经济的稳定增长，而且可以通过改变劳动与资本配合的比例，从而改变资本—产量比率来实现经济的稳定增长。而劳动与资本配合比例的变动则可以通过发挥市场调节机制的作用来实现，即通过市场上要素价格（利率与工资率）的变动来实现。具体来说就是：当市场上资本的供给大于对资本的需求时，利率将会下降，这样资本便宜，劳动相对昂贵，就可以提高资本—产量比率，采用资本密集型方式进行生产，以达到经济增长的目的；相反，当对资本的

---

① 上述公式推导可参看夏皮罗：《宏观经济分析》，第 4 版，纽约，麦克米兰出版公司，1978 年，第 414—420 页。

需求大于资本的供给时,利率将会上升,这样资本昂贵,劳动相对便宜,就可以降低资本—产量比率,采用劳动密集型方式进行生产,以达到经济增长的目的。同样,劳动供求关系的变动也会影响工资率与利率的变动,从而改变资本与劳动的配合比例和资本—产量比率。所以,从长期来看,用市场调节来补充国家干预有助于实现经济的稳定增长。

还可以用一个例子来说明上述理论。假定自然增长率 g_n 是 5%,当资本—产量比率 c 为 3、储蓄率为 18% 时,有保证的增长率 g_w 为 6%。这时,$g_w > g_n$,经济中会出现投资过度而引起通货膨胀。根据哈罗德—多马模型,这时资本家就会减少投资,通过调节储蓄率来实现 $g_w = g_n$。但根据新古典增长模型,这时表明资本的供给超过了对资本的需求,利率将下降,于是就可以提高资本—产量比率,使 c 提高到 3.6,于是实现了 $g_w = g_n$。反之,如果储蓄率是 12%,这时,有保证的增长率 = 4%,$g_n > g_w$;这时表明资本的供给不足,利率上升,采用劳动密集型生产较为有利,于是可以通过市场调节降低资本—产量比率,使 c 下降为 2.4,于是又实现了 $g_w = g_n$。

第二,新古典增长模型还分析了不同的增长途径。

根据新古典增长模型,不同的国家所拥有的劳动与资本的多少不同,因此要通过不同的途径,采用不同的资本—产量比率来发展经济。现在假设有 A,B 两个国家,自然增长率均为 5%,A 国的资本多,储蓄率为 18%,B 国的资本少,储蓄率为 15%,这样它们就可以通过不同方式来实现经济的稳定增长。它们的区别主要在于:

首先,A,B 两国平均每个劳动力使用的资本量不同,A 国平均每个劳动力使用的资本量大于 B 国平均每个劳动力使用的资本量。如以 K_A 代表 A 国的资本量,L_A 代表 A 国的劳动力;K_B 代表 B 国的资本量,L_B 代表 B 国的劳动力,则有:

$$\frac{K_A}{L_A} > \frac{K_B}{L_B} \tag{14.13}$$

其次,A,B 两国的资本—产量比率不同,A 国用的资本多,资本—产量比率高;B 国用的资本少,资本—产量比率低。如果以 $\frac{K_A}{Y_A}$ 代表 A 国的资本—产量比率,以 $\frac{K_B}{Y_B}$ 代表 B 国的资本—产量比率,则有:

$$\frac{K_A}{Y_A} > \frac{K_B}{Y_B} \tag{14.14}$$

这说明,A 国通过资本密集方式发展经济,B 国通过劳动密集方式发展经济。

最后,A,B 两国的工资率与利润率不同。由于资本边际生产力递减的作用,A 国生产中用的资本多于 B 国生产中用的资本,所以 A 国的资本边际生产力小于 B 国的资本边际生产力。利润率是由资本的边际生产力所决定的,因此,A 国的利润率小于 B 国的利润率。由于劳动边际生产力递减的作用,A 国生产中用的劳动少于 B 国生产中用的劳动,所以 A 国的劳动边际生产力大于 B 国的劳动边际生产力。工资率是由劳动的边际生产力所决定的,因此,A 国的工资率大于 B 国的工资率。

但是,A 国的工资率高、利润率低,B 国的工资率低、利润率高,并不意味着 A 国的工资总额在国民收入中所占的比例一定大于 B 国的工资总额在国民收入中所占的比例,也并不意味着 A 国的利润总额在国民收入中所占的比例一定小于 B 国的利润总额在国民收入中所占的比例。因为工资与利润在国民收入中所占份额,不仅取决于工资率与利润率,而且还取决于劳动量与资本量。

第三,经济增长中收入分配变动的趋势是利润率下降,工资率上升。

新古典增长模型是根据边际生产力理论来说明经济增长中的收入分配问题的。在经济增长中,资本量不断增加,随着资本量的增加,资本的边际生产力在不断递减,从而利润率下降;相反,劳动量不断相对减少,随着劳动量的相对减少,劳动的边际生产力相对增加,从而工资率上升。因此,经济的发展是不利于资本家而有利于工人的。

由以上可以看出,这一模型之所以体现了新古典综合派把宏观经济学与微观经济学结合起来的特点,就在于:从理论上看,这一模型仍然是以凯恩斯主义的投资等于储蓄为基础,在储蓄全部转化为投资的假设下来研究经济增长问题,但是又引进了微观经济学的市场调节与边际生产力理论来说明经济增长的实现途径以及经济增长中收入分配的决定与变化;从政策上看,这一模型主张在国家干预的前提下,通过发挥市场机制的作用来实现经济的稳定增长。

四、新古典综合派对微观政策目标协调问题的探讨

新古典综合派的经济学家在讨论宏观理论与政策的同时,还开始从理论上对微观政策目标的协调问题加以探讨。这主要是指美国经济学家奥肯等关于平等与效率交替问题的探讨。

平等是指社会成员收入的均等化,效率是指资源的有效配置,即各种生产要素能得到最充分的利用。为了保证效率就必须按市场经济的原则进行分配,即按每个社会成员所提供的生产要素在生产中的经济效率来支付报酬,这样,收入分配必然会不平等,但效率可以得到保证。为了实现均等就必须割断效率与收入的联系,不论其效率如何都支付相同的报酬,这样,收入分配平等了,但效率却受到了损失。因此,在平等与效率之间存在着一种此消彼长的交替关系。平等所涉及的不是收入总量的增加或减少问题,而是既定的收入总量在各阶层之间的分配比例问题;效率所涉及的不是资源总供给量的增加或减少问题,而是既定的资源总供给量的合理利用问题。因此,它

们都属于微观经济学的范畴。

新古典综合派的经济学家还强调了平等与效率之间不仅有矛盾,存在着交替关系,而且与充分就业、物价稳定、经济增长、国际收支平衡等宏观经济目标之间也存在着矛盾。例如,如果采用降低利率和投资税收优惠的办法来增加投资,实现充分就业,就会由于利润率的上升而引起收入分配的不平等;如果在技术水平不变的情况下,资本量未增加而增加就业,也会使劳动生产率下降,而有损于效率。这样,他们就把微观经济学的问题引入宏观经济学中,将这些问题综合起来进行分析。

新古典综合派经济学家为了实现平等与效率的最优交替,并解决它们与其他宏观政策的矛盾,提出了许多政策。但主要的政策是要既有国家干预,又要实现一定程度的市场调节。奥肯就曾指出,一方面,政府"把精力集中在一些主要领域之中,并防止官僚机构的过分增长",另一方面"市场需要有一个地位;市场需要被保持在它的地位之内。它必须有足够的活动范围,来完成它能做得很好的许多事情。它限制官僚机构的权力,有助于保护我们的自由使之不受国家的侵犯。只要保证有适当程度的竞争,市场对于消费者和生产者发出的信号准会做出反应。它允许分散经营,并鼓励实验和革新。最重要的是,市场里的奖金为人们努力工作和做出生产性贡献提供刺激力。"这样,就可以"把某种合理性放进平等里,并把某种人性放进效率里"[①]。

第三节 新古典综合派的政策主张

新古典综合派的经济学家大多在美国政府机关担任过要职,对美国政府的经济政策制定起过相当大的作用。他们的许多政策主张还被其他国家采纳。所以,新古典综合派的政策主张是许多国家经济政策的基调。

新古典综合派的政策主张是以凯恩斯主义的政策为基础的,但是又应当时发展的需要不断进行了修改。下面,我们就来说明新古典综合派在各个时期中对凯恩斯主义政策主张的发展与修改。

一、20世纪50年代的政策主张:补偿性财政与货币政策

凯恩斯主义产生于20世纪30年代的大危机时期,因此,其政策主张是以扩张为

[①] 参看奥肯:《均等和效率:巨大的交替》,载《现代国外经济学论文选》,第一辑,外国经济学说研究会编,商务印书馆,1979年,第337—341页。

基调的,主张实行赤字财政,通过政府举办大规模公共工程与巨额支出,甚至通过扩军备战来刺激有效需求,实现充分就业。凯恩斯主义政策主张的另一个特点是,从流动性陷阱这一规律出发强调了财政政策的重要性。流动性陷阱指利率下降到一定程度之后,无论货币如何增加,利率再也无法下降,从而认为货币政策不重要,只能起辅助的作用。

第二次世界大战后,新古典综合派的先驱汉森等人认为,市场经济并不是永远处于危机时期,而是时而繁荣,时而萧条。因此,政策也不能以扩张为基调,而是要根据经济中繁荣与萧条的交替,交替地实行紧缩与扩张的政策。同时,他们根据 IS-LM 分析,进一步肯定了货币政策的作用,提出财政政策固然是最重要的,但为了在商品市场与货币市场同时均衡的条件下实现充分就业,货币政策也很重要。基于这些认识,汉森等人提出了补偿性的财政与货币政策。

补偿性财政政策的基本含义是:政府在萧条时期有意识地增加财政支出,减少财政税收,以刺激总需求;在繁荣时期则要减少财政支出,增加财政税收,以抑制总需求,并求得萧条与繁荣时期的相互补偿。

补偿性货币政策的基本含义是:中央银行在萧条时期放宽信用、增加货币供给量,降低利率;在繁荣时期则要紧缩信用,减少货币供给量,提高利率,并求得萧条与繁荣时期的相互补偿。

这种政策就是我们所说的财政政策与货币政策。它的特点是"逆经济风向行事",即在萧条时期,设法使经济繁荣,以消灭失业;在繁荣时期,又要抑制过度繁荣,以抑制通货膨胀。这样,就可以使资本主义经济既无失业又无通货膨胀,实现长期稳定的发展。

二、20 世纪 60 年代的政策主张:充分就业的经济政策

在 20 世纪 50 年代,美国基本奉行的是上述补偿性财政与货币政策。虽然也实行了赤字财政,但仍属于补偿性的,并没有采取大规模的赤字财政政策。这种政策的后果,一方面是没有严重的财政赤字与通货膨胀,在艾森豪威尔(D. D. Eisenhower)当政的八年中(1952—1960 年),仍有三年有财政盈余,而财政赤字的最高纪录是 125 亿美元。但另一方面是经济增长缓慢。在这一时期里发生过 1953—1954 年、1957—1958 年两次危机,1960 年又开始了第三次危机,从 1953 年到 1960 年美国的实际国民生产总值每年只增长 2.5%,而同一时期联邦德国、法国、意大利、日本、苏联,甚至许多发展中国家的增长速度都大大超过了美国。因此,这一时期被称为"艾森豪威尔停滞"。

1960 年,肯尼迪(J. F. Kennedy)在经济危机中上台,他在上台后发表的第一个国

情咨文中悲观地宣布:"目前的经济情况是令人不安的。我是在经过七个月的衰退、三年半的呆滞、七年的经济增长速度降低、九年的农业收入下降之后就任的。"①在这样的形势下,当肯尼迪上台后,作为总统经济顾问委员会主任的赫勒就在托宾的帮助之下提出了充分就业的经济政策。

这一政策的理论根据是当前的混合经济能够同时实现经济增长、充分就业与物价稳定。托宾把这种充分就业的经济政策称为"新经济学",他认为,这种"新经济学"新就新在"第一是确信商业循环不是不可避免的,确信在不变的失业率目标下政府政策能够而且应当使经济接近于稳定的实际增长"②。充分就业的经济政策正是要把这一信念变为实际。

托宾还认为,实现上述信念的关键在于保持持续的经济增长。因此,他反对零经济增长理论,对经济增长持乐观的态度。他说:"事先就很明显,假如他们的宏观经济政策发生作用而且获得成功,那么,20世纪60年代的恢复和增长,就会比任何想象得到的重新分配更能提高穷人和不幸者的收入,同时政治和社会方面的分裂也会小得多。"③相反,如果从1960年开始实行零经济增长,那么"将意味着1969年有大约25%到30%的劳动力失业","再者,实行强制闲暇对环境造成的破坏,将同以前生产和消费造成的破坏一样"。"一个在技术上和经济上停滞的社会,是不可能拥有解决各种生态问题的技术和资源的。"④

充分就业经济政策的主要内容是,当某一年的实际国内生产总值小于该年潜在的(即充分就业的)国内生产总值时,即使是在经济上升时期,也要通过赤字财政与货币政策人为地刺激总需求,使实际的国内生产总值达到潜在的国内生产总值,从而实现充分就业。

托宾、赫勒等人根据50年代的经验,把存在4%的失业作为充分就业,把这时所能达到的国内生产总值作为潜在的国内生产总值。在确定增长的指标时,他们把1955年实际的国内生产总值作为潜在的国内生产总值的基准(因为这一年的失业率为4%,即该年实现了充分就业)。然后,根据劳动力和生产率的增加,他们把1961年以后每年的增长率定为3.5%,以此来计算以后每年潜在的国内生产总值。如果连续两年的实际国内生产总值小于潜在的国内生产总值,即使在经济上升时期,也必须执行刺激总需求、扩张经济的政策。这样,在经济政策上就不再是"逆经济风向行事",而是在繁荣时期也要"顺经济风向行事"。

---

① 转引自托宾:《十年来的新经济学》,钟淦恩译,商务印书馆,1980年,出版说明第2页。
② 同上,第10页。
③ 同上,第49页。
④ 同上,第51—52页。

他们认为,维持持续的经济增长、实现潜在的国内生产总值的关键仍然是刺激总需求。托宾说:"潜在的增长是一个供给和生产能力的问题,而把实际产量恢复到潜在水平则是一个总需求的问题。"①而刺激总需求的措施在于"我们必须磨尖我们的财政和货币工具"②。

在财政政策方面,他们强调要把财政政策从过分害怕赤字的框框下解放出来,实行赤字财政政策,具体的措施包括:减税,尤其是减少个人所得税;实行投资赋税优惠来刺激投资;变更耐用品消费税来刺激消费;根据失业的情况决定发放或停止发放联邦失业津贴补助;扩大赤字,增加政府支出等。在货币政策方面,他们强调要破除许多反对大胆采用货币扩张方法恢复充分就业的清规戒律,执行灵活的货币政策,具体的措施包括:协调各国货币政策,使各国短期公开市场证券的利率接近,以减少国际资本的流动;在国内,货币管理当局的活动应该更接近于它所要试图控制的支出决定;财政部发行一种可以买卖的具有购买力保证的公债,在公开市场上逐步增加这种公债的买卖,可以帮助中央银行控制实际利率,并增加它对投资市场的影响;等等。此外,还要把财政政策与货币政策结合起来,即"强调货币成分和财政成分可以依不同比例混合在一起,以达到所要求达到的宏观经济效果"③。

充分就业的政策执行的结果一方面确实相当有效地促进了经济增长。正如托宾所总结的:"1965年整个一年,新经济学经营指导下的国内经济取得了很大成功,人们普遍都有这种感觉。经济享有五年不停的扩张。4%的失业率的目标事实上已经达到。实际国民生产总值增长了31%,创造了680万个新的就业机会。物价上涨不快,而且可以为人们所容忍,每年上涨率为2%。"④但是,托宾没有说出来的是,由于把赤字财政作为常规手段,毫无顾虑地推行这一政策,使得1961—1968年间赤字越来越大,终于在60年代后期出现了严重的滞胀问题。这样,新古典综合派在70年代又提出了解决滞胀问题的新政策。

三、20世纪70年代的政策主张:多种政策的综合运用

在20世纪70年代,资本主义社会危机重重,这时它所要解决的已不仅仅是经济增长问题,而是要同时达到这样几项主要目标:经济增长、充分就业、物价稳定、国际收

---

① 托宾:《十年来的新经济学》,钟淦恩译,商务印书馆,1980年,第15页。
② 同上,第70页。
③ 同上,第14页。
④ 同上,第33页。

支平衡、社会平等、汇率稳定。因此，就必须采用多种政策来达到多项政策目标，尤其是要用微观经济政策来补充宏观经济政策。于是，在基本执行宏观财政与货币政策的基础上，他们又提出下列政策主张：

第一，实现财政政策与货币政策的搭配。即把扩张性的财政政策与紧缩性的货币政策相配合，或把紧缩性的财政政策与扩张性的货币政策相配合，以达到既鼓励了投资，刺激了总需求，又不至于引起通货膨胀的目的。

第二，财政政策和货币政策的微观化。即针对个别市场和个别部门的具体情况而制定区别对待的政策。微观财政政策包括对不同的部门实行不同的征税方法，制定不同的税率，个别地调整征税范围以及调整政府对各个不同部门的拨款，等等。微观货币政策包括规定不同的利率，控制对不同行业的信贷条件和放款量等。

第三，收入政策。即通过实行工资—物价指导线（政府规定物价与工资增加的限度），利用税收政策实现对工资增长率的控制（对不按政府的规定增加工人工资的企业主给予罚款或加税，对按政府的规定增加工人工资的企业主给予奖励或减税），或者对工资与物价实行硬性冻结来防止由于工资率增长过高而引起的通货膨胀。当然，在对工资与物价的控制中，主要还是要控制工资。

第四，人力政策。也被称为联邦就业政策或劳动力市场政策，即通过提供就业信息、帮助工人迁移或对劳动力进行重新训练等方式为失业工人，特别是为技术水平低的工人提供就业机会。

第五，浮动汇率政策。即根据外汇市场的情况及时调整汇率，以免在经济增长过程中形成国际收支的不平衡。

第六，对外贸易与外汇管制政策。即用各种法令与措施鼓励出口、限制进口以减少对外贸易赤字，或防止资金外流过多而造成国际收支的不平衡。

第七，消费指导政策。即通过广告、调查消费品存量、调整商业网点等措施防止由于个别产品供求失调而形成的经济波动。

第八，实行计划化。目的在于调整全国经济的发展，促进公私部门的配合，协调政策目标，进行经济预测。

此外，他们还提出了能源政策、人口政策、农业政策、改革福利制度等政策主张。①

---

① 关于以上政策主张可以参看胡代光、厉以宁：《当代资产阶级经济学主要流派》，商务印书馆，1982年，第46—48页及第55—60页。

第十五章 新剑桥学派

在凯恩斯主义内部,从"左"的方面与新古典综合派对立的是新剑桥学派(Neo-cambridge School)。这一派的主要代表人物有:琼·罗宾逊、卡尔多、斯拉法、帕西内蒂(T. Pasinetti)。这些经济学家均在剑桥大学任教,而又背离了以马歇尔为首的剑桥学派的传统,故名新剑桥学派。在这一派的成员中,斯拉法、帕西内蒂原籍意大利,所以这一派又被称为英国—意大利学派。在学术观点上,这一派攻击新古典综合派是"冒牌的凯恩斯主义",认为新古典综合派把新古典经济学与凯恩斯主义结合在一起是背叛了凯恩斯革命。新剑桥学派主张回到李嘉图的传统,建立一个以客观价值理论为基础、以分配理论为中心的理论体系;主张通过改变资本主义现存的分配制度来挽救资本主义。因此,这一派亦被称为新李嘉图主义或凯恩斯"左"派。

第一节 新剑桥学派对新古典综合派的批评

早在20世纪50年代,琼·罗宾逊等人与萨缪尔森等人在资本测量这一问题上就发生了争论,以后又在对凯恩斯主义的理解、资本理论、分配理论与增长理论等方面进行了争论。60年代后期,执行新古典综合派经济政策的资本主义国家出现了滞胀等问题,于是新剑桥学派更加起劲地攻击新古典综合派。他们认为,新古典综合派的理论与政策是对凯恩斯革命的背叛。这主要表现在以下几个问题上:

一、新古典综合派用均衡观念代替了凯恩斯主义的历史时间观念

琼·罗宾逊认为,在理论方面,凯恩斯革命的要点是:"打破均衡的束缚,并考虑现实生活的特性——昨天和明天的区别。就这个世界和现在说来,过去是不能召回的,未来是不能确知的。"[1]"从理论方面来说,革命在于从均衡观向历史观的转变,在于从理性选择原理到以推测或惯例为基础的决策问题的转变。"[2]她还认为:"一旦我们承

---

[1] 琼·罗宾逊:《经济理论的第二次危机》,载《现代国外经济学论文选》,第一辑,外国经济学说研究会编,商务印书馆,1979年,第5页。
[2] 琼·罗宾逊:《凯恩斯革命的结果怎样》,载《现代国外经济学论文选》,第一辑,外国经济学说研究会编,商务印书馆,1979年,第20页。

认一种经济是时间上的存在,历史是从一去不返的过去向着未卜的将来前进的,那么以钟摆在空间来回摆动的机械比喻为基础的均衡观就站不住脚了。"①

在上述论述中,琼·罗宾逊所指的意思是,新古典经济学所分析的是一个理性的世界,因此所用的是均衡分析法,强调的是均衡状态,而没有考虑到造成现实情况的历史原因以及未来的不可知性。凯恩斯革命正在于把研究的对象转向现实世界。在现实中,许多问题是不可改变的历史所造成的,而未来是不可预测的。因此,就强调了现实的不均衡性。琼·罗宾逊认为,这是一个根本性的转变,与这一点相联系,凯恩斯强调了"不确定性"在资本主义经济分析中的重要性。他说:"凯恩斯所论证的问题的真正本质是不确定的。"②例如,货币的存在就是和这个"不确定性"有密切关系;对生产、就业、收入水平起主要作用的投资规模之所以容易发生波动,正是由于这个"不确定性"。正因为有这种时间概念与不确定性,"凯恩斯体系中的价格理论肯定不能同瓦尔拉斯的理论相调和"③。但是,在新古典综合派"最新教科书中,钟摆仍在向着它的均衡点摆动。市场力量把一定的生产要素分配到各种不同的用途上,投资是对当前消费的牺牲,利率测量社会对将来的贴现。所以旧的口号一成不变地在重复着"④。这就是说,新古典综合派放弃了凯恩斯革命的关键——历史时间观念,而恢复了均衡观念,用瓦尔拉斯的均衡体系与均衡分析法来解释凯恩斯主义,这就是在研究方法上对凯恩斯主义的背叛。

二、新古典综合派恢复了被凯恩斯革命所否定的、新古典经济学的充分就业的假设

新古典经济学家是信奉萨伊定律的,即他们认为,在自由竞争的条件下,通过市场机制的调节,供给总会创造自己的需求,从而能实现充分就业。这是新古典经济学的基本前提。凯恩斯革命正是要打破这一前提,即通过投资—储蓄分析证明有效需求不足是经常的,失业的存在是必然的,充分就业仅仅是一种特例,这样就彻底否定了萨伊定律。但是,凯恩斯说过,如果充分就业实现了,则"从这点开始经典学派理论还是对的"。新古典综合派正以此为根据来发展凯恩斯主义,认为,只要政府采取适当的财政

---

① 琼·罗宾逊:《凯恩斯革命的结果怎样》,载《现代国外经济学论文选》,第一辑,外国经济学说研究会编,商务印书馆,1979年,第22页。
② 琼·罗宾逊:《经济理论的第二次危机》,载《现代国外经济学论文选》,第一辑,外国经济学说研究会编,商务印书馆,1979年,第6页。
③ 同上。
④ 琼·罗宾逊:《凯恩斯革命的结果怎样》,载《现代国外经济学论文选》,第一辑,外国经济学说研究会编,商务印书馆,1979年,第22页。

政策与货币政策,充分就业仍然是可以实现的,这样,新古典经济学的微观经济学理论仍然是适用的,从而就把新古典经济学的微观经济学与凯恩斯主义的宏观经济学结合在一起,拼凑为一个理论体系。

琼·罗宾逊认为,凯恩斯关于新古典经济学适用性的话仅仅是凯恩斯发表的"考虑不充分的、完全与他的主要论点相反的意见"[①]。而新古典综合派则以此为根据,使得"萨伊定律被矫揉造作地恢复了,并在它的掩护下,所有旧学说都偷偷地又恢复过来了"[②]。这样,新古典综合派就在理论前提上背叛了凯恩斯革命。

三、新古典综合派抛弃了凯恩斯主义的"投资支配储蓄"的观点,恢复了新古典经济学"储蓄支配投资"的观点

新古典经济学在论证萨伊定律时根据了"储蓄支配投资"的理论,认为通过利率的调节作用,储蓄可以全部转化为投资。在任何时候,投资机会都是无限的,但作为可以投资的储蓄则是一定的,投资受储蓄的支配。凯恩斯主义认为,投资与储蓄分别是由不同的人,出于不同的目的进行的。投资由公司、企业家决定,不受居民户储蓄的支配,投资与储蓄并不必然相等。储蓄的增加只会减少消费,减少有效需求,从而减少投资和就业。只有投资增加,才能增加就业、增加收入,从而在收入中形成与投资相等的储蓄。因此,不是储蓄支配投资,而是投资支配储蓄。凯恩斯主义正是从这一观点出发,否定了萨伊定律。

琼·罗宾逊认为,新古典综合派抛弃了凯恩斯主义关于"投资支配储蓄"的观点,以为只要算出充分就业所能达到的储蓄量,然后通过财政与货币政策的刺激使投资能完全吸收这笔储蓄就可以实现充分就业了。"于是,我们回到了储蓄支配投资这种均衡世界。"[③]新古典综合派正是通过这种方法恢复了萨伊定律。

四、新古典综合派背叛了凯恩斯关于资本主义社会收入分配不合理的论述,回到了新古典经济学以边际生产力理论为基础的分配理论

新古典经济学的分配理论是以边际生产力理论为基础的。按照这一理论,在市场

---

① 琼·罗宾逊:《经济增长的年代》,载《现代国外经济学论文选》,第一辑,外国经济学说研究会编,商务印书馆,1979 年,第 38 页。
② 同上,第 31 页。
③ 琼·罗宾逊:《经济理论的第二次危机》,载《现代国外经济学论文选》,第一辑,外国经济学说研究会编,商务印书馆,1979 年,第 7 页。

经济社会完全竞争的条件下,劳动与资本根据各自的边际生产力得到收入,因此,不存在剥削。这样就论证了资本主义社会收入分配的合理性。凯恩斯并没有系统地研究分配理论,但在《就业、利息和货币通论》的第二十四章中指出了资本主义社会收入分配的不合理性。这一点与新古典综合派根本不同。新古典综合派用市场的作用与生产要素的影响来解释收入分配的决定,在增长理论中,以边际生产力理论为基础来解释收入分配的决定与变动,认为随着经济的发展,利润率降低,工资率上升,这样又为市场经济社会收入分配的合理性进行了辩护。

琼·罗宾逊驳斥了以边际生产力理论为基础的分配理论。她指出,这种分配理论是一种循环推论。因为边际生产力是增加一单位资本或劳动所增加的产品的货币价值,而离开了产品的价格和各种资本设备的价格则无法计算出产品的货币价值,无法确定边际生产力。但产品的价格、各种资本设备的价格,离开了工资率、利率或利润率又是无法计算的。这样,决定工资率、利率或利润率的边际生产力本身又需要借助于工资率、利率或利润率来计算。于是,这一分配理论就陷入了工资决定工资、利息决定利息或利润决定利润的循环推论了。

琼·罗宾逊还指出,这种荒谬的理论是为了证明市场经济社会收入分配的合理性。她说:"于是,各类劳动的实际工资就当做是衡量劳动给予社会的边际产量的标准。一位经济学教授的薪水衡量他对社会的贡献,清洁工人的工资衡量他的贡献。当然,就经济学教授说来,这是一种非常称心的学说,但我担心,这种论证是再来一次循环推理。除了工资本身而外,边际产品的任何衡量标准都是不存在的。"①这样,新古典综合派又在收入分配问题上背叛了凯恩斯主义。

五、新古典综合派背叛了凯恩斯关于物价水平主要受货币工资率支配的论断,回到了新古典经济学关于物价水平受货币数量决定的传统

在货币理论方面,新古典经济学所依据的是传统的货币数量论,按照这一理论,物价水平是由货币数量所决定的。凯恩斯是以货币经济学家的身份起家的。在写《就业、信息和货币通论》时仍然持有新古典经济学的观点。但是,当他完成了凯恩斯革命之后,就把货币数量纳入利率理论体系,认为一般物价水平主要取决于货币工资率。

---

① 琼·罗宾逊:《经济理论的第二次危机》,载《现代国外经济学论文选》,第一辑,外国经济学说研究会编,商务印书馆,1979年,第16页。

即当货币工资由劳资双方的谈判来决定的传统制度不变时,在接近充分就业的条件下,由于货币工资率的提高,会出现通货膨胀的压力,引起物价上升。新古典综合派却求助于货币数量论来解释第二次世界大战后的通货膨胀,并根据菲利普斯曲线所表示的通货膨胀与失业之间的替代关系,企图通过紧缩有效需求、增加失业来抑制通货膨胀。

新剑桥学派认为,当今经济衰退、大量失业和物价持续高涨并存的现实,正好说明货币数量论与菲利普斯曲线的破产。这样,他们就声称要根据凯恩斯的理论来形成自己的通货膨胀理论。

六、新古典综合派的政策主张歪曲了凯恩斯主义的原意,引起了当今资本主义社会严重的滞胀局面

琼·罗宾逊认为,凯恩斯提出了国家干预经济的许多措施。但是,"所谓凯恩斯主义的政策就是在经济衰退发生时对付它的一系列权宜手段"[1]。而且,这些权宜手段会在多大程度上解决经济衰退问题也并不令人乐观。但是,新古典综合派滥用凯恩斯主义的政策措施,尤其是在20世纪60年代实行了充分就业的经济政策,通过巨额赤字财政与扩军备战来刺激经济。这种政策虽然促进了第二次世界大战后西方各国的暂时繁荣,但这种繁荣并非市场经济的常态,而是一种变异,这种增长孕育着危机。60年代后期和70年代出现的滞胀正是新古典综合派这些政策的恶果,而当前问题之严重又绝非新古典综合派的财政与货币政策所能解决。

琼·罗宾逊特别攻击了新古典综合派扩大军事开支的政策。她说:"军事工业的发展对国民经济其他部分是不利的","如果把花在军备上面的钱拨归民用,这笔钱会有助于提高生产率和增进人民福利"。而且,由于军事支出的扩大,军事工业集团从中渔利,赤字有增无减,经济增长了,但"不仅主观上的贫穷绝对没有因经济增长而被克服,而且绝对贫穷还因经济增长而增大"。这样就"把凯恩斯的乐观幻想变成恐怖的噩梦"[2]。

总之,新剑桥学派认为新古典综合派背叛了凯恩斯主义,所以"在北美以及由北美向世界传播的占统治地位的经济理论,我称之为冒牌的凯恩斯主义"[3]。正是这种

---

[1] 琼·罗宾逊:《经济理论的第二次危机》,载《现代国外经济学论文选》,第一辑,外国经济学说研究会编,商务印书馆,1979年,第9页。
[2] 同上,第12页。
[3] 琼·罗宾逊:《经济增长的年代》,载《现代国外经济学论文选》,第一辑,外国经济学说研究会编,商务印书馆,1979年,第30页。

冒牌的凯恩斯主义对凯恩斯理论的错误解释与运用引起了"经济理论的危机"。因此，这次危机与其说是凯恩斯理论的破产，不如说是这些冒牌的凯恩斯分子的学说的破产。①

第二节　新剑桥学派的理论

一、新剑桥学派认为分配问题是凯恩斯主义的中心

新剑桥学派自称他们要与新古典经济学做最彻底的决裂，把凯恩斯革命进行到底。他们认为，凯恩斯理论的核心并不是收入—支出模型，而是凯恩斯在《就业、利息和货币通论》的第二十四章中关于收入分配问题的论述。但是，凯恩斯本人对这一问题言之过简，没有充分展开；新古典综合派又不重视这一问题。发展凯恩斯主义的任务就在于按照凯恩斯的基本原理发展收入分配理论，并以此为根据探讨和制定向没有食利者阶层的文明生活新阶段过渡的社会政策。

凯恩斯在《就业、利息和货币通论》第二十四章中论述了资本主义社会财富和收入分配不平等的不合理性，他说："我们可以得到结论：在当代情形下，财富之生长不仅不系乎富人之节约（像一般所想象的那样），反之，恐反遭此种节约之阻挠。故主张社会上应当有财富之绝大不均者，其主要理论之一已经不成立了。"②

在这一段论述中，凯恩斯指出了资本主义社会收入分配不平等的不合理性。按新古典经济学的观点，经济进步的关键是资本积累，而资本积累来源于富人的节约。因此，社会分配的不平等固然不人道，但却有利于社会进步。因为富人收入多，则资本积累多；资本积累多，社会才能进步。从这种意义上看，收入分配不平等有其合理性。但是，凯恩斯认为，并不是储蓄决定投资，而是投资决定储蓄，社会进步的关键并不在于资本的积累，而在于有效需求的提高。富人的节约反而会减少消费，阻碍社会进步。社会财富的增加、社会的进步既然不来自于富人的储蓄，不来自于收入分配的不平等，所以收入分配的不平等也就不具有其合理性了。

由以上的观点，凯恩斯推论出资本主义社会必然走向没有食利者阶层的文明生活

---

① 参看《琼·罗宾逊谈西方资产阶级经济学和资本主义经济危机》，《世界经济》，1978年第2期。
② 凯恩斯：《就业、利息和货币通论》，徐毓枬译，商务印书馆，1964年，第318页。

新阶段。他说:"故我认为,资本主义体系中之有坐收利息阶级,乃是一种过渡时期现象,其任务完毕时即将消灭。坐收利息阶级一经消灭,资本主义便将大为改观。"所以,"坐收利息阶级以及毫无用处的投资者之自然死亡,并不是骤然的,而只是把最近在英国已经可以看到的现象慢慢延长下去而已,故不需要革命"①。

凯恩斯早就主张消灭食利者阶层。他认为食利者阶层在经济上是一个不活动的阶级。在《致法国财政部长的公开信》中,他认为,宁可减少食利者阶层的要求,也不要增加赋税负担。他主张通货膨胀反对通货紧缩,正是因为通货膨胀会使食利者阶层受损失。② 在《就业、利息和货币通论》的第二十四章中,凯恩斯说明了,对资本的需求是有限度的,这也就是说,资本数量会增加到一点,在这时,资本的边际效率极低,利润率下降,从资本所得到的收益除了补偿折旧之外,所剩余的一点只是承担风险、行使技巧与判断等功能所需要的代价而已。食利者之所以能以利息生存是因为资本缺少,正如地主能获得地租是因为土地缺少一样。但在长期中,资本稀缺的必要理由并不存在,何况即使资本缺少也可以由国家举办集体储蓄来筹集资本。这样,食利者阶层就会自行消亡。而食利者阶层一消亡,资本主义就会大大改观,这个过程是逐渐完成的,不用进行革命。于是,凯恩斯从理论上推论出,资本主义社会将会走向一个没有食利者阶层的新阶段,这是自然发展的趋势。按照凯恩斯的设想,当资本主义社会中投资按照充分就业水平保持三十年左右时间后,对资本装备的需要就会得到满足,财产收益就会被废除,食利者阶层消灭,贫穷消失,从而文明的生活开始。

新剑桥学派认为,上述两个问题是凯恩斯主义的核心。但是,因为凯恩斯生活在大危机时期,更多地注意的是短期的失业问题,而没有注意像收入分配改变这样的长期问题,所以对上述问题论述过简。完成凯恩斯革命就要从上述观点出发,在理论上把收入分配理论作为中心,在政策上把消灭食利者阶层、实现收入分配均等化作为重点。

二、新剑桥学派的分配理论

新剑桥学派的分配理论有这样三个特点:第一,认为分配理论是要说明资本主义社会收入分配的不合理性,所以,分配理论所要研究的内容是国民收入中工资与利润所占的相对份额如何决定以及如何变动的问题。第二,认为分配理论不能以边际生产力理论为基础,而要以价值理论为基础。分配理论与价值理论是不可分离的,没有对

---

① 凯恩斯:《就业、利息和货币通论》,徐毓枬译,商务印书馆,1964年,第320页。
② 参看克莱因:《凯恩斯的革命》,薛蕃康译,商务印书馆,1980年,第11页。

价值理论的探讨就不能解决分配问题。第三，反对以边际效用理论为基础的主观价值理论，认为价值理论所研究的价值应该是具有客观的、物质的基础的，而不是一种主观的概念。价格由生产条件来决定，而不能归结为消费者起主要作用。

新剑桥学派是从对价值理论的探讨来研究分配理论的。他们认为，为了建立客观的价值理论，应该回到李嘉图的传统，从李嘉图的劳动价值理论出发去进行研究。琼·罗宾逊指出，斯拉法在 1960 年出版的《用商品生产商品》一书中，对李嘉图和马克思的价值理论做出了重大发展，解决了确定利润率的难题，并据此确立了工资和利润之间的分配关系，这样就为新剑桥学派的收入分配理论提供了一个价值理论的基础。因此，他主张要从斯拉法的价值理论出发，把李嘉图、马克思和凯恩斯的理论打通，相互补充，以便实现经济理论上的"第二次凯恩斯革命"。[①]

斯拉法在《用商品生产商品》一书中通过建立一套"标准合成商品生产体系"（简称"标准体系"），把"标准商品"作为一种"不变的价值尺度"，解决了利润率确定的问题。这样就解决了李嘉图终生寻找而没有找到的"不变价值尺度"，克服了李嘉图价值理论中的矛盾，形成了一种客观价值理论。[②]

斯拉法探讨了"标准体系"中工资和利润率之间的关系。他认为这一关系可以用下列公式来表示：

$$r = R(1 - W) \tag{15.1}$$

在上式中，r 为利润率；R 为纯产品对生产资料的比率，或最高利润率；W 为纯产品中支付工资的部分。

斯拉法认为："在工资从 1 减到 0 时，利润率的增加和工资的全部扣除呈正比例。"如果工资等于 0，那么国民收入全部归于利润，这时，$r = R$，利润率达到最大利润率。如果工资不等于 0，国民收入（全部纯产品）不全归于利润，那么，利润率的大小与纯产品中支付工资的部分的大小呈反比。斯拉法还认为，工资和利润率之间的这种关系并不局限于想象的标准体系，而且也能够推广到对实际经济体系的观察。

新剑桥学派认为，尽管斯拉法本人并未打算直接探讨资本主义社会的分配问题，但他所建立的不变价值尺度，特别是由此得出的标准体系中工资与利润率的关系却为说明分配问题提供了一个理论基础。根据斯拉法的理论，他们提出了分配理论，其基本观点是：

第一，在国民收入的分配中，工资与利润是对立的。这就是说，利润率越高，利润总额在国民收入中的比例就越大，工资总额在国民收入中的比例就越小；反之，利润率

---

① 参看《琼·罗宾逊谈西方资产阶级经济学和资本主义经济危机》，《世界经济》，1978 年第 2 期。
② 关于对斯拉法"标准体系"和"标准商品"的详细评介可以参看胡代光：《评斯拉法的"标准商品"和"标准体系"的建立》，《北京大学学报》（社会科学版），1981 年第 5 期。

越低,利润总额在国民收入中的比例就越小,工资总额在国民收入中的比例就越大。在一定的国民收入水平上,工资和利润总是呈反方向运动的。由此证明了资本主义社会收入分配的不合理性,说明了建立在边际生产力理论基础之上的、为资本主义社会收入分配的合理性辩护的分配理论是错误的。

第二,工资与利润在国民收入中所占份额的大小,在一定的收入水平条件下取决于利润率水平,而利润率水平是与一定的"客观的"、"物质的"生产技术条件联系在一起的。在(15.1)式 $r = R(1 - W)$ 中,当 W 不为 0 时,国民收入不会全归于利润,那么 r 的大小与纯产品中支付工资的部分(W)呈反比,与纯产品对生产资料的比率(R)呈正比。这就意味着,利润率与生产技术的物质条件有着直接的关系。因为纯产品中支付工资的部分和纯产品对生产资料的比率都代表着一定的生产技术物质装备所达到的水平。

第三,收入分配格局的形成具有客观的、物质的基础,它与历史上形成的财产占有制度相关,也与劳动力市场的历史条件有关。这一点体现出了新剑桥学派所强调的历史时间观念,即"过去是不能召回的",它是一定历史条件下的产物,因此也就是客观的。工资可以分为实际工资与货币工资,前者取决于利润率、商品与货币流量、价格水平等因素;后者在很大程度上不依赖于前者而变动,它取决于外生条件,如一国历史上形成的工资水平、国内劳资双方的议价力量对比等,而这些因素都与历史相关。利润(指纯资本收入,不包括作为企业家才能报酬的正常利润)是资本所有者凭借其财产占有权而取得的非劳动收入,它取决于历史上所形成的财产关系。由此可以看出,分配不是取决于边际生产力,也不是公平合理的,它在很大程度上是历史的产物。

上述分配理论说明了收入分配格局的决定。而收入分配变动的情况则要通过增长理论来说明。

三、新剑桥学派的经济增长理论

新剑桥学派的经济增长理论是通过新剑桥增长模型来说明的。它的特点是把经济增长与收入分配结合在一起,论述如何通过收入分配的改变来实现稳定的经济增长,在经济增长中收入分配又是如何变化的。

新剑桥模型在讨论经济稳定增长的条件时仍然是从 $g = \dfrac{s}{c}$ 这一公式出发,认为为了达到既定的增长率 g,可以改变储蓄率 s 与资本—产量比率 c,而 s 的变化则是通过改变资本和劳动在国民收入中的份额来实现的。然后,他们还讨论了在经济增长中国民收入的变动趋势。

新剑桥模型把社会成员分为利润收入者和工资收入者两大阶级，假定这两大阶级的储蓄都占各自收入的一个固定比例，利润收入者的储蓄倾向大于工资收入者的储蓄倾向。如果以 s_p 代表利润收入者的储蓄倾向，以 s_w 代表工资收入者的储蓄倾向，以 $\frac{P}{Y}$ 代表利润在国民收入中所占的比例，$\frac{W}{Y}$ 代表工资在国民收入中所占的比例，则有：

$$s = \frac{P}{Y} \cdot s_p + \frac{W}{Y} \cdot s_w \tag{15.2}$$

以上式可以看出，在 s_p 与 s_w 为既定的条件下，可以通过改变 $\frac{P}{Y}$ 与 $\frac{W}{Y}$ 来调节 s，使得增长率达到既定的增长率。

新剑桥学派分两种情况来讨论经济稳定增长的实现。第一种情况是假定工资收入者无储蓄，即 $s_w=0$，全部储蓄来自于利润收入者，在古典学派李嘉图的理论体系中，采用了这种假设，因此，把这种情况下的增长模型称为古典储蓄函数增长模型；第二种情况是假定工资收入者也有一定储蓄，即 $s_w>0$，但是，$s_w<s_p$，这种情况称为剑桥增长模型。下面就分别讨论各种情况下经济稳定增长的实现。

第一种情况：$s_w=0$。

这时，$s=\frac{P}{Y} \cdot s_p$。在这种情况下，如果是有保证的增长率小于自然增长率，在资本—产量比率不变的条件下，即可以通过增加利润在国民收入中的份额来增加储蓄率，从而使有保证的增长率等于自然增长率。例如，如果自然增长率为 8%，资本—产量比率为 3，如果这时利润在国民收入中的份额为 30%，利润收入者的储蓄倾向为 50%，则储蓄率为 15%（$s=\frac{P}{Y} \cdot s_p = 30\% \times 50\% = 15\%$），有保证的增长率为 5%，小于自然增长率。为了使两者相等，则可以增加利润在国民收入中的份额，从而增加储蓄率。如果利润在国民收入中的份额增加到 48%，则储蓄率为 24%（$s=\frac{P}{Y} \cdot s_p = 48\% \times 50\% = 24\%$），这时有保证的增长率增加为 8%，与自然增长率相等，经济实现了稳定增长。可见要提高增长率就要提高利润在国民收入中的份额。相反，如果有保证的增长率大于自然增长率，则可以通过减少利润在国民收入中的份额来减少储蓄率。

第二种情况：$s_p>s_w>0$。

这时，$s=\frac{P}{Y} \cdot s_p + \frac{W}{Y} \cdot s_w$。在这种情况下，如果有保证的增长率小于自然增长率，也可以通过增加利润在国民收入中的份额，减少工资在国民收入中的份额来提高储蓄率。例如，如果自然增长率为 8%，资本—产量比率为 3，如果这时利润在国民收入中的份额为40%,利润收入者的储蓄倾向为30%,工资在国民收入中的份额为60%,工资收入者的储蓄倾向为10%,则储蓄率为18%($s = \frac{P}{Y} \cdot s_p + \frac{W}{Y} \cdot s_w = 40\% \times 30\% + 60\% \times 10\% = 12\% + 6\% = 18\%$),有保证的增长率为6%,小于自然增长率。为了使两者相等,则可以增加利润在国民收入中的份额,减少工资在国民收入中的份额,从而增加储蓄率。如果利润在国民收入中的份额增加到70%,工资在国民收入中的份额减少到30%,则储蓄率为24%($s = \frac{P}{Y} \cdot s_p + \frac{W}{Y} \cdot s_w = 70\% \times 30\% + 30\% \times 10\% = 21\% + 3\% = 24\%$),这时有保证的增长率增加为8%,与自然增长率相等,经济实现了稳定增长。结论仍然是要提高增长率就要提高利润在国民收入中的份额,减少工资在国民收入中的份额。相反,如果有保证的增长率小于自然增长率,则可以通过减少利润在国民收入中的份额,增加工资在国民收入中的份额来减少储蓄率。

新剑桥增长模型还进一步讨论了经济增长中国民收入分配变动的趋势。在讨论这一问题时,卡尔多提出的模型是:

$$\frac{P}{Y} = \frac{1}{(s_p - s_w)} \cdot \frac{I}{Y} - \frac{s_w}{(s_p - s_w)} \tag{15.3}$$

第一种情况:$s_w = 0$。

这时,$\frac{P}{Y} = \frac{1}{s_p} \cdot \frac{I}{Y}$。此式表明,利润在国民收入中所占的份额$\left(\frac{P}{Y}\right)$取决于利润收入者的储蓄倾向($S_p$)与投资率$\left(\frac{I}{Y}\right)$。如果按上述假定,$s_p$不变,则利润在国民收入中所占的份额取决于投资率。较高的增长率来自于较高的投资率,所以经济增长率越高,国民收入的分配越有利于利润收入者而不利于工资收入者。这就是说,随着经济的增长,工资在国民收入中的份额减少,而利润在国民收入中的份额增加。

第二种情况:$s_p > s_w > 0$。

这时,在$\frac{P}{Y} = \frac{1}{(s_p - s_w)} \cdot \frac{I}{Y} - \frac{s_w}{s_p - s_w}$中,$s_p - s_w > 0$,因此$\frac{P}{Y}$与$\frac{I}{Y}$仍按同方向变动,结论仍然是:投资率增加,经济增长率提高,工资在国民收入中所占的份额下降,利润在国民收入中所占的份额增加。

琼·罗宾逊用下述公式来说明经济增长中国民收入分配的决定:

$$P = \frac{1}{1 - c_p} \cdot I \tag{15.4}$$

在上式中,P为纯利润,I为净投资,c_p为利润收入者的消费倾向,$1 - c_p$是净储蓄在净利润中所占的比例(即s_p)。

由上式可以看出：利润取决于利润收入者的消费倾向 c_p 与投资 I。它与 I 同方向变动，与 c_p 也是同方向变动，而与 $1-c_p$，即 s_p 呈反方向变动。这样就证实了波兰经济学家卡莱斯基（M. Kalecki）的名言：工人花费他们所得到的，资本家得到他们所花费的。

琼·罗宾逊又认为，从长期来看，利润收入者的消费倾向比较固定，所以国民收入中的利润份额主要取决于投资率 $\left(\dfrac{I}{Y}\right)$ 的变动，而投资率与经济增长率联系在一起。较高的经济增长率来自较高的投资率，而较高的投资率必然使利润在国民收入中占较大的份额。因此，资本利润率（r）、利润收入者的储蓄倾向（s_p）和经济增长率（g）有如下关系：

$$r = \frac{g}{s_p} \tag{15.5}$$

如果 $s_p \to 1$，则 $r = g$。所以，在其他条件不变的情况下，经济增长率越高，利润率就越大，国民收入中作为利润收入的部分就越大，作为工资收入的部分就越小。

新剑桥增长模型所得出的结论是：

第一，经济增长中收入分配变动的趋势是：利润在国民收入中所占的份额越来越大，工资在国民收入中所占的份额越来越小。这样，经济增长加剧了资本主义社会中利润和工资分配比例的失调，使工人的处境相对恶化。所以，经济增长不利于工资收入者而有利于利润收入者，工资在国民收入中相对比例的下降是必然的。这一点与新古典综合派根据以边际生产力理论为基础的分配理论所做出的结论"随着经济的发展，利润率下降，工资率上升"是完全相反的。

第二，资本主义社会的症结正在于这种收入分配的失调。国民收入分配中利润与工资分配的格局由历史条件所形成，由经济增长所加剧。资本主义的弊病正是由此所引起的。这与新古典综合派把资本主义问题的产生归咎于有效需求不足是不同的。

第三，解决资本主义社会问题的途径不是实现经济增长，而是实现收入分配均等化。新古典综合派认为，解决资本主义社会问题的途径是实现经济增长，他们认为经济增长"会比任何想象到的重新分配更能提高穷人和不幸者的收入"[①]，所以"新经济学不但主张而且也在很大程度上实行了一条旨在促进稳定的积极性政策；新经济学是不达目的，决不罢休的"[②]。但是，新剑桥学派认为，经济增长不仅造成了污染、通货膨胀等问题，不仅使工人的收入在国民收入中所占的比例相对减少，而且还造成了绝对贫困。琼·罗宾逊说："不仅主观上的贫困绝没有因经济增长而被克服，而且绝对贫穷还因经济增长而增大。经济增长要求技术进步，而技术进步则改变了劳动力的构成，受过教育的工人得到较多职位，而未受过教育的工人则获得较少职位，但取得职位

[①] 托宾：《十年来的新经济学》，钟淦恩译，商务印书馆，1980 年，第 49、66 页。
[②] 同上。

资格的机会却为那些早已掌握了技术知识的家庭所保持(有非凡才能者属于少数例外)。当经济增长在上层继续进行时,越来越多的家庭在下层则被驱逐出来。虽然财富增加了,但绝对贫困却增长了。'富裕中的贫穷'这句旧口号具有了新的意思。"①

四、新剑桥学派的滞胀理论

新剑桥学派反对新古典综合派对滞胀问题的分析。卡尔多指出:"通货膨胀和经济衰退的并发是一个新的现象,解释这种现象是对经济学家提出的智力挑战。照我的看法,要寻找一个单纯的基本原因——例如所有国家都增加了货币供给,或者由集体协议工资而引起的普遍成本推力——是无用的。"②琼·罗宾逊认为:"把失业的存在归咎于工人想找一个好的工作,而不是缺乏工作机会,这完全是美国经济学家杜撰出来的荒谬论调。""劳动力市场确有其不完全性,即某些工人缺乏流动性和他们的文化技术水平不符合资本家的需要,但这绝不是失业的根本原因。"③

新剑桥学派认为,应从区分不同商品市场类型或不同类别的经济部门入手来解释通货膨胀的原因,进而解释滞胀问题,这就是所谓的"市场操纵"理论。

这种理论首先把世界经济分为三个部门:初级部门为工业活动提供必不可少的基本供给品(如食物、燃料和基本原料);第二级部门将原料加工为成品以供投资或消费之用;第三级部门则提供辅助其他部门的各种服务。通货膨胀的根源在于初级产品部门和制造业部门(第二级部门)这两个部门生产增长之间所存在的比例失调的现象。

为了说明这两个部门比例失调的问题,他们进而论述了两个部门的价格决定问题。如果这两个部门产品的价格都由市场决定,那么市场机制可以调节两部门产品之间的贸易条件,使两者比例协调。但事实并不是这样。在初级产品市场上,对个别生产者和消费者来说,市场价格是既定的,这种价格由供求关系决定,而价格的变动是调节未来生产和消费的信号。在制造品市场上,特别是在大部分生产集中在大公司手中的现代工业社会中,价格是被操纵的,即由生产者自己决定,生产对需求变动的适应通过库存调节机制进行,与价格无关。这种操纵价格由成本决定,而不由市场决定。确定操纵价格的方法是:企业首先区别出可变成本,然后按工厂的标准开工率计算出平均一般管理成本,最后在这两种成本之上,根据企业对市场情况的判断加上一个纯利

---

① 琼·罗宾逊:《经济理论的第二次危机》,载《现代国外经济学论文选》,第一辑,外国经济学说研究会编,商务印书馆,1979年,第12—13页。
② 卡尔多:《世界经济中的通货膨胀和衰退》,载《现代国外经济学论文选》,第一辑,外国经济学说研究会编,商务印书馆,1979年,第321页。
③ 《琼·罗宾逊谈西方资产阶级经济学和资本主义经济危机》,《世界经济》,1978年第2期。

润幅度。因此,供求对价格的影响非常小。制造品的价格对需求变动并不十分敏感,而对成本变动却能做出迅速的反应。

这样,初级产品与制造业产品之间增长的比例失调所引起的后果就落在初级产品市场上。从世界经济的角度来看,初级产品价格的任何巨大变动——无论是价格上升还是下降——都会对工业活动起抑制作用。可以从两方面来说明这一问题。第一,当初级产品价格下降时,虽然有可能刺激制造业部门吸收更多初级产品,加之食物价格下降会使工人的实际收入增加,也会刺激对制造业产品的需求,但因为贸易条件对初级产品生产者不利,所以会减少初级产品生产者对初级产品生产的投资,结果势必在抵消了农矿产品价格下降所带来的对工业品需求的任何刺激之后还绰绰有余。在20世纪30年代,正是初级产品价格的迅速下跌导致了世界经济的大萧条。第二,当初级产品价格上涨时,它在工业品成本方面便具有强有力的通货膨胀的影响。这是因为,初级产品价格的上升通过各个生产阶段依次进入可变成本中,与不变的利润加成结合在一起,使得制造品价格上升,并引起利润在增加价值中所占份额的上升。在工会力量强大的国家中,这种上升引起增加工资的压力,因为工人为了抵制实际工资的降低一定会要求增加工资,以便保持他们的收入在制造业产品价值增加中所占的份额。这样,贸易条件有利于初级产品生产者的趋势并不可能持续很久。制造业部门将通过由成本上升引起的产品的价格上涨来对付初级产品的价格上升,以保障自己的收入不下降。与此同时,通货膨胀本身也缩小着工业品的有效需求。这一方面是因为初级产品部门的生产者利润的增加和他们的支出不相称,另一方面是大多数工业国可能采取紧缩的财政与货币政策来对付通货膨胀。这样,农产品价格的上涨很可能在工业部门引起工资—物价螺旋式上升的通货膨胀。

这种通货膨胀一方面限制了工业活动的发展,减少了对劳动力的需求;另一方面又使得低收入家庭更加贫困,他们不得不增加劳动力的供给,所以,通货膨胀不仅减少了就业机会,还增加了劳动力的供给,使通货膨胀与失业并存,形成了经济中的滞胀局面。70年代初级产品的价格,尤其是石油价格的上升正引起了这种类型的滞胀。

第三节 新剑桥学派的政策主张

一、新剑桥学派反对新古典综合派与货币主义的政策主张

在经济政策问题上,新剑桥学派既反对新古典综合派所主张的财政政策与货币政

策，又反对货币主义所主张的自由放任政策。

他们认为，新古典综合派的财政政策与货币政策是为了解决总需求的问题，但资本主义社会问题的根源并不在于总需求不足，而在于分配不均等。当前资本主义社会的许多问题正是调节总需求的财政政策与货币政策，尤其是扩大军事开支的赤字财政政策所造成的。当前问题之严重也远非财政与货币政策所能解决。对于新古典综合派的其他政策，他们也持反对态度。例如，他们认为新古典综合派对解决滞胀问题所提出的对工资与物价进行管制的收入政策是错误的。这项政策所提出的理论依据"失业与空位并存转化为通货膨胀与失业并存"是错误的。这项政策的实施不仅无助于滞胀问题的解决，还会维持现有的收入分配不合理的格局，所以，更不能解决当前资本主义社会存在的问题。

新剑桥学派也反对货币主义的政策主张。首先，他们反对让市场机制充分发挥作用的观点，认为市场机制是一个效率极差的调节器，20世纪30年代的大危机已证明了它的失败。当前，它也不会使资本主义社会的状况好转。其次，他们反对把货币作为影响经济的唯一重要的因素。琼·罗宾逊就指出，货币量与生产量之间仅有微弱的、间接的联系。所以，对信贷的限制能减少实际的经济活动，降低供给方面的价格，但对于货币收入呈直线的膨胀性增加，这种措施只能起到局部地减缓的作用。这样，控制货币量就不能有效地控制通货膨胀。最后，他们也反对货币主义关于自然失业率的概念①，认为，货币主义者企图通过限制货币供给的措施来达到零通货膨胀下的自然失业率水平只不过是30年代早期的政策，而实践早已证明，这一政策是错误的。所以，新剑桥学派反对货币主义者所提出的充分发挥市场机制与控制货币供给量的政策。

二、新剑桥学派的政策主张

新剑桥学派的中心理论是分配理论，所以政策的重点就是收入分配的政策。

他们认为，资本主义社会各种问题的根源在于收入分配的不合理性。因此，只有政府实行收入均等化的政策，才能从根本上解决资本主义社会的问题。在这一方面，他们所提出的政策措施主要是：

第一，通过合理的税收制度（如累进所得税、高额的财产税等）来改变现存的收入分配不合理的状态。

第二，给低收入家庭以补助，以便改变他们的贫穷状态。

---

① 关于自然失业率的说明可以参看本书第十六章现代货币主义，第二节。

第三，政府协助提高失业者的文化技术水平，以便使他们有更多的就业机会，并能从事收入较高的技术性工作。

第四，制定适应经济增长的、逐渐达到消灭赤字的财政政策，并根据经济增长率制定预定的实际工资增长率的政策。

第五，政府必须尽量减少军事等方面的开支，而将更多的财力用于发展民用服务、环境保护和原材料生产等部门。

第六，实行进口管制，发展出口商品的生产，增加顺差，以便为国内提供更多的就业机会。

第七，政府可以用预算中的盈余去购买股份，把公司股份的所有权从个人手中转移到国家手中。

在上述政策之中，琼·罗宾逊特别强调税收政策。她主张实行没收性的遗产税（只给孤儿、寡妇留下适当的终生财产所有权）以便消灭历史所形成的财产的集中，使食利者阶层逐渐消灭，并把政府由此所得到的收入用于公共目标与改善穷人的地位。

第十六章 现代货币主义

现代货币主义,亦称货币主义,是当代自由主义思潮中最重要的经济学流派。它的产生、形成与发展被认为是一场对抗凯恩斯革命的革命。它的理论与政策曾经风靡整个世界。因此,了解货币主义的形成、理论与政策对掌握西方经济学的发展与了解西方各国的经济政策是很有帮助的。

第一节 货币主义的形成与发展

一、货币主义的含义

货币主义(monetarism)这个词是美国经济学家布伦纳(K. Brunner)在1968年7月发表的一篇题为《货币和货币政策的作用》的文章中提出来的。

西方经济学界对货币主义有着不同的解释。一些通俗的书刊把货币主义解释为一种货币政策。这种政策的特点是把重点放在控制货币数量(或者货币总量、货币供给量)方面,与把重点放在控制利率方面的凯恩斯主义的货币政策不同。这种定义,把政策主张作为划分货币主义的标准是不恰当的。与此相对的另一个关于货币主义的定义是:货币主义是反凯恩斯主义的流派。这一定义把经济思潮作为划分货币主义的标准,范围划得太宽泛了。实际上,正如以前所指出的,与凯恩斯主义相对抗的远非货币主义一个流派。第三种定义是弗里德曼所下的:"过去常被称为货币数量论的东西……现在叫做货币主义。"这就是把货币主义等同于货币数量论。应该说,这个定义抓住了货币主义最核心的东西,因为货币主义是由历史上的货币数量论发展而来的,它的理论与政策又是建立在现代货币数量论的基础之上的。[①]

货币主义者之间在许多理论与政策问题上也是有争论的。但是,作为货币主义者,他们在以下三个基本问题上的观点是一致的:第一,货币最重要,货币的推动力是说明产量、就业和物价变化的最主要因素;第二,货币存量(或者说货币供给量)的变动

---

① 关于货币主义的三种解释可以参看温特劳布主编的《现代经济思想》,宾州大学出版社,1977年,第253—254页。

是货币推动力的最可靠的测量标准;第三,货币当局的行为支配着经济周期中货币存量的变动,因而通货膨胀、经济萧条或经济增长都可以,而且应当唯一地通过货币当局对货币供给的管理来加以调节。①

二、货币主义的历史渊源

现代货币主义的历史渊源主要是早期货币数量论和20世纪30年代的早期芝加哥学派的传统。

货币数量论是关于货币流通量与一般价格水平之间关系的理论。它的基本观点是,商品的价格水平和货币的价值是由货币的数量决定的;在其他条件不变的情况下,商品价格水平与货币数量呈正比例变动,货币价值与货币数量呈反比例变动。所以,流通中的货币数量越多,商品价格水平越高,货币价值越小。

货币数量论的历史据说可以追溯到古罗马。但一般认为,最早提出货币数量论的是16世纪法国的重商主义者博丁(Jean Bodin)。他曾用货币流通量的变动来解释16世纪西欧的物价波动,认为"价格革命"是金银大量流入、货币流通量增加的结果。以后,英国经济学家洛克(J. Locke)和休谟(D. Hume)进一步发展了货币数量论。洛克认为,在产量不变的条件下,货币数量的增加必定使货币的价值减少。休谟认为,金银作为货币,完全靠它们在社会交换过程中的职能,才有自己的价值。一国流通中的货币,不过是用来计算或代表商品的价值符号,在商品数量不变的情况下,货币数量增加,商品价格就会同比例提高。所以人为地增加货币量,对一国并无好处。李嘉图也是货币数量论者,他根据1797年英格兰银行停止银行券兑现以后许多商品价格上升的事实,得出商品进入流通时没有价格,货币没有价值,商品价格与货币价值由流通中的货币量来决定的结论。

早期货币数量论的兴盛时期是19世纪末20世纪初。这时的主要代表人物有美国经济学家费雪(I. Fisher)、劳克林(J. L. Laughlin),英国剑桥学派的马歇尔、庇古等人。其中,最有代表性的是费雪和庇古。

费雪在1911年出版的《货币的购买力》中提出了著名的交易方程式:

$$MV = PT \tag{16.1}$$

在上式中,M是流通中的货币数量,V是货币流通速度,P是一般价格水平,T是商品和劳务的交易总额。

---

① 参看胡代光:《米尔顿·弗里德曼和他的货币主义》,商务印书馆,1980年,第3页。

如果把这一公式扩大,则有:

$$MV + M'V' = PT \tag{16.2}$$

这里考虑到信用的因素,充当货币这种交换媒介的不仅有金银纸币,还有信贷货币。M'指商业银行的活期存款,V'是银行活期存款的流通速度。可将上式写为:

$$P = \frac{MV + M'V'}{T} \tag{16.3}$$

(16.3)式说明价格水平取决于 M,V,M',V',T 这五个因素。费雪认为,从长期来看,货币流通速度是相当稳定的,在充分就业的假定之下,商品和劳务总量也是不变的。这样价格就随货币数量的变动而同比例变动。这就是说,货币数量居于主动的、起支配作用的地位,物价水平随货币数量的波动而波动。从而得出的结论是:"货币数量增加的正常影响之一,是一般物价水平确切地按比例增长。"①交易方程式强调了货币作为流通手段与支付手段的作用,所以这一理论又被称为"现金交易说"或"物价理论"。

剑桥学派的马歇尔强调货币与物价的关系取决于人们手中保存的货币数量,提出了"现金余额说"。庇古根据这一理论提出了剑桥方程式:

$$M = KY \tag{16.4}$$

在上式中,M 代表货币需求量,即人们为应付日常开支平均经常保存在手边的货币数量,Y 代表以货币计算的国民收入(或国内生产总值),K 代表人们手中经常持有的货币量与以货币计算的国内生产总值之间的比例关系。因此,$Y=PT$,所以上式也可以写为:

$$M = KPT \tag{16.5}$$

在上式中,K 等于 V 的倒数,即 $K = \frac{1}{V}$。所以,交易方程式与剑桥方程式实质上是一样的。但剑桥方程式强调了对货币的需求,故被称为货币需求理论。

根据交易方程式与剑桥方程式,货币流通速度(V)或人们手中保存的货币量对国民收入的比例(K)在一定时间内基本稳定不变,是一个常数;在充分就业的前提之下,商品和劳务的总量(T)或国民收入(Y)也是不变的。所以可以得出:物价水平同货币数量是呈同比例变动的,物价水平的高低取决于货币数量的大小。

早期芝加哥学派是在 20 世纪 30 年代前后形成的,它的主要成员有劳克林、奈特、西蒙斯、瓦伊纳(J. Viner)等人。这个学派有两个特点,其一是坚持货币数量论的传统,其二是主张自由放任。他们虽然不同意费雪等人简单的货币数量论,主张多种因素决定物价水平,但都承认物价水平与货币流通量有某种关系,坚持了货币至关重要

---

① 转引自许涤新主编:《政治经济学辞典》,中册,人民出版社,1980 年,第 505 页。

这样一种理论研究方法。他们认为,商业银行的信贷活动,货币供给量的变动,特别是货币流通速度的急剧变动,是引起生产与物价水平波动的最重要原因。此外,他们坚持自由放任的传统,认为市场价格机制的自发调节作用有使市场经济趋向均衡的自然趋势,并能使生产资源得到最有效的使用。他们还认为,由于政府决策人不可避免地受到现有知识和能力的限制,所以干预市场价格机制的政策不仅妨碍了生产资源的合理配置,而且往往加剧了市场经济的动乱。但是,当西方世界出现了20世纪30年代的大危机之后,早期芝加哥学派的某些经济学家也主张国家采取赤字财政政策和举办公共工程来解决失业问题,并参与了罗斯福新政。

三、现代货币主义的形成与发展

美国经济学家约翰逊曾分析了货币主义产生的历史条件。他认为,一种新理论的产生,要具备两个条件,即"新理论产生的客观社会环境"和"新理论本身的科学特点"。[①] 前者是指旧理论不能解释目前存在的问题,后者是指新理论能对新问题做出解释并提出解决办法。货币主义的产生正在于它对通货膨胀这个"凯恩斯主义的理论最无能力处理的问题"[②]提出了新的解释与解决办法。这也就是说,货币主义的产生是凯恩斯主义失败的结果。西方国家由于执行凯恩斯主义的政策而出现的严重的通货膨胀是货币主义产生的历史背景,正如另一个美国经济学家亨利·沃利克(Henry C. Wanich)所说的:"(20世纪30年代)严重失业和萧条给我们带来了凯恩斯主义。后来随着时间的推移,我们陷入了这种通货膨胀的困境,那使得许多人成为货币主义者。正如凯恩斯主义是萧条的产儿一样,货币主义是通货膨胀的产儿。"[③]

从20世纪50年代到现在,货币主义的形成与发展经历了三个阶段:

第一阶段是20世纪50年代,这是现代货币主义的理论准备阶段。这一阶段的主要标志是弗里德曼在1956年所发表的《货币数量论——一种重新表述》。弗里德曼在这篇文章中提出了现代货币数量论,从而奠定了货币主义的理论基础。弗里德曼对早期货币数量论的重新解释引起了理论上的关注。但当时正是凯恩斯主义的全盛时期,弗里德曼的理论在学术界仍没有地位。

第二阶段是20世纪60年代,这是现代货币主义的形成阶段。在这一时期,弗里

---

① 约翰逊:《凯恩斯的革命与对抗革命的货币主义者》,载《现代国外经济学论文选》,第一辑,外国经济学说研究会编,商务印书馆,1979年,第94页。
② 同上,第100页。
③ 《亨利·沃利克访问记:该怎么办》,《挑战》杂志,1977年第11—12月号。

德曼发表了《价格理论：一个假定题目》《1867—1960年美国货币史》(与施瓦茨合著)《通货膨胀：原因与后果》《货币最优数量和其他论文》《美国的货币统计》(与施瓦茨合著)《货币分析的理论结构》等著作,使货币主义在理论观点和政策主张方面都发展成为一个完整的体系。

第三阶段是20世纪70年代,这是现代货币主义成为"第一个意义重大的对抗革命的革命",作为一个重要的经济学流派与凯恩斯主义分庭对抗的时期。这是与60年代末通货膨胀的严重及滞胀的出现相关的。正如约翰逊所说："只有到了通货膨胀成为美国自己的主要问题的时候,货币主义反凯恩斯革命的革命的真正冲击才得到发展。同样,只是因为出现了这样的事件,即由于美国在世界事务中的重要性,这种事件意味着出现了全球性的通货膨胀,货币主义才被其他国家的学术界和公共舆论严肃对待。"①这一阶段的重要标志是：第一,1976年弗里德曼获得了诺贝尔经济学奖,瑞典皇家科学院高度评价了他的成就,指出："早在50年代,弗里德曼就是反对后凯恩斯主义片面性的有名的先驱者。主要由于他独立不羁的人格和非凡的天才,他成功地发动了一场持续了十多年的生气勃勃的、富有成效的科学论战。实际上,今天的宏观经济计量学模型,就货币因素方面而言,已大大不同于二三十年以前了,而这主要归功于弗里德曼。关于弗里德曼的范围广泛的论战,使得中央银行,特别是美国中央银行所奉行的货币政策得到重新评价。一个经济学家,不仅对科学研究的方向,而且对实际政策,直接和间接地产生如此之大的影响是十分难能可贵的。"②第二,英国撒切尔夫人1979年5月上台后全面实施货币主义的政策主张,使现代货币主义由理论变为实践。第三,在70年代,货币主义理论又有了新的发展——形成了理性预期学派。

第二节 货币主义的理论

一、现代货币数量论

现代货币主义把货币作为影响经济的最重要因素,即"坚持货币至关重要这样一种理论研究方法——如果忽视货币的变动和反应,如果对人们为什么愿意单单保持现

---

① 约翰逊：《凯恩斯的革命与对抗革命的货币主义者》,载《现代国外经济学论文选》,第一辑,外国经济学说研究会编,商务印书馆,1979年,第102页。
② 瑞典皇家科学院：《1976年诺贝尔经济学奖文告》,《斯堪的纳维亚经济学杂志》,1977年第1期。

有的名义货币量不去加以阐明,那么经济活动的短期动向的任何解释就会如堕五里雾中"①。但是,现代货币主义并不像早期货币数量论那样把充分就业下的国内生产总值作为固定的,把货币流通速度也作为不变的,然后研究货币数量与物价的关系,而是认为,物价水平或名义收入水平是货币需求函数和货币供给函数相互作用的结果。决定货币供给的是货币制度,即法律和货币当局的政策。而货币需求的决定则是货币数量论所要研究的问题。正如弗里德曼所说的:"货币数量论首先是货币需求理论,而不是关于产量、货币收入或价格水平的理论。"②

弗里德曼在建立现代货币数量论时首先对交易方程式与剑桥方程式进行了对比分析。他认为这两个方程式的区别在于:交易方程式强调了货币在支付过程中的作用,从而把在清偿债务中凡是充当交易媒介的都视为货币。剑桥方程式强调的是人们在买卖过渡期间用做购买力暂时保存的货币,即货币作为一种资产的作用。剑桥方程式更适合用马歇尔的供求原理来说明货币与物价的关系,所以,弗里德曼是沿着剑桥方程式来说明货币与物价的关系,并表述他的货币数量论的。另外,弗里德曼的现代货币数量论还受到凯恩斯主义灵活偏好理论的影响,正如他所说的:"货币理论的一个更为根本的和更为基本的发展曾经是以深受凯恩斯的流动偏好分析影响的方式重新描述的货币数量论。"③这就在于,凯恩斯主义的流动偏好理论实际上是一个货币需求函数,它认为决定人们对货币的需求的因素是收入与利率,即:$\frac{M}{P}=f(Y \cdot r)$。而弗里德曼的货币需求函数是对这一公式的进一步发展。

弗里德曼所提出的货币需求函数是:

$$\frac{M}{P} = f\left(Y, W, r_m, r_b, r_e, \frac{1}{P} \cdot \frac{dP}{dt}, u\right) \tag{16.6}$$

在上式中,M 为个人财富持有者手边保存的货币量;P 为一般物价水平;$\frac{M}{P}$ 为个人财富持有者手边的货币所能支配的实物量,即货币需求量;Y 为实际收入;W 为由非人力资本(财产)而得来的收入部分;r_m 为预期的货币名义报酬率;r_b 为预期的价值固定债券的名义报酬率;r_e 为预期的股票名义报酬率;$\frac{1}{P} \cdot \frac{dP}{dt}$ 为预期的商品价格变动率,即预期的实物资产的名义报酬率;u 为收入以外的可能影响货币效用的其他因素或变量。

弗里德曼的货币需求函数说明了对货币的需求取决于多种因素,即财产总额、财产的构成(即物质资本与人力资本所占的比例)、各种财产所得到的收入在总收入中的

---

① 转引自胡代光:《米尔顿·弗里德曼和他的货币主义》,商务印书馆,1980年,第13页。
② 弗里德曼:《货币数量论研究》,英文版,1956年,第4页。
③ 弗里德曼:《货币数量论》,载《国际社会科学百科全书》,第10卷,纽约,1968年,第439页。

比例、人们保有货币及其他形式的资产时所预期的收益率以及其他影响货币效用的因素。弗里德曼强调,在影响货币需求的多种因素中,作为各种形式资产总和的总财产是最重要的因素。但他又认为,总财产的衡量实际上很难做到,只能用收入来代替。弗里德曼所使用的收入概念是他在《消费函数理论》一书中提出的持久性收入的概念。

弗里德曼把影响人们的现期收入的因素分为两种:一种是只有暂时性影响的因素;另一种是其影响能持续一个较长时期的因素,他把这个时期定为二年以上。反映暂时性因素影响的收入称为暂时性收入,反映长期因素影响的收入称为持久性收入。持久性收入是一个人在相当长时期内从拥有的物质资本与人力资本中经常能够获得的收入流量,可以把它理解为大致相当于一个人在一定时期内收入的平均数,或正常收入。持久性收入在长期中是稳定增加的;在短期中会发生波动(在经济繁荣时期会增加,在经济衰退时期会下降),但波动幅度并不大。

弗里德曼强调了持久性收入对货币需求的重要影响。他根据统计资料计算出,利率对货币需求的影响是微小的,利率每增加(或减少)1%,人们对货币的需求只减少(或增加)0.15%;而收入对货币需求的影响是大的,收入每增加1%,人们平均经常保存在手边的货币量将增加1.8%。因为持久性收入是稳定增长的,所以对货币的需求也是稳定增加的,货币流通速度在长期中是缓慢下降的。这样,货币需求与货币流通速度虽然不是一个常数,但与有关经济变量,特别是与其中最重要的变量——持久性收入之间有着稳定的函数关系。因此,就必须从货币供给的变动来研究货币对产量与物价的影响。

二、名义收入货币理论

弗里德曼提出了名义收入货币理论以示他的货币理论与早期货币数量论和凯恩斯主义货币理论的区别。早期货币数量论是以充分就业为前提,假定产量不变,认为名义收入的变化是由于价格的变化引起的;凯恩斯主义则认为名义收入的变化是由于产量的变化引起的;弗里德曼的名义收入货币理论则说明了货币数量的变化在一定时期内对产量和物价都有影响。他没有对短期中名义收入的变化在价格变化与产量变化之间的区分做出任何假定。在他看来,名义收入是一种综合指标,包括了价格与产量二者。因此,名义收入的变化既可表现在产量变化上,也可表现在价格变化上。

弗里德曼曾建立数学模型来详细阐述名义收入货币理论。[1] 从这些模型中所得出

---

[1] 这些模型是弗里德曼在《货币分析的理论结构》中提出来的。可以参看刘絜敖:《国外货币金融学说》,中国展望出版社,1983年,第352—355页。

的结论是:"在货币量增长率和名义收入增长率之间存在着一种一致的、虽然不那么精确的关系……如果货币量增长迅速,名义收入也增长迅速;反之亦然。"[①]这就是说,货币数量与名义收入是密切联系在一起的,但货币量增长的变化对名义收入的变化的影响要有一个时延。一般来说,货币增长率的变化导致的名义收入的变化,要在货币增长变化以后 6—9 个月(平均数)后才会发生。如果货币增长率降低,则约在以后的 6—9 个月间,名义收入的增长率和物质产量也将下降,但它对物价变动率的影响将微乎其微。只有在实际产量和潜在产量之间出现差距时才对物价下降产生压力。一般来说,货币数量的变化对物价的影响发生在它对名义收入和产量的影响发生之后约 6—9 个月。因而,货币增长率的变化和通货膨胀率变化之间的时延平均为 12—18 个月。由此,弗里德曼认为,对于短期的经济变动来说,货币数量的变化,是决定名义收入和实际收入的主要因素,以致成为经济变动的主要原因,即"唯有货币最重要"。在长期内,货币数量的变动只影响价格。

弗里德曼还进一步说明了货币量的变动影响经济的传导机制。按照凯恩斯主义,货币量的变动对经济的影响主要是通过货币量对利率的影响,而货币供给量的变动之所以能影响利率则是根据资产的选择仅限于在货币与债券之间进行这一假设。而弗里德曼强调,资产不仅是货币与债券这两种形式,而且采取了货币、债券、股票、住宅、土地、耐用消费品、珍宝等多种形式。所以,资产的选择是在货币与其他多种资产形式中进行。如果货币数量增加了,而实际的货币需求并没有变,这样人们手中所保有的名义货币量就增加了。于是,人们就要把多余的货币与其他形式的资产进行交换,将更多地购买债券、股票及其他实物形式的资产。这样债券、股票及其他实物形式的资产的价格上升,利率下降,这就刺激了消费与投资,引起了产量的增加与物价的上升。所以说,货币量的增加只要不被货币流通速度的相应的同比例降低所抵消(在假定货币流通速度是一个稳定函数的条件下,这种情况是不会发生的),它最终的结果必然是名义收入的相应增加。

三、通货膨胀理论

在现代货币数量论中,弗里德曼特别强调了货币供给量的变动是物价水平和经济活动发生变动的最根本的决定因素。通货膨胀就是指物价水平持续、普遍地上升。因此,通货膨胀始终是,而且处处是一种货币现象。这是因为:产量的增加要受到物质和

---

① 弗里德曼:《货币理论中的反革命》,英文版,1960 年,第 22 页。

人力资源的限制,其增加一般较慢,作为货币的商品,如贵金属的增长也会受到类似的限制。但是,现代形式的货币——纸币的增加却不受任何限制,它的增长速度往往使产量的增加速度相形见绌。这样,当货币数量的增加明显快于产量的增加时,通货膨胀便发生了,按单位产量平均的货币数量增加越快,通货膨胀率就越高。

货币供给量的增加对物价水平的影响在于:首先,如果货币数量突然增加,使现有的货币增大了一倍,由于每个人都企图保持他所拥有的代表性的实际财产(假定人们手边以货币形态保存的可支配实物量同实际国民收入之间的比例关系不变),所以使开支必然增加一倍,这就使物价和名义收入也增加一倍,即假定产量不变时,物价必然随货币供给量的变动而变动。其次,假定人们对预期和不确定性完全预定不变,物价就将按货币供给速度同比例上升。所以,除了决定货币需求的其他因素(特别是通货膨胀预期)和产量也发生变动的情况外,物价是随货币供给量的变动而变动的。垄断、政府赤字或工会等因素也会引起通货膨胀,但它们只是在通过货币政策影响货币供给的范围内起作用。"如果这些因素中的任何一个引起货币存量的上升,它就将产生通货膨胀。但是,如果它并未引起货币存量的上升,它就不会产生通货膨胀。"①而且这些因素只能引起个别物品的价格上涨,不能使物价普遍上涨;可能造成通货膨胀的短期波动,但不能引起持续性的通货膨胀。在长期内,引起通货膨胀的原因只能是货币供给量的增长。弗里德曼根据对1964—1977年美国、日本、英国和联邦德国这四个国家逐年的单位产量的货币量和消费物价的对比研究,得出结论:两者的趋势完全一致。

由此,弗里德曼断定:"货币供给无规律地行动时,经济体系会发生故障,或者是货币供给增加速度急剧地加快时——这将意味着价格膨胀,或者是货币供给速度急剧地收缩时——这将意味着萧条。"所以,"个别物价以及一般物价水平这两者的短期变动都可能有许多原因,但长期持续的通货膨胀始终而普遍地是由货币数量的扩大更快于总产量增长而产生的一种货币现象"。这就是说,"通货膨胀起因于经济脸盆里的货币溢出太多",所以"关住货币水龙头,就可以制止在浴室中流溢满地的通货膨胀"。②

弗里德曼还分析了货币供给量增长过快的主要原因。他认为,货币供给量的加速增加完全是由于政府执行凯恩斯主义的财政政策与货币政策所造成的。在美国,货币数量加速增长的原因正是:政府实行赤字财政政策,出卖债券以便为加速增加的庞大开支筹措资金,政府实行充分就业的政策,以及中央银行所执行的错误的、以影响利率为目的的货币政策。这些政策没有从根本上解决失业问题,反而加剧了通货膨胀。

---

① 转引自胡代光:《米尔顿·弗里德曼和他的货币主义》,商务印书馆,1980年,第33页。
② 参看同上。

四、自然失业率与滞胀问题

弗里德曼用自然失业率这一概念来解释当前资本主义社会所存在的滞胀问题。

自然失业率指的是,在没有货币因素干扰的情况下,让劳动力市场和商品市场的自发供求力量发挥作用时所应有的、处于均衡状态的失业率,即指那种可以与零通货膨胀率或稳定的通货膨胀率相适应的失业率。自然失业率的水平并不是固定的,它取决于劳动力市场和商品市场的现实的结构特征。只要市场是完全竞争的,工资实际上具有完全的伸缩性,劳动力流动性较大,而且劳动力市场的信息畅通,那么,一切有技能且自愿工作的人迟早会得到就业机会,而一切因缺乏技能而不被雇主需要的人,无论产量如何变动也得不到就业。因此,包括在自然失业率中的失业者实际都属于摩擦性失业,而不会有非自愿失业。

弗里德曼根据自然失业率的概念指出,菲利普斯曲线所表明的通货膨胀率与失业率的交替关系,只是在特定的条件下才能实现。这就是说,如果政府扩大货币供给量,那么,价格就会高于预期的水平,实际工资下降,雇主愿意增雇工人,就业会增加。这样,通过提高通货膨胀率会减少失业率,使实际失业率降到自然失业率之下。但是,这种情况只能是暂时的。因为价格的变化同时会影响预期,刺激名义工资上升,使实际工资恢复到原来的水平。于是,雇主就不会增雇工人,失业率上升,被拉回到一个与较快的价格增长率相对应的自然失业率水平。这也就是说,菲利普斯曲线所显示的通货膨胀与失业率之间的交替关系只有在短期中才会存在。而且,这种短期的交替关系不是通货膨胀本身所造成的,而是价格预期暂时落后于通货膨胀的结果。一旦价格预期赶上了通货膨胀,菲利普斯曲线便失灵了。

正因为存在着自然失业率,所以凯恩斯主义以充分就业为目的的经济政策就无法完全消灭失业。这些扩张性政策的实施只能是增加了货币供给量,引起了通货膨胀,而又无法消灭失业。这样,就使西方各国出现了目前所存在的严重的滞胀局面。

第三节 货币主义的政策主张

一、政策主张的基调:自由放任

弗里德曼在1962年出版的《资本主义和自由》以及在1975年出版的《自由选择》

(与其夫人合著)中比较系统地表述了他的经济自由的思想。这一思想是他的政策主张的基调。

弗里德曼的经济自由思想实际上是亚当·斯密的经济自由主义的翻版。在纪念亚当·斯密的《国富论》发表二百周年时,弗里德曼曾指出:"斯密在1776年发出的不许用干涉市场的办法去扰乱看不见的手的作用的告诫,已被当今这类干涉的灾难性后果所证实。""1976年不是1776年。然而,它们之间仍然有许多相似之处,使得亚当·斯密与当今的联系比起他在《国富论》百年纪念(1876)时的联系,甚至更为直接。"①

这种自由主义的哲学基础是利己主义。它把自由视为合乎理想的目的,认为社会应该保证每个人在选择职业、运用资源、保有私有财产与使用收入方面的自由。而实现这种自由的经济制度就是自由竞争的资本主义。在这种社会里,每个人都自由地追求个人的私利,通过"看不见的手"——价格机制的调节,则实现了公共利益。没有经济上的自由就不会有政治上的自由。

弗里德曼把经济制度分为中央计划经济和市场经济,他批评前者而拥护后者。他认为市场经济能很好地实现经济自由,因为在这种经济中价格制度调节着经济,"价格制度使人们能够在他们生活的某个方面和平地合作,而每个人在所有其他方面则各行其是"。"在买者和卖者之间的自愿交易中——简单地说就是在自由市场上——出现的价格能够协调千百万人的活动。人们各自谋求自身利益,却能使每一个人都得益。"他认为,价格制度之所以能既实现个人经济自由,又促进社会经济的发展是因为:"价格在组织经济活动方面起三个作用:第一,传递情报;第二,提供一种刺激,促进人们采用最节省成本的生产方法,把可得到的资源用于最有价值的目的;第三,决定谁可以得到多少产品——即收入的分配。这三个作用是密切关联的。"②弗里德曼还用一些市场经济国家经济发展迅速的事实来证明市场经济和价格机制的优越性。

弗里德曼也并没有完全否认政府的作用,他根据亚当·斯密在《国富论》中关于政府作用的论述,把这种作用概括为四点:第一,保护社会,使它不受外部敌人的侵犯;第二,建立司法机关,制定自由社会的公民在进行经济和社会活动时应遵守的规则,以保护社会上的个人不受其他人的侵害或压迫;第三,建设并维持某些私人无力进行或不愿进行的公共事业和公共设施,但这项作用的目的在于维护和加强自由社会,而不是破坏它;第四,保护那些被认为不能保护自己的社会成员。③

弗里德曼认为,应该建立这样一种社会,"它主要依靠自愿的合作来组织经济活动

---

① 弗里德曼:《亚当·斯密与当今的联系》,载《现代国外经济学论文选》,第四辑,外国经济学说研究会编,商务印书馆,1979年,第120页。
② 米尔顿·弗里德曼、罗斯·弗里德曼:《自由选择》,胡骑等译,商务印书馆,1982年,第18—19页。
③ 同上,第31—36页。

和其他活动,它维护并扩大人类的自由,把政府活动限制在应有的范围内,使政府成为我们的仆人而不让它变成我们的主人"①。

二、"简单规则"的货币政策

弗里德曼反对凯恩斯主义用财政政策来干预经济,而特别强调了货币政策的极端重要性。但是,这种货币政策不同于凯恩斯主义通过影响利率来调节总需求的货币政策,而是要调节货币供给量。

弗里德曼认为,凯恩斯主义的货币政策把限定利率作为目标是错误的。因为这种政策的短期作用与长期作用正好相反。它在短期内可能会获得成功,但在长期内却会遭到失败。这就在于:货币数量与利率之间存在着变化不定的关系,货币数量的增加在开始时会使利率下降,从而刺激消费与投资。但是,人们支出的增加会刺激物价上涨,并导致货币需求的增加,从而出现利率上升的趋势。此外,由于物价上涨,使人们的通货膨胀预期也会向上,这样,存款人与放款人都要求更高的利率,从而加速了利率的上升。经过一段时间后,货币供给量的增加会引起利率的上升,其上升的幅度甚至可能超过原来的程度。所以说"货币政策无法限定利率","利率是一个会把人们引入歧途的指示器"②。

那么,货币政策的目标应该是什么呢?弗里德曼认为,"货币政策能够防止货币本身成为经济失调的主要源泉"③,以便"给经济提供一个稳定的背景——再用穆勒的比喻,就是使机器润滑良好"④,并"能够有助于抵消经济体系中其他原因引起的比较重大的干扰"⑤。

为了实现上述货币政策的目标,弗里德曼提出了对货币政策的两项要求:"第一个要求是货币金融当局应当把它所能控制的数量作为指导自己行为的准则,而不应把它不能控制的数量作为指导自己行为的准则。"在汇率、物价水平和货币总额这三个指南中,"货币总额是货币政策当前最好的可供利用的即期的指南或标准"⑥。"货币政策的第二个要求是金融当局要避免政策的剧烈摆动。"⑦

要达到上述要求,货币政策的措施就是"公开宣布它采取的政策是让某种给定含

---

① 参看米尔顿·弗里德曼、罗斯·弗里德曼:《自由选择》,胡骑等译,商务印书馆,1982年,第41页。
② 弗里德曼:《货币政策的作用》,载《现代国外经济学论文选》,第一辑,外国经济学说研究会编,商务印书馆,1979年,第119页。
③ 同上,第125页。
④ 同上,第126页。
⑤ 同上,第127页。
⑥ 同上,第128—129页。
⑦ 同上,第130页。

义的货币总额保持一个稳定的增长率"①。这就是所谓的"简单规则"的货币政策,即排除利率、信贷流量、自由准备金等因素,而以货币存量作为唯一支配因素的货币政策。弗里德曼根据美国经济状况认为,要使货币供给量的增长率能与经济增长率相互适应,货币供给量应按照每年4%—5%的固定增长率有计划地增长。这是根据过去一百年间美国年产量平均增长3%,劳动力增长率为1%—2%计算而得出来的。这种稳定增加货币供给量的政策可以使经济稳定。这是因为:"在美国和其他国家中,记录在案的事实是,货币增长率相对稳定的时期也是经济活动相对稳定的时期,而货币增长率摆动很大的时期也是经济活动摆动很大的时期。"②

三、"收入指数化"的方案

近年来,各主要资本主义国家在解决滞胀问题时基本是采用新古典综合派提出的对工资和物价进行管制的收入政策。弗里德曼反对这一政策,认为它并不能解决通货膨胀问题。这是因为个别的或局部的物价上涨对通货膨胀没有决定性的影响。个别物价或企业垄断价格的提高会使消费者和企业购买那些商品时多付钱,如果货币的供给量不变,其他的商品价格就将相应地下降。而通货膨胀或物价的普遍上升是由于货币流通量过多所引起的需求过度造成的,不控制货币供给量而管制工资与物价是不能解决通货膨胀问题的。

弗里德曼提出了"收入指数化"的方案。他主张把工资、政府债券和其他收入同生活费用,例如同消费物价指数紧密联系起来。也就是说,对各种不同的收入实行"指数化",然后根据物价指数的变动来进行调整。他认为,这样就能抵消物价波动对收入的影响,以消除通货膨胀所引起的收入不均等,并剥夺各级政府从通货膨胀中所获得的非法利益,从而杜绝搞通货膨胀的动机。当然,他也认为这种办法并不能消除通货膨胀,而只是能限制通货膨胀并减轻通货膨胀的副作用而已,要从根本上消除通货膨胀还须从控制货币供给量入手。

四、浮动汇率制度

在第二次世界大战后,国际金融体制中执行的是布雷顿森林会议上所规定的固定

---

① 弗里德曼:《货币政策的作用》,载《现代国外经济学论文选》,第一辑,外国经济学说研究会编,商务印书馆,1979年,第130页。
② 同上,第131页。

汇率制,即美元与黄金直接挂钩,每盎司黄金为 35 美元,各国货币同美元挂钩,直接以美元为基础来确定各国货币的汇率。弗里德曼早在 20 世纪 50 年代后期就反对这一制度,他曾大声疾呼:"在一个各国均不按照自动调节的金本位制降低或提高汇率的世界中,布雷顿森林会议所规定的固定汇率制度是极其错误的。"①他断言,这种固定汇率制必将破产,而自由浮动汇率才是维持一体化的、更稳定的国际经济秩序的更好手段。但是,他的这一意见当时并没有引起重视。

1963 年,弗里德曼进一步指出,只有实行浮动汇率制度才能既保证国际贸易的平衡发展,又不妨碍国内的重要目标的实现。这就是因为浮动汇率是一种自动机制,能保护国内经济,使之不受国际收支严重失衡的损害。正如他所说的:"只有浮动汇率才能提供这样的保证:平衡有成效的国际贸易扩展而又不妨碍重要的国内目标,因为浮动汇率,就保护国内经济免受自由主义化将产生的国际收支严重失衡这种可能的损害来说,是一种自动机制。"②他还指出,浮动汇率不一定就是不稳定的汇率,因为汇率不稳定不过是整个经济结构不稳定的症状。如果企图用行政管理办法,强制实行固定汇率,那就不仅不能从根本上解决问题,反而会使汇率的调整更加困难。

70 年代以后,当美国和其他主要资本主义国家发生战后最严重的经济危机和通货膨胀的时候,弗里德曼再次强调,过去十多年来各资本主义国家之所以普遍发生严重的通货膨胀,原因之一就是"企图维持固定汇率,这就导致一些国家,特别是联邦德国和日本,从美国'输入'了通货膨胀"③。这是因为当美元由于发行过多而使其汇率有下降的趋势时,联邦德国和日本为了维持本国货币与美元的固定汇率,就不得不抛出本国货币,以购进美元,这样就增加了马克与日元的供给量,从而导致了通货膨胀。

70 年代以后,由于欧洲美元泛滥,加之美国严重的通货膨胀与国际收支状况的恶化,引起了美元危机和国际金融市场的混乱。这样,美国被迫在 1971 年 8 月 15 日宣布暂停外国中央银行以美元兑换黄金,这就宣告了以美元为台柱的战后国际货币体制的彻底垮台。随后,各国都陆续实行了浮动汇率制,即各国通货自由地依照国际外汇市场供求关系去寻找它们自己的汇率,允许各国通货在外汇市场上的浮动。这样,弗里德曼的浮动汇率的主张终于被付诸实践。弗里德曼在 1976 年获得诺贝尔经济学奖与他一贯坚持浮动汇率制度是相关的。

---

① 参看萨缪尔森:《经济学》,下册,高鸿业译,商务印书馆,1979 年,第 302 页。
② 转引自胡代光:《米尔顿·弗里德曼和他的货币主义》,商务印书馆,1980 年,第 57 页。
③ 弗里德曼:《货币矫正》,载《通货膨胀与指数化论文集》,英文版,芝加哥大学出版社,1972 年,第 27 页。

五、负所得税方案

弗里德曼反对凯恩斯主义者所主张的对低收入者发给差额补助的福利制度。他认为,高经济效率来自于自由竞争,没有竞争就没有效率。给低收入者发放固定的差额补助是不利于激发他们的进取心,有损于自由竞争,从而有损于效率的。但是,对穷人的补助是政府应尽的职责。为了既能消除贫困,又不会有损于效率,弗里德曼主张采用负所得税的办法。

负所得税就是政府规定出最低收入指标,然后按一定的负所得税税率,对在最低收入指标以下的家庭,根据他们不同的实际收入给予补助。具体做法是:

$$负所得税 = 最低收入指标 - (实际收入 \times 负所得税税率) \quad (16.7)$$

假设,最低收入指标为1 500美元,负所得税税率为50%,则实际收入在3 000美元以下的人可以得到的负所得税及最后的个人可支配收入(=实际收入+负所得税)如表16-1[①]所示。

表 16-1

个人实际收入	负所得税	个人可支配收入
0	1 500 - 0 = 1 500	1 500
1 000	1 500 - (1 000 × 50%) = 1 000	2 000
1 500	1 500 - (1 500 × 50%) = 750	2 250
2 000	1 500 - (2 000 × 50%) = 500	2 500
3 000	1 500 - (3 000 × 50%) = 0	3 000

这样,收入不同的人可以得到不同的补助,就可以鼓励人们的工作积极性,而不像差额补助那样挫伤工作积极性,滋长依赖补助的思想。

---

① 引自胡代光、厉以宁:《当代资产阶级经济学主要流派》,商务印书馆,1982年,第117页。

第十七章　新制度学派

在当代西方经济学中,新制度学派是独树一帜的。它既反对后凯恩斯主义各派,又反对货币主义、自由主义各派。它以正统的资产阶级经济学和资本主义社会的"批判者"的面目出现。所以,它被作为离经叛道的"异端",也曾风靡一时,但20世纪80年代后衰落了。但了解这一派在理论观点、研究方法和政策主张方面的特点,说明它与其他各派的差异,对我们正确认识当代西方经济学的发展概况是有益的。

第一节 制度学派的概况

一、制度学派的历史

当今的新制度学派是历史上的制度学派在新历史条件下的继续与发展。

在西方经济学说史上,最早的制度经济学家是19世纪上半期的英国经济学家理查·琼斯(Richard Jones)。他认为,为了寻找出一般的经济规律,经济学家必须广泛而认真地观察各国的历史及各种事件。在研究中,他所重视的是社会历史因素而不是经济本身,这是因为各国的社会制度、经济条件和历史都不同,离开了这些因素就无法得出一般的经济规律。他根据这一方法研究了分配问题。马克思曾对琼斯的经济理论进行了科学分析,指出:"同李嘉图相比,琼斯不论在历史地解释现象方面,还是在经济学的细节问题上,都向前迈出了重要的一步。"[①]琼斯的特点在于:"对各种生产方式的历史区别有了一些理解。"[②]

制度经济学作为一个经济学流派出现是在19世纪末20世纪初的美国。当时,美国已进入垄断资本主义时期,社会矛盾日益尖锐,传统的经济学难以适应资本主义这种新发展的需要,于是就出现了以批判和改良资本主义制度为己任的制度学派。从那时到现代,制度学派大体上经历了三个发展阶段。

第一阶段:从19世纪末到20世纪30年代,这是以凡勃伦为代表的制度学派的形

---

① 马克思、恩格斯:《马克思恩格斯全集》,第26卷,Ⅲ,中共中央编译局马克思恩格斯列宁斯大林著作编译部译,人民出版社,1972年,第443页。

② 同上,第439页。

成时期。凡勃伦在《有闲阶级论》《企业论》《论现代文明中科学的地位》《工程师和价格制度》等著作中创立了一套完整的制度经济学体系，形成了以后所有的制度经济学家都遵循的"凡勃伦传统"，这样就为制度经济学奠定了基础。

所谓"凡勃伦传统"主要是两点：其一，批判正统经济学，建立以研究制度演进过程为基本内容的经济理论。凡勃伦既反对像边际效用学派那样把个人从特定社会生产关系中抽象出来，分析个人的欲望及其满足的途径；也反对像马歇尔那样用均衡的原则来解释社会经济现象，认为各种矛盾着的力量最终将趋向调和。他认为，经济是整个社会制度的一个组成部分，因此，经济学应该研究人类经济生活借以实现的各种制度。他还把社会看做一个动态的过程，认为经济是社会制度演进中的一环，所以，经济学还要研究制度的形成及其变化。凡勃伦用心理分析来解释制度的形成，又用进化论来解释制度的发展与演变，这样就建立了以经济制度之累积的进化历程为基础的经济理论。其二，批评资本主义社会的弊病，主张从制度或结构上来改革资本主义社会。凡勃伦运用制度分析的方法来寻找资本主义社会问题的根源。他认为，在人类经济生活中有两种制度，即满足人的物质生活的生产技术制度和私有财产制度。在资本主义社会，这两种制度表现为"现代工业体系"和"企业经营"。资本主义社会的问题正在于这两种制度之间的矛盾。解决的办法则是建立由工程师、科学家和技术人员组成的"技术人员委员会"来代替企业经营者的统治。以上的两个特点被以后的制度经济学家继承，所以他们都反对当时处于正统地位的资产阶级经济学并揭露和分析资本主义社会所存在的问题，要求进行制度改革。这样，就使制度经济学从凡勃伦以后一直处于"异端"的地位。

早期制度学派的代表人物还有康芒斯（J. R. Commons）和米切尔。他们也都着重从社会制度发展的角度论述制度与经济发展的关系，并强调了制度因素对经济生活的重要作用。其中，康芒斯特别重视国家和法律制度的作用，认为法律制度是决定社会经济发展的主要力量。米切尔则认为，分析制度因素的作用要以经验统计资料为基础，应该先对事实进行经验统计的分析，然后再得出理论，他研究的重点是统计资料的整理与分析。

第二阶段：从20世纪30年代到50年代，这是制度学派从凡勃伦的旧传统到加尔布雷斯的新理论之间的过渡阶段。这一阶段的主要代表人物有：美国经济学家伯利（A. Berle）、米恩斯（G. C. Means）、艾尔斯（C. E. Ayres）和伯纳姆（J. Burn-ham）。伯利和米恩斯在1932年出版的《现代公司和私有财产》、伯纳姆在1941年出版的《经理革命》和艾尔斯在1944年出版的《经济进步理论》被认为是这一时期承上启下的重要著作。

伯利和米恩斯在企业结构的分析方面发展了凡勃伦的学说。他们分析了企业权力结构和掌权人的经济地位,强调了法律制度和法律形式对于企业所有权和经营方式的意义。他们论述了企业所有权与管理权的分离及两个对立集团的形成,主张公司应向为社会利益服务的方向发展。伯纳姆认为,经理革命是一种由于权力转移而发生的社会变革,通过这场变革,社会的统治阶级已由过去的资本家变成了现代的企业管理者。艾尔斯在肯定了制度经济学以分析公司和社会结构的变化为中心的同时,论述了技术进步问题。他认为,制度经济学所强调的技术进步,其本质不在于个人技艺的提高或个人精神的某种表现,而在于工具的变革以及由此所引起的制度变化。在这种制度变化中,技术起着决定性的作用。他还主张把平等与收入分配作为经济研究的重要课题。上述思想,特别是艾尔斯在《经济进步理论》中所提出的思想,成为凡勃伦的旧制度经济学与加尔布雷斯的新制度经济学之间的桥梁。

第三阶段:从20世纪50年代到80年代初,这是新制度经济学的形成与发展时期。这一时期,一方面是科学技术日新月异,经济发展迅速;另一方面是经济、社会问题日益严重。在经济学界占统治地位的凯恩斯主义无视制度问题,不考虑技术进步对制度演化的作用,不能对资本主义社会所存在的问题做出令人信服的解释和提出有效的解决办法。这样,制度学派再度活跃,形成了以加尔布雷斯为首的新制度学派。这一派的主要成员还有:美国经济学家博尔丁(K. Boulding)、格鲁奇(A. Gruchy)、科尔姆(G. Colm)、海尔布罗纳(R. L. Heilbroner)、沃德(B. Ward),以及瑞典经济学家缪尔达尔、英国经济学家甘布尔(A. Gamble)、法国经济学家别鲁(F. Perroux)等人。加尔布雷斯在1952年出版的《美国资本主义:抗衡力量的概念》和博尔丁在1953年出版的《组织革命》被认为是新制度学派形成的标志。1958年,新制度学派的经济学家还成立了自己的学术团体"演进经济学协会",并创办了理论刊物《经济问题杂志》。近年来,这一个流派的影响又有所发展,缪尔达尔也自豪地宣称:"我们制度经济学将成为占统治地位的经济学派。"①

二、制度学派的基本特点

一般来说,制度学派从它产生的时候起就是一个观点复杂、争论激烈的经济学家的大杂烩。但是,他们在理论观点、研究方法和政策主张方面有某些共同的特点,所以,能被作为一个独立的流派。

美国经济学家格鲁奇曾给制度经济学派下了这样一个定义:"制度学派主要是根

---

① 转引自斯特帕彻等编:《制度学派经济学》,英文版,哈佛大学出版社,1960年,第10页。

源于凡勃伦的著作和其他按凡勃伦的传统进行研究的美国知识界的产物。把制度一词运用于这种经济学是因为它把经济制度作为人类文化的一个部分来进行考察,而人类文化是许多制度的混合。只能在这样一种意义上极不确切地使用制度学派这个概念:即这个学派的成员有共同的哲学信仰,同样用广泛的文化的方法来研究经济,并且用同样的方法评论美国的经济制度。"①

根据上述论述,我们可以看出制度学派具有这样一些特点:

第一,把经济学研究的对象确定为制度。制度经济学反对像正统的经济学那样把资源的配置与利用作为经济学主要的研究对象,认为这样并不能解决资本主义社会的问题。凡勃伦反对像边际效用学派或新剑桥学派那样仅仅研究消费与享受或者最大化问题。格鲁奇也认为:"如果经济学只是局限于研究最大化行为,而忽视产生这种行为的社会环境和文化环境,就不能解决本世纪后半期的重大问题。"②

制度学派认为经济学应该研究制度问题。凡勃伦就以研究制度问题而闻名。缪尔达尔也指出,经济学必须研究"整个社会制度,包括对经济领域具有重要意义的其他一切事物"③。凡勃伦以来的制度经济学家正是从制度的方面来分析资本主义社会。他们所说的制度(institution),一方面是指各种有形的机构或组织,如公司、工会、国家、家庭等;另一方面也指无形的制度,如所有权、集团行为、社会习俗、生活方式、社会意识类型等。他们认为,在研究这些问题时,不能只考察它们与经济有关的方面,而是要把它们看做社会文化关系的组成部分来进行考察。所以,经济学研究的对象不仅限于经济问题,而且还有经济制度以及与经济制度有关的一切事物。他们强调说,这里所说的经济制度不是一般人所理解的市场制度,而是市场制度处于其中的经济制度。与经济制度有关的其他一切事物指政治的、社会的以及心理的各种问题。他们把这种经济学称为"开放的"经济学。缪尔达尔就指出:"所有'非经济'因素——政治的、社会的以及经济的结构、制度和态度,确实地,即所有人与人的关系——必须包括在分析之中。"④"经济学方向改变为制度的方向,这显然包含着跨学科的研究。"⑤这种研究对象与范围的扩大,使制度经济学失去了明确的研究对象,这也是他们至今没有形成一个统一的、系统的经济理论的重要原因。

第二,用演进的、整体的分析法来研究制度问题。制度学派没有一个统一的理论体系,但有一个共同的研究方法。"把制度主义者结合起来的,并不是他们各自为同一

---

① 格鲁奇:《制度学派》,载《国际社会科学百科全书》,第4卷,纽约,1968年,第463页。
② 格鲁奇:《当代经济思想》,纽约,1972年,第V页。
③ 缪尔达尔:《制度经济学》,《经济问题杂志》,1978年第1期,第774页。
④ 缪尔达尔:《经济学发展中的危机和循环》,载《现代国外经济学论文选》,第一辑,外国经济学说研究会编,商务印书馆,1979年,第486页。
⑤ 同上,第491页。

个理论做出了贡献,而是因为他们有一个共同的说明方法。"①这种方法就是演进的(evolutionary)、整体的(holistic)方法。

他们既反对新古典经济学把个人从特定社会生产关系中抽象出来的"个人主义研究方法"以及均衡的分析法,又反对当代经济学的宏观的或微观的定量的分析方法。他们认为,要研究变化中的经济制度以及与经济制度有关的其他一切事物就必须用演进的、整体的研究方法。

所谓演进的方法就是要研究变化,研究过程,而不是像传统的经济学那样研究静止的时间的横断面。这是因为,由于技术的不断变革,资本主义经济制度和社会结构处于不断的演变过程中。资本主义制度是一种"因果动态过程",所以,经济学就必须用演进的方法来研究变化与过程。他们认为,经济学不在于研究"这是什么",而是要研究"我们的经济制度何以到达这里,它又将走向何方"。这样他们就用演进的概念代替了传统的均衡的概念。

所谓整体的方法是与演进的方法相互联系的。他们认为,在经济学的研究中,应该把注意的中心,从作为选择者的个人和企业,转移到作为演进过程的整个社会。他们强调,经济学所讲的整体,要大于经济的各个组成部分的总和,研究时应该是从总体到个别,而不能相反。正如加尔布雷斯所说的:"把现代经济生活当做一个整体观察时,才能更清楚地了解它。"②制度学派所说的整体不是一个经济概念,不能用数字来表达,这一点与总量不同。因此,他们反对总量或个量的分析方法,主张运用制度的或结构的分析方法,诸如进行权力分析、集团利益分析或规范分析。

第三,对资本主义社会弊病进行一定的揭露与批评,并主张用结构改革的方法去解决这些问题。凡勃伦就是以资本主义社会的"批判家"的面目出现的,以后的制度经济学家也都从结构或制度方面对资本主义社会存在的问题进行了分析。他们反对自由放任,也反对通过财政与货币政策来刺激经济增长。他们认为要解决资本主义社会的问题必须进行制度的或结构的改革。自凡勃伦到加尔布雷斯的制度经济学家也提出了一个又一个的改革方案,都企图在维持资本主义制度的前提之下通过改良的方法来解决资本主义社会的问题。

三、新制度学派的特点

上述制度学派的特点是一切制度学派的经济学家所共同的,那么新制度学派比起

---

① 查尔斯·威尔伯:《制度经济学的方法论基础》,《经济问题杂志》,1978年第1期,第72页。
② 加尔布雷斯:《新工业国》,波士顿,霍顿·米夫林出版公司,1967年,第6页。

旧制度学派来,还有什么特点呢?

首先,新制度学派与旧制度学派所处的时代不同,所要解决的问题也不同。在当前,滞胀的出现、多种社会经济问题的并发都是历史上从未有过的。在这样的形势之下,新制度学派的理论研究就与现实有更密切的关系,更要对这些新问题提出新的解释并寻求新的解决办法。

其次,制度经济学经历了长期的发展,今天的新制度学派理论更加完整、系统,所提出的政策目的和政策措施也更加具体和广泛。

最后,新制度学派在一定程度上受到凯恩斯主义的影响。他们认为,凯恩斯主义对各国制定经济政策有重大的影响,而这些政策对第二次世界大战后经济的稳定有过一定的历史功绩。对于凯恩斯主义及新古典综合派关于当前资本主义问题的某些分析(例如,关于市场机制不可能使经济恢复均衡的分析),对他们所主张的某些措施(如人力政策)也是赞同的。特别是,他们也与凯恩斯主义一样,赞成国家干预经济。当然,他们认为,凯恩斯主义没有从制度结构问题入手,因此,就无法从根本上解决资本主义社会的问题。

第二节　新制度学派的理论

一、二元体系理论:加尔布雷斯对当代资本主义社会的制度分析

加尔布雷斯是当代最著名的制度经济学家,英国《经济学家》杂志曾指出:"当今最著名的制度学派人物,是加尔布雷斯教授。"[1]英国经济学家埃里克·罗尔(Eric Roll)也认为加尔布雷斯是"当代寥寥的五六名'种子'经济学家"之一。[2] 因此,阐明加尔布雷斯对当代资本主义的分析——二元体系理论,对了解新制度学派的理论是很有必要的。

加尔布雷斯在1971年出版的《新工业国》与1973年出版的《经济学和公共目标》中对二元体系理论进行了全面的阐述。

二元体系理论从权力的分配入手,对现代资本主义经济的结构进行了分析。加尔

---

[1] 《经济学家》杂志,1977年2月19日,第117页。
[2] 罗尔:《经济思想史》,陆元诚译,商务印书馆,1981年,第587页,注①。

布雷斯认为,当前的美国社会尽管已是一个"丰裕社会",但仍然存在着贫穷、丑恶和罪恶,是一个充满了矛盾与冲突的社会。其根源在于权力分配的不均衡,而这种权力分配不均衡的根源又在于当代资本主义社会的结构是二元体系。所以,二元体系的存在是资本主义社会弊病的根源。

什么是二元体系呢?加尔布雷斯认为,现代美国的资本主义经济并不是单一的模式,而是由两大部分、两个体系所构成的。一部分是有组织的经济,即由一千家左右的大公司所组成的计划体系(planning system);另一部分是分散的经济,即由一千二百万个小企业和个体经营者所组成的市场体系(market system)。这两个部分各创造了国民生产总值的一半,它们既互相联系,又有着显著的区别。

由大公司所组成的那一部分之所以称为计划体系,是因为大企业规模大、技术复杂、投资数量大,所以从筹备建厂至生产出产品,中间经过很长的时间。因此,大企业要求安全与稳定,需要有预测和计划。于是,他们实行计划生产与计划销售,并且要控制价格。各大企业有自己的计划,整个体系也有计划。这是因为这些大企业往往可以达成协议,采取一致的行动。在计划体系中,生产者控制了生产与价格,用生产者主权代替了消费者主权,市场调节的作用已让位于计划原则。但是,由于某些行业在地域上的分散性,行业本身的特点,或者是大企业生产和社会生活的需要,仍然存在着许多分散、弱小的经济单位。在这部分经济中,市场原则仍然在发挥作用,即生产与价格仍然由市场的供求关系决定,生产者仍然要受市场力量的支配,所以称之为市场体系。

两大体系各自的地位与处境如何呢?加尔布雷斯首先分析了大公司内部所发生的变化及其在经济中的地位。他认为,大公司的发展使它的内部发生了重大的变化,这种变化主要是公司权力的转移和公司新目标的形成。

加尔布雷斯所说的公司权力的转移是指权力已由股东手中转移到技术结构(technostructure)阶层手中。他说:"在成熟公司中,权力已经从股东转移到管理部门,这一点就已被经济学家在实际上而不是在理论上所承认。"[①]这些在管理部门掌权的人属于技术结构阶层。这个阶层主要包括经理、科学家、经济学家、工程师、会计师、律师等在企业决策中提供了专业知识的人。在现代的大公司中,权力之所以会发生这种转移,是因为权力应该归于掌握了最难获得而又最难替代的生产要素的人。在不同的历史阶段,有不同的最难获得而又最难替代的生产要素,谁掌握了这种生产要素的供给,谁就拥有权力。例如,在封建时代,土地是最难获得而又最难替代的生产要素,所以掌握了这种生产要素供给的地主就拥有权力。在资本主义初期,资本是最难获得而又最难替代的生产要素,所以掌握了这种生产要素的资本家就拥有权力。现在,由于工业的

---

① 加尔布雷斯:《经济学和公共目标》,蔡受百译,商务印书馆,1980年,第90页。

不断发展,技术的迅速进步,资本的供给日益丰裕,而工业和技术发展所需要的专业知识越来越复杂,专业知识成了企业成功的决定性的生产要素。这样,拥有这些专业知识的技术结构阶层就掌握了权力。当然,所谓技术结构阶层掌权,并不是哪一个人掌权,而是这个集团掌权。造成技术结构阶层集团掌权的原因主要有两个。其一是:"集体做出的决定具有高度权威性。"[①]这就在于:"一般情况是,随着公司规模的扩大,需要做出的决定,为数既越来越多,性质也越来越复杂。结果是,技术结构阶层对做出决定时所需要的知识越来越富于垄断性,其权力也越来越大。"[②]其二是:"随着公司范围的扩大,股东人数越来越多。而且,经过一段时间,由于继承关系、遗产税、慈善行为、亲戚赡养、名义所有人的变化,或者是由于托管人转换股份,股份的持有者越来越分散。结果,各个人在资本总额内所占的份额,也就是他所占的股权,会越来越小。"[③]这种股东权力的削弱加强了技术结构阶层掌权的趋势。

加尔布雷斯认为,随着公司权力的转移,公司的目标也发生了变化,形成了公司新目标。这是因为,随着公司权力的转移,公司内部的关系发生了变化。现在最关心公司前途的不再是股东,而首先是掌了权的技术结构阶层,他们的利益与公司的兴衰是紧密相关的,他们最忠于公司。其次忠于公司的是工人,因为公司经营的好坏对他们的生活与前途关系也甚大,他们不仅把自己作为公司的雇工,还把自己作为公司的一员。最不忠于公司的是股东,因为他们与公司的关系仅仅是按股票来领取股息,如果公司衰落,他们就会卖出自己所拥有的该公司的股票。公司内部关系的这种变化使得公司的目标也发生了变化。这种变化主要表现在:第一,技术结构阶层不再把追求最大限度的利润作为公司的目标,这是因为,从追求最大利润中能得到最大好处的是股东,而技术结构阶层却要为此承担风险。他们只要使公司得到适当的利润,不致使股东们卖掉股票就可以了。第二,技术结构阶层的主要目标是稳定和增长。稳定是公司保持一个稳妥可靠的收入水平,增长是公司保持尽可能高的增长率。因为稳定可以防止股东们出卖股票,而增长不仅能增加技术结构阶层的收入,而且会使公司规模扩大,使技术结构阶层的权力增加,劳资关系可以得到协调。第三,技术结构阶层还追求在科学技术方面的探索,因为这不仅是技术结构阶层的兴趣所在,还是实现稳定与增长的条件。第四,技术结构阶层还要尽量增加公司内部的积累,以便摆脱银行界的控制,从而能实现上述目标。

公司的上述变化加强了它的力量,力量雄厚的大公司在经济中拥有许多权力,使它在二元体系中处于优越的地位。公司所拥有的权力主要有:第一,有控制产品和原

[①] 加尔布雷斯:《经济学和公共目标》,蔡受百译,商务印书馆,1980年,第84页。
[②] 同上,第85页。
[③] 同上,第85—86页。

料价格的权力。这也就是说,公司可以抬高产品售价,又可以压低原料的买价。公司对价格的垄断不仅是因为各公司力量强大具有垄断地位,而且因为各公司的掌权者都追求稳定,所以就勾结了起来。公司对价格的控制,使它们不再担心工会提高工资的要求。因为公司可以把提高了的工资加到产品的价格中去,转嫁给消费者和市场体系。这样就改善了公司与工会的关系。第二,有控制产品销售量的权力。这就是用生产者主权代替了消费者主权。以前存在的情况是,消费者在市场上购买他所需要的商品,他的购买行为通过市场把价格信息转告给生产者,于是生产者按消费者的指示进行生产,这种情况就是消费者主权。现在的情况正好相反,生产者自行设计并生产出商品,而且控制了价格,然后通过庞大的广告网、通信网和推销机构去"制造"消费者的需求,强迫消费者购买。这种消费者按生产者的指示进行购买的情况就是生产者主权。生产者主权能代替消费者主权是因为人的需求可以分为自然需求与心理需求。消费者主权是建立在满足人的自然需求的基础之上的,它适应于经济不发达的阶段。生产者主权是建立在满足人的心理需求的基础之上的,它适应于经济发达的阶段。当前经济的发展为生产者主权代替消费者主权提供了可能性,而大公司对推销手段的控制又使这一可能性变为现实。第三,有控制资本来源的权力。这就是说大公司可以依靠自己内部的积累来提供资本,从而摆脱了银行和金融界的控制,改变了银行与企业之间的关系。第四,有影响和控制政府的权力。加尔布雷斯认为,在计划体系与政策之间存在着"交往关系与共生关系"。① 这也就是说,政府为大公司效劳,例如为公司培养人才,推行有利于公司的政策、购买公司的产品、为公司提供"防摔安全网"等。在人事方面,政府官员与公司高级管理人员也进行互相交流。这样,大公司成为政府的一个分支机构,而政府是计划体系的一个工具。由于大公司有了上述权力,它们就能按着自己的计划稳定地发展。

但是,在另一方面,市场体系却处于不利的地位。这主要在于:第一,生产者难以影响消费者,这里流行的仍然是消费者主权;第二,市场体系中的小企业收入菲薄,企业内部的储蓄来源十分有限,所需资金仍然要依靠银行和金融市场;第三,不能像计划体系中的大公司那样对政府施加影响,利用政府来达到自己的目的;第四,缺乏进行技术革新的资金与力量,因此生产技术落后;第五,雇主在同工会打交道时,处于不利的地位;第六,市场体系中的小企业主们难以形成一股力量。总之,由于上述情况,市场体系在经济中处于不利的地位,受着市场的支配。

那么,这种二元体系的存在带来了什么后果呢?首先是这两个体系的存在与不平等造成了两个体系之间人们收入的不均等,即计划体系剥削着市场体系。这是因为计

---

① 加尔布雷斯:《经济学和公共目标》,蔡受百译,商务印书馆,1980年,第237页。

划体系中的大公司控制了价格,它们在向市场体系的企业出售产品和采购原料时,是按计划体系所控制的价格进行的,其结果是"双方利得的不均等——计划系统参与者的收入将比较可靠和有利,市场系统中的那些人则情况相反"①。在通货膨胀的情况之下,市场体系所遭受到的损失更大。这是因为政府所采取的反通货膨胀措施都只是对市场体系不利,例如,减少公共支出,不会减少向计划体系的国防订货,只会减少对市场体系有影响的福利、服务等方面的支出;提高利率或减少贷款,不大会影响主要依靠内部积累的大公司,而会大大影响受银行与金融市场支配的市场体系;至于增加税收,大公司可把所增加的税收转移出去,而市场体系做不到这一点。其次,这两个体系的存在与不平等造成了社会经济发展的不平衡。这就是,计划体系中的生产,例如汽车、军工、钢铁等部门发展过快,而这些部门的发展同社会的福利关系不大,如汽车多了,交通事故多了,又如军工生产发展了,不仅浪费了资源,还导致国际形势的紧张;相反,市场体系中的生产,如城市服务、卫生保健、交通设施等部门却发展缓慢。所以说,二元体系的存在及其引起的收入与经济发展的不平衡是资本主义社会问题的根源,贫穷的存在、公共服务部门的落后、军工生产的膨胀、环境的污染等全是由于二元体系的存在而造成的。

加尔布雷斯还用二元体系的存在来解释当前的滞胀问题。他认为,在计划体系中掌权的技术结构阶层为了实现稳定与增长,为了避免由于工人罢工所造成的损失,往往同意工会提出的增加工资的要求,然后按工资成本加成定价的办法,把工资的增加转嫁给市场体系与消费者。所以,在市场上拥有权力的大公司,可以用提高价格的办法来抵消它对工会所做出的让步。而物价上升、生活费用提高又引起下一轮工资和物价的上升。市场体系中的小企业无力控制自己产品的价格,但这一体系中的工会仍然要向计划体系中的工资水平看齐,要求提高工资。结果,"这种膨胀,跟累积性衰退的情况一样,发源于计划系统,进而扰乱市场系统以及经济中公有部门的工资和其他成本结构"②。这种通货膨胀是由于一种竞相提高收入的压力所引起的,而政府却用抑制总需求的财政与货币政策来对付通货膨胀,其结果压缩了产量,引起了更多的失业,而大公司并不会降低价格,通货膨胀无法得到制止。于是,就形成了失业与通货膨胀并存的滞胀局面。

由以上论述可以看出,二元体系理论是从制度与结构的角度来分析资本主义社会所存在的问题,所以说,它体现了新制度学派的特点。

---

① 加尔布雷斯:《经济学和公共目标》,蔡受百译,商务印书馆,1980年,第56页。
② 同上,第186页。

二、循环积累因果原理：缪尔达尔对资本主义社会的动态分析

缪尔达尔是著名的瑞典经济学家，早期是瑞典学派的重要成员，对一般动态均衡理论的发展做出了重要贡献。他从 20 世纪 30 年代后期起转向制度经济学的研究，在 1944 年出版了《美国的两难处境：黑人问题与现代民主》，从生活条件最差的黑人出发来研究美国社会，提出了循环积累因果原理。50 年代以后，他转向对发展中国家经济问题的研究，于 1968 年出版了《亚洲的戏剧：一些国家贫困的研究》。70 年代以后，他主要探讨若干带有根本性的经济制度方面的理论问题，在 1973 年出版了《反潮流：经济学评论集》。这三本书是缪尔达尔在制度经济学方面的代表作。瑞典皇家科学院在授予他 1974 年诺贝尔经济学奖时曾对他的制度经济学的研究做了很高的评价，认为他用跨学科的研究方法，"对经济、社会和制度现象的内在联系做出了精辟的分析"[①]。

缪尔达尔的循环积累因果原理被认为是对新制度经济学的重要贡献。美国经济学家卡普（K. W. Kapp）认为，制度学派的理论应当集中分析社会制度和社会过程的演进，对保证这一演进过程变化的因素进行分析，是制度学派理论的中心。在这一意义上，由于缪尔达尔的这个理论，使"我们终于到达了制度经济学的核心"，因此，这一理论是"社会经济分析方法的新的规范"[②]。

循环积累因果原理的基本内容是：经济制度是发展着的社会过程的一部分。在一个动态的社会过程中，社会各种因素之间存在着因果关系。某一社会经济因素的变化，会引起另一种社会经济因素的变化；而第二级的变化，反过来又加强了最初的那个变化，并导致了社会经济过程沿着最初的那个变化的方向发展。这种因果发展关系可能是上升的运动，也可能是下降的运动，但它并不是简单的循环流转，而是有着积累效果的，所以是"循环积累因果联系"。

缪尔达尔用这一理论来解释美国的黑人问题。他认为，白人对黑人的歧视与黑人的物质文化生活水平低下是两个互为因果的因素。白人的偏见与歧视使黑人的生活水平低下，而黑人很低的生活水平与文化修养反过来又增加了白人的偏见。白人的歧视和黑人的生活水平低下是互为因果并不断互相加强的。这两个因素不会处于一个均衡的状态，无论其中哪一个因素发生变化，都必定会引起另一个因素的变化。于是，一个因素的变化，就会由于另一个因素的反应而不断加强，这样又开始上述的循环积

[①] 瑞典皇家科学院：《1974 年诺贝尔经济学奖文告》，《斯堪的纳维亚经济学杂志》，1975 年第 1 期。
[②] 卡普：《制度经济学的性质与意义》，《凯克洛斯》杂志，1976 年第 2 期。

累过程。

缪尔达尔还用这一理论来研究发展中国家的问题。根据这一原理,一国的政治、经济、社会等因素都是互相依存、互为因果的。循环积累因果原理可用来解释经济发展中的许多问题。他举过这样一个例子:某地区一家重要的工厂被烧毁了,这样该地区就会有许多人失业,收入与需求必然降低,而收入与需求的降低又会影响其他工厂的生产,使失业增加。失业与收入减少会互相加强,使这一地区贫穷加重。

缪尔达尔还指出,之所以存在这种循环积累因果关系,是因为在社会经济关系中,当一种变化发生的时候,并不是引起另一种变化来抵消这种变化,而是由一种变化引起的另一种变化会反过来加强最初的那个变化。所以事物的常态是动态变化的积累倾向,而不是像传统经济学所说的那样,经济因素之间总是由均衡到不均衡再恢复到均衡的变化。因此,可以说,这一理论是由瑞典学派的动态均衡理论发展而来的。

缪尔达尔把这一原理作为进行社会改良的指导。他把循环的过程分为上升的循环与下降的循环。上升的循环是良性循环,即两种因素相互作用,使事情向好的方向变动;下降的循环是恶性循环,即两种因素相互作用,使事物向坏的方向变动。社会改革正是要选定能促进上升运动的因素加以推动。例如,通过提高黑人物质文化水平的措施来改变白人对黑人的歧视,黑人物质文化水平的提高与白人对黑人歧视的减少就可以由于循环积累的关系而解决黑人问题。同样,也可以提高穷国人民的收入,使收入增加与就业增加互相影响,从而实现经济的发展。

循环积累因果原理体现了制度经济学的演进的、整体的研究方法。它从动态的角度,从发展的角度来研究社会经济问题。它不但强调了演进的过程,而且强调了社会经济演进过程中诸因素之间的相互依赖关系。这样就证明了,不能把经济学研究的对象局限于经济关系,而是要把经济因素以外的其他有关因素同时进行研究。

三、经济学的未来:制度经济学前途无量

新制度学派的经济学家反对当前的各经济学流派,认为只有制度经济学才能解决当前资本主义社会所存在的问题。

加尔布雷斯认为,当前的各种经济学都过时了。马克思主义经济理论产生于19世纪中期资本占统治地位的时代,但是他没有预见到工业制度发展所引起的结果:不同工业社会的合流,自由世界与共产主义世界之间已没有不可逾越的鸿沟。因此,马克思的理论已不能适用于今天。新古典经济学把追求最大利润和服从市场调节作为它的基本论点,从而得出消费者主权的理论。但随着工业制度的发展,追求最大利润

已让位于稳定和增长,消费者主权已让位于生产者主权,市场原则已被计划原则代替。这样,他们的理论也不再适用。凯恩斯主义的理论也同样不灵了,因为他没有看到权力已从消费者那里转移到生产者那里,没有看到经济发展的不平衡和收入分配的不均等。

加尔布雷斯还认为,传统经济学中的许多观念,例如把经济增长、国民生产总值的增加作为追求的目标,作为解决一切问题的灵丹妙药,以及对资本主义制度的赞美等都是错误的。这样的观念只能加剧资本主义社会的问题。

加尔布雷斯强调,经济学家必须把注意力转移到社会经济制度与结构问题上来。要使经济学能解决问题,就必须从制度与结构的角度来分析资本主义社会的问题,考察权力均等和收入均等等问题。因此,经济学的未来应该属于制度经济学家。

缪尔达尔也对制度经济学的发展问题进行了探讨。他指出:"我相信在今后十年或十五年将看到我们的研究朝着制度经济学而努力的激烈转变。一个根本原因是,如整个世界一样,在美国均等问题的政治重要性增加。这个问题不能在狭义的'经济'涵义上来处理。"[①]他还认为,未来的制度经济学会有两个特点:第一,"新的方法将是制度的,它的中心仍是均等问题"[②];第二,"经济学方向改变为制度的方向,这显然包含着跨学科的研究"[③]。从以上看出,缪尔达尔不仅预示了新制度经济学发展的前途,而且指出了它的内容与方法。

第三节 新制度学派的政策主张

一、加尔布雷斯的结构改革论

加尔布雷斯认为,要解决当前资本主义社会的问题必须进行结构改革,改变二元体系的不平等状况。

加尔布雷斯指出,要进行结构改革,首先要实现信念的解放,即把人们的思想从目前流行的经济学教义的束缚之下解放出来。因为传统的经济学教义是商品生产得越

[①] 缪尔达尔:《经济学发展中的危机和循环》,载《现代国外经济学论文选》,第一辑,外国经济学说研究会编,商务印书馆,1979 年,第 487 页。
[②] 同上,第 488 页。
[③] 同上,第 491 页。

多,经济越是增长,就越能给人们带来幸福,而计划体系的目标正是增长,所以计划体系的目标就被认为与公众的目标相一致。如果不改变这种观念,就无法改变两个体系的不平等地位。当然,信念解放并不是一件很容易的事,这一则是因为习惯已经形成,难以一下改变;二来是因为经济学家不愿意抛弃陈旧的理论,仍想继续用这些旧思想来钳制人民的头脑。要实现信念的解放,就必须从价值判断问题入手,对"是非"、"善恶"问题加以重视,并重新做出评价。

对于如何进行结构改革问题,加尔布雷斯提出了一些具体建议,主要是:第一,改革计划体系和市场体系之间的关系,实现权力均等化。权力均等化是指使两个体系在出售和买进产品时对价格有同等的控制权,使两个体系的贸易条件相同。实现权力均等化的办法主要是通过增加市场体系的权力,或减少计划体系的权力。第二,通过政府的法律和经济措施来提高市场体系的权力。例如,使市场体系中的小企业主不受反托拉斯法的限制,使他们能联合起来稳定自己产品的价格;政府的价格管制不应用于市场体系,而应当用财政手段来帮助小企业稳定价格;实行贸易保护政策,保护市场体系的生产;政府支持市场体系在教育、资本和技术方面的要求;等等。第三,通过政府的法律和经济措施来限制计划体系的权力。例如,政府应限制计划体系对公共目标的侵害;政府的财政支出应该为公共目标服务,而不能为计划体系服务;政府应对大公司实行价格管制,限制它们利用市场的波动来损害小企业和消费者的利益;等等。第四,对两个体系中的工人也应采取收入均等化的措施。例如,鼓励市场体系中的工人成立工会,提高最低工资率,扩大最低工资率实施的范围,等等。

加尔布雷斯指出,实现结构改革的重任落到了科学界教育界的身上。这是因为,技术结构阶层掌握了大公司的权力,大公司组成了支配国家经济生活的计划体系。结构改革的主要任务正是要限制计划体系过于膨胀的权力。在当前,能与技术结构阶层对抗的只有科学界教育界。科学界教育界在今日的地位相当于50年前的银行界。当时企业需要资本,有求于银行界,银行界可以影响企业界。今天,专业知识和技能代替资本成为最重要的生产要素。科学界教育界向企业提供技术人员和科研成果,所以它们就可以通过自己对人才的培养或其他影响来实现结构改革。这样,科学界教育界就成为一支有力的社会革新的力量。

二、缪尔达尔关于发展中国家发展经济的政策主张

在20世纪60年代以后,缪尔达尔重点研究发展中国家的经济发展问题,因此他关于社会改革的重点是要说明发展中国家如何通过社会改革来发展经济。

他认为,一国的政治、经济、社会等因素是互相依存、互为因果的。所以,一国要发展经济就不能仅从经济问题入手,而应首先实现社会改革。他所说的社会改革主要包括:第一,改革权力关系。把权力从地主、实业家、银行家、商人和高级文武官员这些上层集团手中转移到下层大众的手里。但对如何实现这一点,他避而不谈。第二,实行各项具体的改革。例如,土地关系的改革、教育的改革、行政管理的改革,等等。第三,制订国民经济计划。国家应该用计划来干预市场力量,用计划来促进社会过程的上升运动。他认为,在南亚国家,有六个与经济发展有关的因素,即产量和收入、生产条件、生活水平、对待生活和工作的态度、制度及政策。制订国民经济计划,就要使这些因素能促进经济朝着上升的运动发展。他反对把发达国家的发展模型运用到发展中国家来,也反对发展中国家实行自由贸易。

20世纪80年代之后,各种经济学流派,包括新剑桥学派和新制度学派退出历史舞台。占据主流地位的是由凯恩斯主义发展而来的新凯恩斯学派和由货币主义发展而来的新古典宏观经济学派。这两个流派分别代表国家干预和自由放任,在经济政策中,尽管80年代自由主义曾一度辉煌,但90年代之后居于主要地位的仍然是新凯恩斯主义。我们讲的宏观经济学部分的许多新观点就是这一派的理论。

第四版后记

《西方经济学导论》第一版于1984年出版,至今已经整整三十年了。该书出版后受到读者的欢迎,被许多高校作为教材,并于1988年被评为第一届全国高校教材二等奖。七七级以后的许多经济学专业学生都是读这本书进入现代经济学的殿堂的。至今仍有一些学校把这本书作为教材。

本书出版后先后进行过两次修改。这些年经济学有了许多发展,在这一版中,做了相当大的修改。修改最多的是宏观经济学部分,可以说这部分几乎是完全重写了。因为新的宏观经济学体系已经与80年代完全不同了,这一版采用的完全是新体系。但本书仍然坚持原来的传统,用通俗的语言介绍西方经济学的基本知识,适用于初学者。

非常感谢读者对我的支持,本书的不当之处敬请读者指出,如有机会再做修改。

梁小民
2014年4月28日

教辅申请说明

北京大学出版社本着"教材优先、学术为本"的出版宗旨，竭诚为广大高等院校师生服务。为更有针对性地提供服务，请您按照以下步骤通过**微信**提交教辅申请，我们会在 1~2 个工作日内将配套教辅资料发送到您的邮箱。

◎扫描下方二维码，或直接微信搜索公众号"北京大学经管书苑"，进行关注；

◎点击菜单栏"在线申请"—"教辅申请"，出现如右下界面：

◎将表格上的信息填写准确、完整后，点击提交；

◎信息核对无误后，教辅资源会及时发送给您；如果填写有问题，工作人员会同您联系。

温馨提示：如果您不使用微信，则可以通过以下联系方式（任选其一），将您的姓名、院校、邮箱及教材使用信息反馈给我们，工作人员会同您进一步联系。

联系方式：

北京大学出版社经济与管理图书事业部
通信地址：北京市海淀区成府路 205 号，100871
电子邮箱：em@pup.cn
电　　话：010-62767312 /62757146
微　　信：北京大学经管书苑（**pupembook**）
网　　址：www.pup.cn